现代警官高等职业教育规划教材

服刑人员心理矫治

FUXING RENYUAN XINLI JIAOZHI

主　编◎秦海莲　吴春辉

副主编◎杜仁义　周　健

撰稿人◎（以撰写内容先后为序）

秦海莲　吴春辉　周　健

杜仁义　贾旭红　阴胜玲

中国政法大学出版社

2015·北京

图书在版编目（CIP）数据

服刑人员心理矫治 / 秦海莲，吴春辉主编.—北京：中国政法大学出版社，2015.2
ISBN 978-7-5620-5896-0

Ⅰ. ①服…　Ⅱ. ①秦…②吴…　Ⅲ. ①犯罪分子-心理健康-健康教育　Ⅳ. ①D916.7

中国版本图书馆CIP数据核字(2015)第024458号

出　版　者	中国政法大学出版社
地　　　址	北京市海淀区西土城路 25 号
邮　　　箱	fadapress@163.com
网　　　址	http://www.cuplpress.com（网络实名：中国政法大学出版社）
电　　　话	010-58908435(第一编辑部)　58908334(邮购部)
承　　　印	固安华明印业有限公司
开　　　本	720mm×960mm　1/16
印　　　张	17.25
字　　　数	310 千字
版　　　次	2015 年 2 月第 1 版
印　　　次	2018 年 12 月第 2 次印刷
定　　　价	37.00 元

现代警官高等职业教育规划教材
编审委员会

顾 问

崔国红　山西省司法厅厅长

句轶旺　山西省监狱管理局局长

王 伟　山西省戒毒管理局局长

编委会主任

李效民　山西省监狱管理局政委

编委会副主任

谭恩惠　山西警官职业学院党委书记　教授

许文海　山西警官职业学院院长　高级法官

杜仁义　山西警官职业学院副院长　教授

编委会成员

李麦样　山西警官职业学院教务处处长　副教授

王春芳　山西警官职业学院教务处副处长　副教授

赵秀伟　山西警官职业学院监所管理系主任　副教授

寻会云　山西警官职业学院应用法律系主任　副教授

刘贵强　山西警官职业学院信息工程系主任　副教授

张 勇　山西警官职业学院安全防范系主任　高级政工师

谢宽物　山西警官职业学院公共基础教学部主任　副教授

杨海娥　山西警官职业学院政治理论教研部主任　副教授

陈国伟　山西警官职业学院警体教学部主任　副教授

贾建斌　山西警官职业学院中等职业技术教育部主任　高级政工师

编 写 说 明

　　警官类高等职业教育如何实现与政法行业人才需求零对接，是目前一个亟待解决的重大课题。山西警官职业学院坚持"就业导向、能力本位"的宗旨，在专业建设、课程建设、实践教学条件建设、师资队伍建设、教学信息化建设和教学质量监控等方面做了大量有益的探索，取得了较大成效，本次推出的系列规划教材正是其中一项改革尝试。本套教材在编写过程中，坚持"课岗融合"理念，力求兼顾高等职业教育教学和干部培训需要，在教学内容和教学结构重组方面作了大胆的改革与创新，希望通过本套教材的实践，进一步推动教学过程的职业化、项目化和任务化，为提高教育教学质量奠定良好基础。

　　本系列教材的主要特点有：

　　1. 校行合作编写，职业特色明显。本系列教材注重校行合作，所有教材均有行业专家或一线骨干教师参与编写和审稿，从教材内容的选取到专业术语的组织，均经过行业人员的审核把关，突出了相关职业或岗位群所需实务能力的教育和培养，保证了教材与行业实际工作的对接，具有很强的实用性。

　　2. 体例设计新颖，方便学生学习。本系列教材针对各课程教学目标需要，在体例上设置了学习目标、引导案例（或新闻素材）、案例评析、实务训练、延伸阅读、思考练习等相关教学项目，引导学生快速掌握学习内容，促进学以致用，丰富教学形式，拓宽学习视野，促进巩固提高。

　　3. 理论联系实际，注重能力培养。本系列教材针对警官类高职学生的特点，以职业岗位需求为导向，选用了大量的案例、资料和实务素材，将我国现行法律、法规、司法解释和岗位工作标准要求，与案例、材料分析、实务操作紧密结合，使学生能够更为直观地体会法律的适用，体验工作的情境和流程，增强学生的综合能力。

　　本系列教材共9本，在其编写过程中借鉴吸收了相关教材、论著成果和网络媒体资料，中国政法大学出版社给予作者们大力支持和指导，责任编辑在审读校阅过程中更是付出了辛勤的劳动，在此一并表示谢忱！由于受作者的理论水平和实践能力限制，加之时间紧、任务重，教材中难免出现不足和疏漏，敬请专家、学者、实践工作者批评指正。

现代警官高等职业教育规划教材编审委员会

2014 年 12 月

前言

　　服刑人员心理矫治是一项专业性和操作性很强的工作，也是一项正在不断完善的工作。通过对山西省若干监狱的调查，我们了解到，多数监狱服刑人员心理矫治工作还处在探索与完善之中，目前主要进行的是服刑人员心理测验和服刑人员心理健康教育，心理咨询工作还没有全面展开，心理治疗工作开展得很少。同时，司法警官类院校学生将来的就业主要是面向监狱及相关机构，也需要开展相应的服刑人员心理矫治专业训练。基于这样一种现状，我们编写了本教材，希望可以既服务于实践单位，又服务于学生的学习。

　　根据《教育部关于全面提高高等职业教育教学质量的若干意见》（教高2006 第 16 号文件）的精神，高等职业教育要体现校企合作、课岗融合、能力本位。结合山西省监狱系统关于服刑人员心理矫治工作的实践，我们将服刑人员心理矫治工作的任务分为心理健康教育、心理评估、心理咨询、心理治疗和心理危机干预五个部分。本教材在编写的过程中努力做到理论联系实际，教学内容紧扣岗位能力，同时还考虑到学生的可持续发展，以心理咨询师国家职业资格要求的能力为培养标准。

　　本教材共分五个单元，分别是服刑人员心理教育、服刑人员心理评估、服刑人员心理咨询、服刑人员心理治疗和服刑人员心理危机干预。本教材是在服刑人员心理矫治课程教学团队成员（山西警官职业学院杜仁义、秦海莲、吴春辉、周健，山西省平遥监狱贾旭红，山西省女子强制隔离戒毒所阴胜玲）共同调研和探讨的基础上完成的。

　　本教材由主编秦海莲和吴春辉拟定编写提纲和编写计划，副主编杜仁义和周健参与了编写体例的商讨。在教材编写基本完成之后，特聘请行业专家——太原第一监狱政委焦宁亚同志以及监狱专业咨询师对本教材内容的专业性、与行业的接轨程度以及涉的相关政策进行了审核，提出了建设性的意见和建议，在此深表感谢。最后采纳山西警官职业学院教材编写指导委员会和行业专家的意见和建议，由全体编写人员统一修改、定稿。

本教材具体编写分工如下：

秦海莲（山西警官职业学院）：学习任务1~3，学习任务8~10。

吴春辉（山西警官职业学院）：学习任务4~7，学习任务11~12。

周　健（山西警官职业学院）：学习任务13~14。

杜仁义（山西警官职业学院）：学习任务14~16。

贾旭红（山西省平遥监狱）：教材中的部分案例。

阴胜玲（山西省女子强制隔离戒毒所）：教材中的部分案例。

本教材还有待于在教学和实践过程中不断成熟和完善，希望同行及专家不吝赐教。

编　者

2014 年 12 月

目录CONTENTS

学习单元一　服刑人员心理教育

学习目标

● 通过学习，学生应明确服刑人员心理教育的适用人群，能够独立设计服刑人员心理教育的方案并加以实施，同时应掌握心理健康的标准、心理教育的方法、自我意识的内涵等理论知识。

学习任务一　服刑人员心理健康教育

导入案例

某监狱为进一步提升服刑人员心理健康水平和自我保健能力，抓住"10·10"世界精神卫生日暨第四个监狱服刑人员心理健康日的契机，部署开展了以"和谐改造从健康心理开始"为主题的系列心理健康教育活动，努力保证中秋、国庆期间服刑人员的思想稳定。

系列心理健康教育活动内容丰富：一是举办心理健康知识讲座。9月下旬，由监狱心理咨询师开设心理健康常识讲座，引导服刑人员树立"身"、"心"一体的健康观念、合理表达和宣泄节日期间思亲恋家的情绪。二是播放心理访谈节目。以讲述个案的形式，通过心理访谈节目，向服刑人员传授建立良好人际关系的方法和技巧。三是发出倡议书。充分利用监内宣传媒体，选择一贯心态平稳的服刑人员代表宣读倡议书，大力宣传、营造关注心理健康的氛围。四是进行亲子团体心理辅导。进行旨在增进服刑人员母亲与子女之间亲子关系的团体心理辅导，促进双方的有效沟通，增加服刑人员母亲的情感支持。五是组织特殊关爱行动。邀请监狱心理矫治工作顾问罗雪莲副教授进监对精神病史服刑人员的疑难个案进行巡诊，维护特殊群体服刑人员的心理健康。六是大力开展心理咨询活动。邀请监狱心理咨询师志愿者进监对主动申请心理咨询的服刑人员进行一对一心理咨询活动，疏导服刑人员的不良情绪，帮助服刑人员建立合理认知。七是举办心理健康操比赛。10月中下旬，在全体服刑人员中开展心理健康操比赛，丰富服刑人员的情绪体验。八是进行心理情景剧比赛。通过服刑人员自编自演心理情景剧比赛，形象、生动地表达心理问题的呈现与解决历程，调动服刑人员参与心理矫正的内在积极性。[1]

◉ **任务要求**

假如你们是某监狱的民警，主要从事服刑人员心理矫治工作，请你们根据上述材料的内容，积极参与到系列心理健康教育活动中，以小组为单位组织一次服刑人员心理健康教育活动。

任务分析

一、心理教育与服刑人员心理教育的适用对象

（一）心理教育

心理教育是面向全体社会成员，以培养心理素质为目的的一种教育和训练活动。

（二）服刑人员心理教育

服刑人员心理教育是在对服刑人员矫正过程中，面向全体服刑人员，通过知识传授、行为训练和实践指导等途径，提高服刑人员心理素质，促进服刑人员心理的健康发展，实现服刑人员重新社会化的一种教育活动。

二、服刑人员心理教育的地位与作用

心理教育与思想教育、文化教育及职业技术教育一起，成为服刑人员教育的重要内容。因此，服刑人员心理教育既是心理矫治的组成部分，也是服刑人员教育的组成部分。心理教育的这一独特地位，加强了服刑人员教育与服刑人员心理矫治的有机联系，有利于服刑人员改造工作的整体推进。

三、服刑人员心理教育的内容

（一）认知教育

1. 对生理和心理关系的认知。

---

〔1〕 资料来源：http：//www.jsjy.gov.cn/zwgk/Sites/203/html/2008 - 09/3005. html.

2. 对自己与他人的觉察。

3. 对生理与情绪表达关系的觉察。

4. 有关价值观的思维。

5. 什么是人的合理化的需要。

6. 对个人或他人优点和缺点的认知。

7. 典型的认知错误。

（二）意志力教育

1. 什么是良好的意志品质。

2. 如何培养自己良好的意志品质。

3. 挫折的基本原理。

4. 如何培养挫折耐受力。

5. 什么是积极的挫折反应，什么是消极的挫折反应。

6. 如何避免消极的挫折反应。

（三）情感教育

1. 对自己与他人情绪的觉察。

2. 情感的适当表达方式。

3. 如何对待自己和他人的消极情绪。

4. 愤怒的自我控制训练。

5. 情绪的自我管理。

（四）人格教育

1. 对人格的含义和形成过程的了解。

2. 了解什么是健康的人格，什么是不良的人格。

3. 了解什么是人格障碍。

4. 通过人格测量使服刑人员了解自己人格的优点和缺陷。

5. 如何改变自己的人格。

（五）社会性教育

1. 对不良人际关系的分析和认知。

2. 对自己犯罪行为、犯罪受害者的正确态度。

3. 良好人际关系的建立。

4. 生活技能的获得和提高。

5. 恰当的社会认知。

6. 社会支持的获得。

（六）心理健康教育

1. 心理与生理关系的基本知识。
2. 身心健康的含义和标准。
3. 心理的自我调适。
4. 心理压力的疏解和释放。
5. 焦虑心理的排除和常见心理障碍的特征。
6. 如何通过心理辅导、心理咨询和心理治疗消除心理痛苦。

四、服刑人员心理教育的方法

1. 知识的传授和技能的训练。
2. 集体心理教育与分类心理教育。
3. 个别心理教育与自我心理教育。

五、注意事项

1. 服刑人员心理教育的对象是全体或绝大多数服刑人员。
2. 服刑人员心理教育是心理矫治体系的重要组成部分。
3. 服刑人员心理教育可由监狱人民警察施行。

知识链接

一、心理健康

对心理健康的概念，历来有不同的看法：

第三届国际心理卫生大会曾为心理健康下过一个定义："所谓心理健康是指在身体、智能以及情感上，在与他有的心理健康不相矛盾的范围内，将个人心境发展成最佳的状态。"不过，这一定义过分突出了个人体验。

我国《心理咨询师》培训教程中是这样认为的：所谓心理健康，最概括、最一般地说，是指人的心理，即知、情、意活动的内在关系协调，心理的内容与客观世界保持统一，并据此能促使人体内、外环境平衡和促使个体与社会环境相适应的状态，并由此不断地发展健全的人格，提高生活质量，保持旺盛的精力和愉快的情绪。

二、心理健康的标准

关于心理健康的基本标准，不同的学者有不同的建树。

（一）心理健康十标准

郭念锋于 1986 年在《临床心理学概论》一书中提出了十条标准：

1. 周期节律性。人的心理活动在形式和效率上都有着自己内在的节律性。比如，人的注意力水平就有一种自然的起伏。不只是注意状态，人的所有心理过程都有节律性。一般可以用心理活动的效率做指标去探查这种客观节律的变化。有的人白天工作效率不太高，但一到晚上就很有效率，有的人则相反。如果一个人心理活动的固有的节律经常处在紊乱状态，不管这是什么原因造成的，我们都可以说他的心理健康水平下降了。

2. 意识水平。意识水平的高低，往往以注意力水平为客观指标。如果一个人不能专注于某种工作，不能专注于思考问题，思想经常开小差或者因注意力分散而出现工作上的差错，我们就要警惕他的心理健康问题了。因为注意水平的降低会影响到意识活动的有效水平。思想不能集中的程度越高，心理健康水平就越低，由此而造成的其他后果如记忆水平下降等也越严重。

3. 暗示性。易受暗示性的人，往往容易被周围环境的无关因素引起情绪的波动和思维的动摇，有时表现为意志力薄弱。他们的情绪和思维很容易随环境变化，从而给精神活动带来不太稳定的特点。当然，受暗示这种特点在每个人身上都多少存在着，但水平和程度差别是较大的，女性比男性较易受暗示影响。

4. 心理活动强度。心理活动强度是指对精神刺激的抵抗能力。一种强烈的精神打击出现在面前，不同的人对同一类精神刺激的反应是各不相同的，这就能看出不同人对精神刺激的抵抗力。抵抗力低的人往往容易遗留下后患，可能因为一次精神刺激而导致反应性精神病或癔症，而抵抗力强的人虽有反应但不致病。这种抵抗力主要和人的认识水平有关，一个人在对外部事件有充分理智的认识时，就可以相对地减弱刺激的强度。另外，人的生活经验以及固有的性格特征和先天神经系统的素质也会影响到这种抵抗能力。

5. 心理活动耐受力。前面说的是对突然的强大的精神刺激的抵抗能力，但现实生活中还有另外一类精神刺激，它长期反复地在生活中出现，久久不消失，几乎每日每时都要缠绕着人的心灵。这种慢性的、长期的精神刺激可以折磨一个人整整一生，也可以使一个人痛苦很久。有的人在这种慢性精神折磨下心理异常、个性改变、精神不振，甚至产生严重躯体疾病。也有人虽然被这些不良刺激缠绕，但最终不会在精神上出现严重问题，他们甚至把不断克服这种精神刺激当作生活斗争的乐趣，当作一种标志自己是一个强者的象征。他们可以在别人无法忍受的逆境中做出光辉成绩。我们把对长期精神刺激的抵抗能力看作一个人的心理健康水平的指标，称它为耐受力。

6. 心理康复能力。在人的一生中，谁都不可避免遭受精神创伤，在精神创伤之后，情绪的极大波动、行为的暂时改变，甚至某些躯体症状都是可能出现的。但是，由于人们各自的认识能力不同，人们各自的经验不同，从一次打击中恢复过来所需要的时间也会有所不同，恢复的程度也会有所差别。这种从创伤刺激中恢复到往常水平的能力，被称为心理康复能力。康复水平高的人恢复得较快，而且不留什么严重痕迹，每当再次回忆起这次创伤时，他们都表现得较为平静，原有的情绪色彩也很平淡。

7. 心理自控力。情绪的强度、情感的表达、思维的方向和过程都是在人的自觉控制下实现的。所谓不随意的情绪、情感和思维，只是相对而言的，它们都有随意性，只是水平不高以致难以察觉罢了。精神活动和过程的随意性程度以及自觉控制的水平高低，是与自控能力有关的。

当一个人身心十分健康时，他的心理活动会十分自如，他情感的表达会恰如其分，他会辞令通畅、仪态大方，既不拘谨也不放肆。这就是说，我们观察一个人的心理健康水平时，可以从他的自我控制能力得出某种印象，为此，精神活动的自控能力不失为一个健康的指标。

8. 自信心。在一个面人对某种生活事件或工作任务时，必然会首先估计一下自己的应付能力。这种自我评估有两种倾向：一种是估计过高，一种是估计过低。前者是盲目的自信，后者是盲目的不自信。这种自信心的偏差所导致的后果都是不好的。前者很可能由于自信心过高导致失败，从而产生失落感或抑郁情绪；后者可能因自觉力不从心，害怕失败而产生焦虑不安的情绪。为此，一个人是否有恰当的自信是精神健康的一种标准。自信心实质上是一种自我认知和对思维的分析的综合能力，这种能力可以在生活实践中逐步提高。

9. 社会交往。人类的精神活动得以产生和维持，其重要的支柱是充分的社会交往。对社会交往的剥夺，必然导致精神崩溃，出现种种异常心理。因此，一个人与社会中其他人的交往，也往往标志着一个人的精神健康水平。

当一个人严重地、毫无理由地与亲友和社会中其他成员断绝来往，或者变得十分冷漠时，就构成了精神病症状，叫做接触不良。如果过分地进行社会交往，与素不相识的人也可以十分热情地倾谈并表现得十分兴奋，也可能处于一种躁狂状态。

10. 环境适应能力。在某种意义上说，心理是适应环境的工具，人为了个体保存和种族延续，就必须适应环境。人不仅能适应环境，而且可以通过实践和认识去改造环境。但是，人尽管有积极主动性，但终究不能脱离自己的生存环境，包括工作环境、生活环境、工作性质、人际关系等。

在人的一生中，这些环境条件是在变化着的，有时还变动很大。人虽有主动性，但有时对生存环境的变化仍然是无能为力的。在这时，所谓的消极适应也是很重要的，起码它在某一时期或某一阶段上有现实意义。在生活环境条件突然变化时，一个人能否很快地适应下来以保持心理平衡，就是人们的环境适应能力，它往往标志着一个人的心理活动的健康水平。

（二）心理健康三标准

许又新（1988）提出衡量心理健康可以用体验标准、操作标准、发展标准这三个标准，且不能孤立地只考虑某一条标准，要把三种标准联系起来综合地加以考察和衡量。

1. 体验标准，是指以个人的主观体验和内心世界为准，主要包括良好的心情和恰当的自我评价。

2. 操作标准，是指通过观察、实验和测验等方法考察心理活动的过程和效应，其核心是效率，主要包括个人心理活动的效率和个人的社会效率或社会功能。

3. 发展标准，着重对人的心理状况进行时间纵向考察分析。发展标准指有向较高水平发展的可能性，并且有使可能性变成现实的切实可行的行动措施。

衡量心理健康时要把这三种标准联系起来综合考察。

（三）心理健康七标准

马建青（1992）从临床表现方面考察，提出了心理健康的七条基本标准：

1. 智力正常。智力是人的观察力、注意力、想象力、思维力和实践活动能力等的综合。智力正常是人正常生活最基本的心理条件，是心理健康的首要标准。无论是国际疾病分类体系，美国精神疾病诊断手册，还是中国精神疾病分类，都把智力发育不全或阻滞视为一种心理障碍和异常行为。事实上，智力的异常，常导致其他心理功能出现异常。

2. 情绪协调，心境良好。情绪在心理异常中起着核心的作用。心理健康者能经常保持愉快、开朗、自信、满足的心情，善于从生活中寻求乐趣，对生活充满希望。更重要的是他们情绪稳定性好，具有调节控制自己的情绪以保持与周围环境动态平衡的能力。

3. 具备一定的意志品质。意志是人类能动性的集中体现，是个体重要的精神支柱。健康的意志品质往往具有如下特点：目的明确合理，自觉性高；善于分析情况，意志果断；意志坚韧，有毅力，心理承受能力强；自制力好，既有实现目标的坚定性又有克制干扰目标实现的愿望、动机、情绪和行为，不放纵任性。

4. 人际关系和谐。个体的心理健康状况主要是在与他人的交往中表现出来的。和谐的人际关系既是心理健康不可缺少的条件，也是获得心理健康的重要途径。其表现：一是乐于与人交往；二是在交往中保持独立而完整的人格；三是能客观评价别人并能与人友好相处，乐于助人；四是交往中积极态度多于消极态度。

5. 能动地适应环境。不能有效处理与周围现实环境的关系，是导致心理障碍乃至心理疾病的重要原因。对现实环境的能动适应和改造，是很积极的处世态度，与社会广泛接触，对社会现状有较清晰正确的认识，其心理行为能顺应社会文化的进步趋势，勇于改造现实环境，以达到自我实现与对社会奉献的协调统一。

6. 保持人格完整。人格是个人比较稳定的心理特征的总和。心理健康的最终目标是使人保持人格的完整性，培养健全人格。

7. 符合年龄特征。与人生各阶段生理发展相对应的是心理行为表现，从而形成不同年龄阶段独特的心理行为模式。心理健康者应具有与同年龄多数人相符合的心理行为特征。如果一个人的心理行为经常严重偏离自己的年龄特征，就要考虑他的心理健康状况了。

对心理健康的标准，我们要有一个正确的理解。由于心理健康这一概念是相对的、发展的，所以，心理健康的标准也应当是动态的、发展变化的，并且受文化环境、民族习惯等因素的制约。因此，要正确理解心理健康的标准，需要注意以下几点：

第一，心理不健康与有不健康的心理和行为表现不能等同。心理不健康是指一种持续的不良状态，人偶尔出现一些不健康的心理和行为并不等于心理不健康，更不等同于患有心理疾病。因此，不能仅就一时一事而简单地给人下心理不健康的结论。

第二，心理健康与不健康是一种连续状态，没有绝对界限。良好的心理健康状态和严重的心理疾病之间，是一个广阔的过渡带，并没有泾渭分明的界限。一般而言，异常心理与正常心理、变态心理与常态心理之间都不是绝对的，它们只是程度不同而已。

第三，心理健康的状态不是固定不变的，而是动态变化的。随着人的成长与发展，随着经验的积累和环境的改变，心理健康状态也会有所改变。比如，在监狱中，原本心理健康的服刑人员可能会因为监狱特殊环境的影响或是遭遇重大挫折而变得心理不健康，甚至恶化为心理疾病；相反，心理不健康的服刑人员也可能在心理矫治的影响下，通过自我心理调节，减轻甚至消除已有的不健康心理。

第四，心理健康的标准是一种理想尺度。心理健康的标准不仅为我们提供了衡量心理是否健康的尺度，而且为我们指明了提高心理健康水平的努力方向。每一个人在原有的基础上，通过不同程度的努力，都可以追求心理发展的更高层次，不断发挥自身的潜能。

三、促进心理健康的原则和途径

（一）促进心理健康的基本原则

维护和增进心理健康，需要遵循一定的原则，这些原则主要有以下五个：

1. 遗传因素、教育因素与认知因素并重的原则。人的生长发育，特别是大脑的细胞构筑和工作强度是由遗传基因决定的，但脑的功能特点和以脑功能为基础的认知策略与能力，却是在一定生存环境中，在与环境相互作用过程中形成的。反过来，人的认知特征又制约着其情绪和行为，为此，人要获得健康的心理，只能本着三种因素并重的原则行事。

2. 人与环境的协调原则。心理健康的发展过程实质上就是人与自然环境、社会环境特别是人际关系能否取得动态协调平衡的过程。由于日常生活中，到处都有打破这种平衡的条件和境遇，所以，学会应对和协调人际关系，对心理健康有重要意义。

人对环境的适应、协调，不仅仅只是简单的顺应，更主要的是积极意义上的能动的改造，使之更有利于心理健康。

3. 身心统一的原则。由于心理健康和生理的紧密相关，健康的心理寓于健康的身体，因此，通过积极的体育锻炼、卫生保健和构建良好的生活方式来增强体质和生理功能，将有助于促进心理健康。

4. 个体和群体结合的原则。生活对于群体之中的个体无时无刻不受到群体的影响，因此，个体心理健康的维护亦依赖于群体的心理健康水平。这就需要创建良好的群体心理卫生氛围，以促进个体的心理健康。同样，个体心理健康亦对群体产生着影响。

5. 知、情、行相对平衡的原则。心理健康的发展既依赖于相应的知识，更取决于把理论付诸实践的行动。在这里理论是指导，实践是归宿，离开了理论，行动就缺乏方向和方法，可没有行动，再好的理论也是纸上谈兵，无济于事；反过来，生活实践又将鉴别认知与行为的正确与否，能不能"吃一堑，长一智"，认识和总结经验教训，又是知与行能否达到平衡的关键。另外，在知与行的过程中必然伴有情绪和情感，它是知与行的动力，但若调节不好，又会变成阻力，甚至是破坏力量。为此，将上述知、情、行调适平衡，是维护心理健康的重要原则。

（二）增进心理健康的三个基本途径

美国《人类行为百科全书》指出："促进人类心理健康的活动，应包括生理、心理和社会三方面的内容。生理方面是指从受孕期到老年的各阶段的人体脑神经系统的保护和预防损伤的各种卫生保健服务事项。心理方面是指自幼到老各发展阶段的心理需要获得满足和情绪困扰减低到最低限度。社会方面是指社会环境、社会制度和社会组织各方面功能的强化。"依上述，维护和增进心理健康的途径，大致有三个：

1. 生理方面的主要途径。

（1）实施优生政策，避免先天性有害生理影响，保证良好分娩过程。

（2）儿童期营养的保证，以消除生理和心理上的紧张与压力。

（3）提供免疫和其他医疗措施，以预防感染性疾病。

（4）加强体育运动，以增强体质。

（5）合理的休息和娱乐，以消除疲劳，调节情绪。

2. 心理方面的途径。

（1）在婴幼儿期给予充分的母爱和关怀，提供友爱、温暖、鼓励的养育氛围。

（2）进行必要的社会行为训练，发展儿童的探索精神以及活动能力。

（3）提供科学的家庭、学校、社会教育和训练。

（4）对心理压力给予充分的心理支持和帮助。

（5）培养乐观、积极、幽默与爱的情绪，善于控制和调节不良情绪。

（6）发展人际关系的能力，提高对人生各转折期的适应能力。

（7）树立健康积极的人生哲学。

3. 社会方面的途径。维护和增进心理健康的社会方面，对于个人和家庭而言，远比前两者要难以控制。因为社会方面的工作必须依社会组织及其制度而定。社会方面的心理卫生工作包括减少社会压力，为每一个公民提供健全生活环境的各项措施，如足够的娱乐设施，住宅的改造，嗜酒、烟瘾及药物依赖的控制，性病的防止，建立社区组织方案，健全医疗保健机构，构成社区心理卫生网络等。

以上三个途径构成了维护和增进心理健康的有机整体，只有三者协调发展才能获得良好的效果。首先，必须是大众本身有正确的认识并努力实行；其次，有关计划应通过各种卫生保健设施和心理卫生组织机构来付诸实施，并通过大众传播媒介和有关服务机构广为宣传和强化；最后，在社区发展计划中，尤其要对社会方面的预防工作负责，在政府的支持和民众的配合下，实行综合治理。

四、心理健康状态的破坏

从静态的角度看，心理健康是一种状态；从发展角度看，心理健康则是围绕着健康常模，在一定范围内，不断上下波动的过程，所以，又可以说心理健康是一个动态平衡状态，这种动态平衡状态，是在主体与环境相互作用过程中发生的。同理，在这两者相互作用过程中，这种动态平衡状态被打破，即心理健康状态的破坏，也可随时发生。

心理健康的主体，也是心理健康状态的体现者，具有生物、精神和社会属性，是这三种属性的辩证统一体。所以，人在生存环境中，对生物、精神和社会性的压力或刺激可以产生"共鸣"，这一特性，可以用物理学中的共振原理来作比拟。

人的精神属性（如认知倾向、情绪特征、经验、动机、行为习惯以及自幼形成的各种人格特征），与人的生物属性（如遗传素质、脑细胞的工作强度、细胞构筑特征、高级神经活动的类型、维持生命生存与发展的各种物质代谢过程和生物免疫系统等）和社会属性（对群体和社会的依附性、家庭模式、社会制度以及社会环境中的种种因素）三者是密切关联的，为此，心理活动相对平衡状态的维持，除了取决于精神属性这一因素的协调之外，还受到外部生物和社会因素的直接影响。这内外两种因素随时都会经由各种途径直接或间接地打破心理的平衡状态。

在通常情况下，心理平衡状态的破坏不超越人自身固有的自我平衡能力范围，这时，心理健康状态可以不被破坏，然而一旦超越了自我平衡能力的范围，人的心态就会出现问题和紊乱，这时我们说，人的心理健康状态被破坏了。

五、心理不健康的常见表现

1. 躯体化。主要表现是躯体有不适感，包括心血管、胃肠道、呼吸等系统的不适，以及头疼、背痛、肌肉酸痛和焦虑等其他躯体表现。

2. 强迫症状。强迫症状的特点是有意识的自我强迫和自我反强迫同时存在，二者的尖锐冲突使人焦虑和痛苦。患者体验到，观念或冲动系来源于自我，一旦违反他的意愿，便极力抵抗和排斥，但患者自身无法控制。患者认识到强迫症状是异常的，但无法摆脱。

3. 人际关系敏感。主要指某些个人不自在感和自卑感，尤其是在与他人相比较时更突出，自卑、懊伤以及在人际关系中明显相处不好的人，往往属于这种。

4. 抑郁。抑郁苦闷的感情和心境是代表性症状，以对生活的兴趣减退、缺乏活动愿望、丧失活动动力等为特征，并包括失望、悲观、与抑郁相联系的其他感知及躯体方面的问题。

5. 焦虑。一般指那些无法静息、神经过敏、紧张以及由此而产生的躯体征象，那种游离不定的焦虑及惊恐发作也属此种。

6. 敌对。主要从思维、情感及行为三个方面来表现，包括厌烦、争论、摔东西，甚至争斗和不可抑制的冲动爆发。

7. 恐怖。包括场所恐怖、社交恐怖和特定恐怖，是一种以过分和不合理地惧怕外界客体或境遇为主的心理表现。

8. 偏执。主要表现为性格固执，敏感多疑，容易产生嫉妒心理，考虑问题常以自我为中心，遇事有责备他人的倾向。

9. 精神病性。有幻觉的产生，感觉自己的思想被别人控制。

10. 其他。主要指睡眠和饮食方面的情况。

示例

心理健康的重要性
——用心理去战胜毒瘾（讲座稿）

一、健康的含义

WHO（世界卫生组织）对健康下的定义为"健康不仅指没有疾病或不正常的存在，还指个体在生物层面，心理层面和社会层面上都保持其最高和最佳的状态"。

由此可见，健康至少应有三个方面：生理健康、心理健康和社会适应良好。三者之间是相互联系的。

生理方面：身体没有疾病，没有残疾，各项身体指标均在正常范围之内，也就是说人的生命指标是正常的。心理方面：心理健康的人，感觉、知觉、注意、想象、思维、记忆、情绪、情感、意志、行为等心理活动及其功能应在正常范围内，并且种种心理活动之间应保持协调，人格保持正常良好的发展，以积极有效的方式面对和应付周围环境的要求和变化。本我、自我、超我。社会方面：健康的人，应该有正常良好的人际关系和社会接触，只有这样才不会显得离奇古怪，才能成为一个真正的社会人。

三者同时具备才叫做健康，从广义上讲，社会适应良好也应归入心理健康的范畴。

亚健康：在我们当中有的人可能会头晕、心悸、四肢无力、精神萎靡，经过医学诊断是没有气质性病变的，那这是什么原因造成的呢？这些状态有很大一部分是由于心理的原因导致的，关注健康应当从亚健康状况开始。

健康的标准：

有充沛的精力，能从容不迫地负担日常工作和生活而不感到疲劳和紧张；

态度积极，勇于承担责任，不论事情大小都不挑剔；

精神饱满，情绪稳定，善于休息，睡眠良好；

能适应外界环境的各种变化，应变能力强；

自我控制能力强，善于排除干扰；

体重得当，身体均匀，站立时，头、肩和臂的位置协调；

眼睛炯炯有神，善于观察，眼睑不发炎；

牙齿清洁，无空洞，无痛感，无出血现象，齿龈颜色正常；

头发有光泽，无头屑；

肌肉和皮肤富有弹性，走路轻松匀称。

二、生理与心理的关系

（一）生理是心理产生的物质基础

心理是人的大脑对外界客观事物的主观反映，心理的形成是离不开人的生理的基础的，主要的物质基础来源于人的神经系统的活动。心理活动的方方面面都以生理结构为基础。

感觉：指人脑对外界事物的个别属性的反映。这些反映都有它的生物学基础。

知觉：指人脑对外界事物的整体属性的反映。这是神经系统对觉察到的东西进行整合的结果。

记忆：海马。

思维：大脑皮层的额叶对思维活动具有重要作用。

情绪：间脑中的下丘脑是情绪及动机性行为产生的重要脑结构。如，人的下丘脑有一个"快乐中枢"，其受刺激后人会笑，表现出高兴的样子。

梦：一种心理现象。这种现象的产生与生理有一定的联系，如，一部分梦境是由生理的变化而产生的，有胃病的人可能会梦到口渴，睡觉的姿态可能导致一定的梦境，外界的刺激可能引起梦境，体内感觉也能引起梦境。

（二）心理可以影响生理的变化

人在生气时会脸红，在害怕时会心慌、出冷汗。举例说明：有一个人有哮喘病，有一天半夜发病，就起床要把窗户打开，可是怎么也开不了，于是就将玻璃打破，觉得有一阵凉风吹来，症状缓解了，第二天起床后发现，自己家的窗户完好无损，却发现墙上的一个相框被打碎了。

三、生理健康与心理健康的关系

（一）生理健康是心理健康的物质保障

人的各种组织、各个系统保持一个良好的状态，是生理上的健康。只有这样才能有能力和精力去完成你想完成的事情，只有这样你才会有一种成就感，也只有此时你才会有一种愉悦的心情。不同生理条件可能导致不同的心理表现。从外在的表现来看：

相貌丑陋的人往往感到自卑，漂亮的人有一种优越感。

残疾人在认知能力与认知方式上与正常的人不同，其在情绪上表现出孤独感、自卑感、敏感、自尊心强，情绪反应强且不稳定。

有躯体疾病的人，表现出来的心理特点有：负性情绪反应（焦虑、愤怒、绝望、羞愧、厌恶等不愉快情绪），依赖性心理（想成为人们关心的对象，希望得到重视），主观感觉异常、疑心加重（过分注意身体的变化，如某服刑人员得了胸膜炎后的感受），情绪不稳（易发怒、易激动），恐惧情绪。

从人体的内在内容来看，生理健康状况直接影响着一个人的心理健康，只有其身体状况，尤其是和心理、行为有密切关系的中枢神经系统，没有疾病，其功能在正常范围内，没有不健康的体质时，其个体的意识、认知、情感、意志和行为等心理活动才能够正常运行。例如，1967年8月，美国一名叫霍伊托曼的杀人犯，24岁，枪杀了自己的母亲、妻子，之后跑到一个钟楼上，用自动步枪向行人射击，造成16人死亡，数十人受伤。在其被击毙后解剖发现，其头脑中有一肿瘤正好压迫他的怒神经中枢"杏仁核"，这致使他的侵犯行为完全失去自我控制。

可见，一个人的躯体健康是心理健康的物质保障。生理的健康对一个人来说是非常重要的，但是我们无法保证我们始终处于一种生理健康的状态之下，当我们面对身体不健康时该怎么办呢？生理的不健康可以由另外一种健康来弥补，那就是心理健康。

（二）心理健康是生理健康的营养素

生理的健康固然重要，但心理健康可以促进生理健康，它是生理健康的营养素。也就是说，生理上虽然有了不健康的表现，但是可以靠心理使自己健康起来，至少可以让自己生活的质量更好，使自己延长寿命。

如果你的心理不健康，对你的生理健康来说那就等于你得了营养不良。我们知道营养不良可能在短期内不会给人造成太大的生命危害，但天长日久，它却是生命的极大隐患。心理不健康的危害是非常大的，比如得了癌症的人，实际上很多不是因为病而死，而是吓死的，或者说是因不能从心理上战胜病魔，在心理作用的强烈作用下而死的。例如，某人患了淋巴癌，由于无法承受病痛的折磨，竟然跳楼自杀。要保证生理的健康，心理健康起着不可忽视的重要作用。

心理不健康是很多生理疾病的根源：常见的支气管哮喘、胃溃疡、肥胖症、口吃、皮炎、癌症等都与心理的原因有关。

心理学家曾经做过一个实验：把小老鼠分成两组，一组在鼠洞里，一组在笼子里，在笼子里的这一组经常受到猫的骚扰，经过一段时间以后，研究人员对两组小老鼠进行了解剖，结果发现，被关在笼子里的这一组小老鼠不同程度地患有胃溃疡。

又如，有一个人得了皮肤病，一遇到冷就浑身起红疙瘩，经过医院多次检查与治疗都无效，后来经过心理医生的治疗病好了。

这些都说明心理上的问题是导致生理变化的一个重要的原因，我们不应忽视心理在生理过程中的作用。

心理不健康不仅可以导致疾病的发生，不健康的心理还可以直接给人们的生命带来不同程度的危害：

由于心理问题导致的失眠，久而久之会给人造成神经衰弱，影响人们的正常生活和工作。

生活事件产生后没有健康的心理可能会出现一些不良的反应直接影响生命健康，像由于绝望、悲观发生的自杀现象。还有的人因为心理的原因，在不能抵制外来压力的时候出现自残行为。

强烈的消极心理暗示会引起生理上的伤害，如，一个心理学上的抽血实验造成一个被试者死亡的例子。

健康的心理能够使人产生健康的情绪体验，在这种健康情绪体验下人的生活或者生命会发生改变，甚至可能会出现生命的奇迹。

因为你拥有了健康的心理，你的生活就会发生改变。我上课的时候问过学生一个问题：假如你还有一年的时间，你最想做的事情是什么？学生们说啥的也有，其中一个学生就说"等死"，这样的话，他的生命会惨淡。这是一种不良的心态，积极地面对才是一种理智的选择。有甲、乙两人同时得了癌症，两人约定要完成这一生没有完成的心愿，后来乙被误诊了，一年以后两个人通电话时，甲的心愿基本完成了，而乙却什么也没有做。

健康的心理可以产生生命的奇迹：在美国，一位名叫帕克的医生经历了这样一件事，他的一位病人被确诊为喉癌，医生断言此病人无法医治，最多还能活半年到一年的时间，可是6个月后，这位精明能干、坚强开朗的病人精神焕发地来到医院请医生为他检查，帕克为他做了各项检查后，感到非常不可思议，这位病人扩散的癌细胞竟消失了，是什么原因呢？误诊吗？不，是这位病人在自己得知病情以后就对自己进行了积极的心理暗示，他一方面做化疗，一方面做心理训练，结果奇迹出现了。

综上所述，生理的健康是心理健康的物质保障，心理的健康是生理健康的营养素。在我们的一生当中，生理的健康是重要的，心理的健康也是重要的，二者相比，生理的健康只能让我们活着，而心理的健康却能让我们活得更好。要让我们生命更精彩，更健康，就得依靠心理的健康来实现。

四、吸毒的原因

无知与好奇、寻求刺激、负性生活、逆反心理、享乐主义、环境影响、以身试毒、受人教唆和引诱、医学性因素。

五、毒品的危害

吸毒摧残人生：破坏人体的正常生理机能，如神经系统、呼吸系统、消化系统等；吸毒者百病丛生，如心理障碍、癫痫、精神失常、艾滋病等；吸毒导致自伤、自残、自杀；吸毒会加速死亡。

吸毒毁灭家庭：导致妻离子散；导致家破人亡；贻害后代。

吸毒危害社会：影响经济；破坏社会风气；诱发刑事犯罪。

吸毒者的心理：身瘾已无，心瘾难消；对出去的生活不能保证；希望得到别人的支持，愿意过正常的生活。

六、如何调适自己的心理

1. 面对现实，接受无法逃避的苦难，要有生活的勇气，逃避只能更遭；学会第一句话"算了"，即对一个无法改变的事实的最好办法就是接受这个事实。

学会做一件事即关门。学会关紧昨天和明天这两扇门，过好每一个今天，每一个今天过得好，就是一辈子过得好。抛开昨天、过好今天、准备明天，让生命的每一分钟都有价值。

2. 对前途充满信心，学会第二句话"会过去的！"。不管雨下得多么大，连续下了多少天也不停，你都要对天会放晴充满信心，因为天不会总是阴的。自然界是这样，生活也是这样。

3. 正确看待付出与回报，要帮助别人；学会放弃，特别推荐汉语中一个非常好的词，这就是"舍得"。记住，是"舍"在先，"得"在后。世界上的事情总是有"舍"才有"得"，或者说是"舍"了一定会"得"，而"一点都不肯舍"或"样样都想得到"必将事与愿违或一事无成。

4. 不压抑自己的情绪，把你的感觉去告诉别人，采用积极的防御机制；诚实地表达你的意见，这一点很重要，虽然这有可能会惹恼别人或引起争论。如果确信别人的某个请求是不合理的，你就得说出来。当愤怒和挫折无法宣泄时，人就会郁闷、沉默、唠叨、指责或背后诽谤，不能表达自己的意见会导致"消极——挑衅"的行为，这种行为对健康有害，因为被压抑的挫折或愤怒会对免疫系统造成伤害。

5. 给自己强烈的积极心理暗示。学会计算，即学会计算自己的幸福和计算自己做对的事情。计算幸福会使自己越计算越幸福，计算做对的事情会使自己越计算对自己越有信心。

学习任务二 服刑人员价值观教育

◎ 导入案例

价值观的重建与社会关系的恢复[1]

一、广州市未成年人社区矫正工作基本情况

社区矫正是指将符合条件的服刑人员置于社区内，由专门的国家机关在相关社会团体的帮助下，在一定期限内，矫正其犯罪心理和行为恶习，并促进其

---

〔1〕 来源：法律教育网，2008 年 8 月 8 日。

顺利回归社会的非监禁刑罚执行方式。适用社区矫正的未成年犯人（未成年矫正对象）包括下列五种：①被判处管制的；②被宣告缓刑的；③被裁定假释的；④经批准被暂予监外执行的；⑤被剥夺政治权利并在社会上服刑的。

在2003年以前，对上述5种监外执行服刑人员的监管一直由公安机关执行。自2003年最高检、最高院、公安部、司法部下发《关于开展社区矫正试点工作的通知》后，在社区矫正工作试点地区以司法行政部门作为工作主体，负责对上述5种监外执行服刑人员的日常监管工作，而公安机关仍然是执法主体。我市自2006年进行社区矫正工作试点以来，以未成年矫正对象作为工作重点，在帮助未成年矫正对象进行价值观的重建和社会关系的恢复，促使其顺利回归社会方面做了许多工作和探索，取得了明显效果。针对社区矫正工作政策性强、任务重、责任大、涉及部门多、范围广的特点，市、试点区及街道都成立了社区矫正试点工作领导小组及办公室，以司法局为工作主体，以公安局、检察院、法院等职能部门为成员单位，形成了纵向市、区、街三级机构，横向成员单位协作配合的社区矫正工作网络，为未成年人社区矫正工作提供了良好的平台。在实际工作中，区社区矫正各成员单位密切合作，各司其职，共同加强对未成年矫正对象的监管。

通过两个真实的社区矫正案例，可以看到价值观的重建和社会关系的恢复，在促使未成年矫正对象顺利回归社会过程中的重要作用。

二、案例概况

案例1：赵某（化名），17岁，被判处缓刑后情绪低落，对接受社区矫正存在抗拒心理。通过与其监护人的深入交谈，矫正工作者了解到赵某主要有两层顾虑：一是在接受社区矫正前在公安局拘留所待过一段时间，对刑罚执行存在恐惧心理，有逃避监管的想法；二是在小区其他居民面前感到自惭形秽。针对赵某的情况，矫正工作者通过多次家访，向其家人宣传了社区矫正的特点和意义，取得了赵某及其家人的信任，使其认识到接受社区矫正的必要性和重要性。与赵某建立互相信任的关系后，矫正工作者制定了专门的矫正方案，通过平等交流、思想教育和文体活动等方式帮助其消除自卑心理，卸下心理包袱。在减轻心理负担之后，赵某一方面积极配合矫正工作，一方面努力学习，各科成绩都有较大提高，还获得了班级文体积极分子、手抄报三等奖和学习进步奖等奖项。

案例2：钱某（化名），14岁，父母长期在异地工作而疏于管教，因结交不良少年，受人教唆参与抢劫而被判处缓刑。情绪悲观失望，担心学校同学知道后受到歧视。在分析钱某的个人资料后，矫正工作者一方面与其父母加强沟通，督促他们多与儿子交流，及时掌握其思想动态；另一方面安排钱某积极参与各种集体活动，定期接受志愿者辅导，断绝与不良人员的接触。在矫正工作者的努力下，钱某转变了思想，积极参加学校的各项活动，得到了学校师生的认同与好评；学习成绩也逐渐提高，从班级40多名跃升到前10名。

　　……

　　从案例1中我们可以看到，对于青少年服刑人员群体而言，由于他们曾经的过错及其他社会成员的排斥，这一群体成员往往在心理上忧郁、压抑、不满，会产生对自己的负面评价。

　　未成年人社区矫正工作的首要目标，是要对未成年矫正对象的心理进行矫治，帮助其建立正确的人生观和价值观。在这个过程中，必须重视提高未成年矫正对象的自尊自信，帮助其通过加强自控能力来提高自我评价和满足感，并获得与社会环境和谐相处的能力和社会交往技巧等。

　　在社区矫正实践中，广州市各级矫正工作人员从实际出发，在政策规定范围内探索多种矫正方式，主要通过家庭教育和政府主导两方面来帮助未成年矫正对象树立正确的价值观：

　　（一）坚持家庭教育

　　家庭是社会的基本细胞，是人性、人生理想的启蒙教育所，是未成年人生活时间最长最重要的环境，家长对子女的影响也最大。未成年矫正对象之所以触犯法律，几乎百分之百与家庭不和谐有很大关系。因此，家庭是青少年心理和行为健康发展的最重要因素之一，是矫正未成年犯人的有效途径。为此，矫正工作人员要充分利用家访和家长陪同报到等机会，大力做好家长的思想工作，争取得到矫正对象家庭的理解、支持和配合，加大家庭监督、管理和帮教力度。在未成年矫正对象家庭推行"五个一"活动，即家长给孩子一个亲密的拥抱，一个幸福的微笑、一个关注的眼神、一次倾心的交谈和一次适时的批评。加强家庭成员之间的交流，可以让孩子感觉到父母在关注他、关心他和爱护他，从而树立乐观向上的心态。

　　（二）坚持政府主导

　　司法行政机关作为矫正工作主体，要在密切联系各成员单位和社会团体、民间组织、志愿者的基础上，创造性地开展矫正活动。在实际工作中，社区矫正工作者主要应做好三项内容：一是讲爱心。有过劣迹的青少年多数缺少父母之爱，体会不到家庭的温暖，矫正工作人员要以长辈似的温和语言，辅以真诚的爱心，与他们加强沟通。二是讲感情。青少年身心发育尚未成熟，多数具有较强的逆反心理；为达到良好的矫正效果，矫正工作者要从细节做起，以情感人，在过年过节或者生日时，送一点小礼物，发一句祝福短信，使未成年矫正对象感到这个社会上还有许多人们在关心他们、想着他们，这样可稳定他们的思想，使之顺利度过矫正期。三是加强"三观"教育。青少年可塑性强，在矫正工作中采取多种形式对他们进行人生观、世界观、价值观的教育，能够帮助他们形成正确的人生观和价值观。四是通过公益劳动改造思想。组织未成年矫正对象参加公益劳动，不但体现了社区矫正的惩罚功能，还能使他们树立劳动意识和奉献精神；能使他们通过集体活动树立团体意识，在活动的过程中加强与其他社会群体的交流。

案例1中，矫正工作者通过帮助赵某树立自尊自信、建立正确的价值观和正常的人格，使其提高了自控能力，因此，他才能够发挥自己的潜力，与社会环境建立良好关系，从而积极融入社会并得到社会的认同。我市社区矫正的实践证明，帮助未成年矫正对象建立正确的价值观，是促使其顺利回归社会的前提。在对未成年矫正对象的心理矫治中，自尊自重、自强自信等心理因素的建立和增加显得尤为重要。这些元素不仅可以帮助他们适应不断改变的社会环境，还可以使他们用自己已经提升了的能力及行动去改善所处的环境。

◉ 任务要求

在服刑人员群体当中，有相当一部分服刑人员的犯罪和他们的价值观有一定的关系。矫治服刑人员心理，预防再犯罪，价值观教育是不可或缺的。请你设计一个服刑人员价值观教育的方案，开展一次有效的价值观教育，通过教育活动，使受教育者对自己不正确的价值观有所怀疑，产生树立正确的价值观的想法。

✦ 任务分析

一、明确价值观的类型

1. 理性价值观，它是以知识和真理为中心的价值观。具有理性价值的人把追求真理看得高于一切。

2. 美的价值，它是以外形协调和匀称为中心的价值观，他们把美和协调看得比什么都重要。

3. 政治性价值，它是以权力地位为中心的价值观，这一类型的人把权力和地位看得最有价值。

4. 社会性价值，它是以群体和他人为中心的价值观，把为群体、他人服务认为是最有价值的。

5. 经济性价值，它以有效和实惠为中心的价值观。认为世界上一切实惠的就是最有价值的。

6. 宗教性价值观，它以信仰为中心的价值观。认为信仰是人生最有价值的。

7. 教育价值观，指人们对教育的价值关系的认识和评价以及在此基础上所确定的行为取向标准。

二、价值观教育的形式

1. 宣传教育。
2. 演讲比赛。
3. 集体讨论。
4. 心理教育活动。

三、服刑人员心理教育活动的作用

1. 帮助。帮助是以教育者为中心，由教育者提出问题，并进行了解和分析，提供解决问题的方法。

2. 互助。互助是在教育者的指导下，通过群体或两三个人之间的交往，利用群体或他人的正面影响力对服刑人员提供帮助。

3. 自助。自助是以服刑人员为中心，教育人员自然而然地引导服刑人员自己提出问题，自己加以分析并解决。

四、服刑人员心理教育活动的设计

（一）心理教育专项活动设计原则
1. 教育活动要符合服刑人员的个性特点。
2. 教育活动要使每一个服刑人员都能参与。
3. 教育活动的设计要与服刑人员真实生活相结合，让服刑人员在实践活动中接受训练。
（二）服刑人员心理教育活动的设计要领
1. 活动方案要密切结合服刑人员的实际特点。

2. 活动的内容与目标要一致。
3. 设置活动情境，促进服刑人员体验。
4. 组织活动要达到活动目标。

知识链接

一、价值观定义

价值观就是人们由心中发出对世界上存在万事万物的认识，以及所持有的对待万事万物的态度。

人们所处的自然环境和社会环境，包括人的社会地位和物质生活条件，决定着人们的价值观念。处于相同的自然环境和社会环境的人，会产生基本相同的价值观念，每一社会都有一些共同认可的、普遍的价值标准，从而发现普遍一致的或大部分一致的行为定势，或是社会行为模式。

价值观念是后天形成的，是通过社会化培养起来的。家庭、学校、所处工作环境等对个人价值观念的形成起着关键的作用，其他社会环境也有重要的影响。个人价值观有一个形成过程，它是随着知识的增长和生活经验的积累而逐步确立起来的。个人的价值观一旦确立，便具有相对的稳定性，形成一定的价值取向和行为定势，是不易改变的。但就社会和群体而言，由于人员的更替和环境的变化，社会或群体的价值观念又是不断变化着的。传统价值观念会不断地受到新价值观的挑战，这种价值冲突的结果，总的趋势是前者逐步让位于后者。价值观念的变化是社会改革的前提，又是社会改革的必然结果。

二、价值观的内容

一方面表现为价值取向、价值追求，凝结为一定的价值目标；另一方面表现为价值尺度和准则，成为人们判断事物有无价值及价值大小、是光荣还是可耻的评价标准。

三、价值观的特性

主体对客观事物按其对自身及社会的意义或重要性进行评价和选择的标准，对个人的思想和行为具有一定的导向或调节作用，使之指向一定的目标或带有一定的倾向性。

1. 主观性。价值观是个人对一般事物的价值进行评价时所持有的内部标准和主观观念。

2. 选择性。价值观是经过选择获得的。这种选择必须是自由的而不是被迫的；是从可选择范围内进行的，选择时必须同时具备其他可选择的内容；是经慎重考虑后的选择。

3. 稳定性。价值观是个体具有的一种相对持久的信念，个体用这个信念可以判断某种行为方式或结果状态的好与坏、适当与不适当、对与错等，这种较稳定的信念可使个体的行为都一致地朝向某一目标或带有一定的倾向性。

4. 社会历史性。个人价值观是习得的，是长期社会化和内部化的结果，不同的社会环境和文化背景使人们形成了截然不同的价值观，因此，价值观总是对时代精神的反映。

5. 发展性。价值观的重要性程度是发展变化的、相对的，不同心理水平的人，尤其是形式思维能力不同的人所持的价值观是不同的。随着人们各方面的成熟、对社会问题理解的加深，各种需要和目标都在发生变化，价值观也在发展变化。

6. 对行为的导向性。价值观是人们行为的最基本的内部指针，个体价值观的形成，除了选择以外，还必须喜爱和赞赏，并按该选择行事，把它作为生活方式反复履行，因此，它是指导各种行为的标准，对行为决策起着指导作用。

7. 系统性。价值观不是孤立地、单个地存在着的，而是按照一定的逻辑和意义联结在一起，按一定的结构层次或系统而存在，单一的价值观只有处在整个价值系统中时才能显示出作用和意义。

四、价值观与人生观和世界观互相影响

价值观、人生观和世界观是哲学思想的基础构件，三者相互依存、相互影响。自然或自发状态下人生观和世界观对价值观的形成有决定作用，而通过自觉学习修炼养成的价值观也可以使人生观和世界观产生异化和改变。

一个人的价值观是从出生开始，在家庭和社会的影响下，逐步形成的。一个人所处的社会生产方式及其所处的经济地位，对其价值观的形成有决定性的影响。当然，报刊、电视和广播等宣传的观点以及父母、老师、朋友和公众名人的观点与行为，对一个人的价值观也有不可忽视的影响。

价值观分为普适性价值观和特定性价值观。人们以追求真善美为价值取向

的观念是普适性价值观。而个体对周围的客观事物（包括人、事、物）的意义、重要性的总评价和总看法，是特定性价值观。

五、价值观的影响效应

价值观不仅影响着个人的行为，还影响着群体行为和整个组织行为。在同一客观条件下，对同一个事物，人们的价值观不同，就会产生不同的行为。在同一个单位中，有人注重工作成就，有人看重金钱报酬，也有人重视地位权力，这就是因为他们的价值观不同。同一个规章制度，如果两个人的价值观相反，那么就会采取完全相反的行为，将对组织目标的实现起着完全不同的作用。

价值观对人们自身行为的定向和调节起着非常重要的作用。价值观决定人的自我认识，它直接影响和决定一个人的理想、信念、生活目标和追求方向的性质。价值观的作用大致体现在以下两个方面：

1. 价值观对动机有导向的作用，人们行为的动机受价值观的支配和制约。价值观对动机模式有重要影响，在同样的客观条件下，具有不同价值观的人，其动机模式不同，产生的行为也不相同。动机的目的方向受价值观的支配，只有那些经过价值判断被认为是可取的价值观，才能转换为行为的动机，并让人们以此为目标引导人们的行为。

2. 价值观反映人们的认知和需求状况，价值观是人们对客观世界及行为结果的评价和看法，因而，它从某个方面反映了人们的人生观和价值观，反映了人的主观认知世界。

六、服刑人员人生观和价值观的特点

人生观是一个人对人生和意义的总体的认识，包括人生的价值观、幸福观、苦乐观、荣辱观、生死观等。它是一个人世界观的整体反映。价值观是指态度的对象对人的意义。人们对某个事物所具有的态度，取决于该事物对人们的意义大小，亦即该事物所具有的价值大小。因此，价值观念指的就是价值主观方面，它反映了推动并指引一个人采取决定和行动的政治的、经济的、科学的、宗教的、美学的以及法律的、道德的原则、信念和标准，是一个人思想意识的核心。对同样一个事物，由于人们的价值观不同，会产生不同的态度。价值是态度的核心，价值观念决定动机的形成及其动机性行为的产生。

服刑人员在不同程度存在着人生观和价值观的缺陷。严重者，无视社会的利益，违背人类的一般道德规范，极端个人主义、实用主义、拜金主义、享乐主义思想严重，极易走上与统治阶级尖锐对抗的道路；就算轻者在他们处于特殊矛盾冲突时，因利益需求和个人需求的驱使，以及在不良环境的刺激、引导下，也可能产生犯罪的意识，实施犯罪的行为。大多数服刑人员犯罪意识、动机的形成，都有着人生观和价值观缺陷的原因。

示例

价值观教育活动方案

一、目标

1. 教会学生设计心理教育活动方案。

2. 通过演示，培养学生的实际操作能力。

3. 激发学生思考自己的价值观念。

4. 帮助学生体验和澄清自己的人生态度。

二、准备

道具钱。

三、活动过程

老师：一个人的价值观对其人生的态度有着重要的影响，而且直接影响着一个人的追求和事业的发展。人生价值的选择权就在你自己的手中。今天，我们就来一次人生价值大拍卖。

游戏规则：每位同学有5000元，你们可以随便叫卖下列表中的东西。每样东西都有底价（见下表），每次出价以500元为单位，价高者得到东西，有出价5000元的，立即成交。

底价表（单位：元）

友情	500	快乐	500	文凭	500	享乐	500	知识	500	爱心	500
爱情	500	长寿	500	诚实	500	财富	500	理智	500	地位	500
亲情	500	智慧	500	道德	500	时尚	500	能力	500	奉献	500
自由	500	权力	500	美貌	500	健康	500	宽容	500	索取	500

拍卖开始，按照游戏规则进行，到所有的东西拍卖完为止，然后请同学们认真思考买回来的东西。请记住，人生如战场，假如你已经坚定地确认了自己的目标，就紧紧锁定它，机遇有时像闪电，稍纵即逝。

四、讨论

1. 你是否后悔得到的东西？为什么？

2. 在拍卖过程中你的心情如何？

3. 有没有同学什么也没买上，为什么不买？

4. 假如你已经走到人生的尽头，你手里的东西对你来说还有意义吗？

5. 你是否后悔刚才为自己争取的东西太少？

五、回味

写下拍卖会的经过与感受，记下你的真实感受，不然的话，你所经历的激动人心的时刻就这样溜走了。

六、选择

人生是由无数次的选择所构成的。不同的选择，构成不同的人生。有的人无所谓地对待选择，因此他的生命也变得轻飘飘不值一文；有的人审慎而明智地对待选择，因此他的路途通达、事业顺畅。有的选择，一生未必能碰上一次；有的选择，多年才能碰上一次；有的选择，天天都存在，时时都在考验着人。日常的选择是繁多琐碎毫不起眼的，但它们却在主宰着你的心绪、情感，在不知不觉地决定和影响着你命运的发展。

学习任务三　服刑人员自我意识教育

导入案例

海南省女性服刑人员社会性别意识的盲点[1]

实践调研表明，有超过一半的未成年女性思维中还存在着根深蒂固的"父权家长，男主外、女主内"的传统思想。这种思想是造成海南省未成年女性服刑人员社会性别意识盲点的主要因素，具体表现在以下几个方面：

一、对自身性别角色认知的刻板性

"父权家长，男主外、女主内"的性别分工是几千年的传统社会文化所构建的一种角色的刻板模式。它以性别为界限，对两性进行不同的角色分配。女性天生"柔弱"，只可以是依赖者，做辅助性的工作，这种性别分工要求女人一生

─────────────
〔1〕 摘自刘国良：《海南省未成年人犯罪人文区位分析》，法律出版社2009年版。

都只能扮演"好女儿、好妻子、好母亲"的角色，除了这些之外，女人没有必要再去做其他的事情，否则就是不守妇道，也正是因为这种观念的影响，使得女性群体受教育的权利受到限制，受教育的程度明显低于男性。这一点在海南省表现尤为突出：在海南省，未成年女性文盲及小学文化的占到整体比例的34.28%（文盲7.14%、小学27.14%），而外地未成年女性不存在文盲，她们中小学文化比例相对于本地也较低，仅为25%，主要集中在初中，占63.5%。

二、对自身性别角色定位的束缚性

"男主外、女主内"男强女弱的社会性别分工使得部分女性被划进"边缘化"的性别群体，社会就业也对女性作了种种限制，女性就很自然地被排除在社会经济体制之外，丧失了创造经济价值的机会，这使女性的角色定位具有单一性。当女性成为被男人供养的"女人"之后，女人只能被迫承担全部的家务劳动，成为家庭保姆，有的甚至成了新时代的"娜拉"、笼中之鸟，女性的自我发展因此受到极大的束缚。

三、对自身性别角色认知的滞后性

"男主外、女主内"的性别分工所导致的绝不仅仅是女人被禁锢、被边缘化、被忽视，更重要的是它让我们看到了这个问题是一个社会的问题，一个人类的问题。女性服刑人员对自身性别角色认知的滞后性，将导致男女不平等（这与我国宪法规定的男女平等的基本国策相悖）。更重要的是它还强烈地影响着女性思想意识、价值观念、行为取向的形成。其中隐含着社会普遍存在的女性应当为家庭、应该为父亲牺牲自己的利益的性别期待，由此所导致"女性社会化不完全、社会化不适当或者是不善于社会化"，进而使一部分女性的进取意识不强、自身的独立意识缺乏、理想目标失落和模糊，这就充分反映出未成年女性服刑人员群体对自身性别角色认知的滞后性。

从社会性别的视角看女性犯罪。女性服刑人员对"父权家长，男主外、女主内"的认同表明，在女性服刑人员群体中已形成了一定偏差的性别意识和态度，她们的性别角色已按照这种传统观念定型。因此，在她们中间，一部分是"读不起书"（无经济能力）；另一部分是"不愿读书"；还有一部分是认为女性"读书无用，不需要读书"中途辍学的，三者共占女性服刑人员总数的80%以上[1]。据海南省检察系统2003~2008年7月统计的海南省本地未成年女性犯罪人的教育情况可以看出，女性的受教育水平是较低的，小学、文盲就分别占了

---

〔1〕 根据《妇女绿皮书（1995~2005）》：中国性别平等与妇女发展报告的资料表明，"女性教育水平、经济就业、法律保护和生存环境"均为我国评估性别平等与妇女发展的基本指标。

34%和28%，特别值得注意的是其中盗窃犯罪占41.94%、走私贩卖毒品罪占17.74%、暴力型犯罪占33.51%（故意伤害罪占14.52%、抢劫罪占11.29%、抢夺罪占3.23%、非法拘禁罪占1.61%、强奸罪占2.86%）。相对于整体而言，三类犯罪均有所上升，其中上升幅度较大的是走私贩卖毒品罪上升2.03个百分点，暴力型犯罪上升2.11个百分点。29名未成年女性犯盗窃罪，文盲为1人，占总人数的3%，小学文化水平的犯罪人有8人，占总人数的28%。25名未成年女性暴力型犯罪人中，其中文盲1人，占总人数的4%，小学文化程度7人，占总人数的28%。在11名未成年女性毒品犯罪中，文盲2人，占未成年女性毒品犯罪总人数的18%，属较小的部分；小学文化水平的有4人，占36%，是文盲人数的2倍。由此不难看出由于社会性别意识的刻板、偏差，导致农村的家庭对女孩的教育不重视，或女性自己本身也不重视，以致出现"文盲加法盲"的犯罪。

从犯罪心理的层面看女性犯罪，她们具有不断增长的物质需要与未独立的经济地位的矛盾，强烈的依附心理和自我保护能力差的矛盾，这些矛盾与她们的社会性别意识交织在一起，在她们的意识或潜意识中产生了顽固的依赖男性的心理，使她们在家庭、生活以及社会交往中，缺乏主动掌握自己命运的能力，总是将自己的幸福、自己的未来托付于男人。在这种性别意识的支配下，逐渐丧失了自我，没有了独立的人格。

从实际调查中发现，在所有70例未成年女性犯罪中，无业人员28人，占总体的40%；农民38人，占总体的54.29%，为最多的群体；在校学生则仅4人，占总体的5.71%。

她们在犯罪活动中始终处于被动地位和服从地位。这一切都说明：女性服刑人员的社会性别平等意识的缺乏，已严重影响了女性在社会活动中的思维、决策以及对行为方式的选择。这些女性在犯罪前，承担着一个家庭所有的家务劳动，尽管她们也想摆脱现实，走出家庭闯世界，却缺乏外出谋生的技能与手段。因此，当这些女性进入形形色色的社会之后，迅速被经济大潮所淹没，谋取金钱的手段更多集中在偷窃、抢劫、贩毒、暴力性等手段上。有的为追求金钱与幸福生活，铤而走险甘愿冒坐牢的风险，参与共同犯罪贩毒。在女性抢劫、盗窃、毒品犯罪中绝大多数是参与共同犯罪，当男友叫上自己一同去实施犯罪行为时，这些女性所表现出来的是——不假思索、义无反顾地参与，直到银铛入狱方知后悔——自己怎么这样傻。

从法律保护的角度看女性犯罪，女性服刑人员完全在按照传统的女性角色期待来定位自己，社会也都把女性定位为温柔、贤惠、以家为轴心。在这种传统思想的束缚下，她们有的把所有的希望与梦想都寄托在"将来嫁个好男人"上，这样的赌注难以如愿以偿；有的编织着理想的自我，追求着所谓的幸福生活，哪怕是充当第三者，也心甘情愿，只要能满足自己的物质欲望就可托付终身。然而现实与理想往往会发生冲撞，导致美梦破灭，于是又为自己付出和丧失了女人最宝贵的贞操、青春而懊恼，为自己的情感被男人欺骗而悔恨，有的采取了同归于尽的方式来圆自己的美梦以致断送青春；有的忍气吞声，默默地承受着家庭暴力、背叛、虐待，完全丧失了自我，当她们这种负面情绪积累到一定程度，就像一座火山迸发。为了自己的尊严，也为了追求男女平等，她们选择了故意杀人、故意伤害的极端行为来保护自己的合法利益，这显然是法律和社会所不允许的，必然受到法律的制裁。

在错误的性别意识的影响下，她们的眼里，男人就是天空，就是心中的太阳，就是自己生命的全部，失去了男人就失去了生命的意义，失去了男人也就失去了自我。许多人之所以从"受害者变成了害人者"，是因为女性犯罪者中不少人是期望与自己的男人同归于尽的。可悲的是在追溯自己不幸原因的时候她们只归结为自己命苦，而完全没有意识到是因为自己性别平等意识的严重缺乏，也根本不知道还可以用法律来保护自己。在应用"社会性别学"的研究中，我们认为：这些女性之所以走上犯罪的道路，一个很重要的原因是缺乏社会性别平等意识，以致只有人的肉体和躯壳，没有现代女性应当具备的——独立的人格，独立的经济，独立的社会交往。

◉ **任务要求**

从上述材料可见，一个人的自我意识与犯罪有一定的联系，实践也证实很多服刑人员在犯罪原因与改造过程中的表现，都与自己的自我意识有很大关联。为了更有效地改造服刑人员，预防再犯罪的发生，现在要对监狱的服刑人员开展一次自我意识教育，请设计一个自我意识教育的方案。

1. 教育形式：形式不限，但要求有教育者与被教育者的互动。

2. 教育内容：必须是自我意识方面的教育，通过该教育活动能够触动受教育者的自我意识，使其对自己的认识发生改变。

任务分析

一、服刑人员自我意识的类型及特征

（一）服刑人员自我意识的类型

1. 自我肯定型。其特点主要表现为积极意义上的理想自我同消极意义上的现实自我通过矛盾斗争最终达成一致或统一，将消极的自我转变为积极的自我。

2. 自我否定型。其特点主要表现为服刑人员对现实自我的评价过低，理想自我与现实自我之间的差距太大，或者是差距不大但缺乏自我调控能力以及心理上消极防御致使二者之间无法缩小差距或难以保持一致。

3. 自我萎缩型。其特点主要表现为服刑人员理想自我的缺失，对现实自我的强烈不满和自我拒绝心理等。

4. 自我扩张型。其特点主要表现为服刑人员对自己的现实自我评价过高，虚幻的理想自我占主导，现实自我与理想自我的统一是虚假的。

5. 自我矛盾型。其特点表现为自我处于强烈的矛盾冲突中，且持续时间较长，内心向往或渴望新的自我却久久不能确立，希望并愿意抛弃或摆脱旧我却因种种原因长时间不能割舍。因而，服刑人员往往长期体验着焦虑、不安、烦恼和困惑，自我控制的稳定性严重缺乏。

（二）服刑人员自我意识的特征

1. 服刑人员自我认知的特征。对生理自我、社会自我的关注，自我认知与自我评价的歪曲性。

2. 服刑人员自我体验的特征。自我体验的情绪性，自尊心匮乏，自卑严重。

3. 服刑人员自我控制的特征。以被动自我控制为主，自我控制的两极性明显。

二、服刑人员自我意识转化的内容与方法

（一）服刑人员自我意识转化的内容

1. 正确和成熟的自我认知的确立。

2. 健康和高级的自我体验的养成。

3. 积极和有效的自我控制的形成。

（二）服刑人员自我意识转化的方法

1. 通过外在途径转化自我意识的方法：阐释教育、心理示范、角色扮演、作业反馈等。

2. 通过内在途径转化自我意识的方法：自我反省、自我暗示、自我效能、自我强化等。

（三）服刑人员自我意识转化的关键

1. 树立正确的自我评价。

2. 培养自尊和自信。

3. 确立守法公民意识。

三、分析服刑人员自我意识的方法

1. 量表测验法。

2. 问卷调查法。

3. 核对清单法。

4. 自我比较法。

5. 自我画像法。

知识链接

自我意识是指个体对自己所作所为的看法和态度，包括对自己的存在以及自己对周围的人或物的关系的意识。也就是一个人对自己的意识，它包括自我认知、自我体验和自我控制三个基本成分。自我认知是个人对自己的认知和评价；自我体验指个人对自己怀有的一种情感体验；自我控制则是个人对自身的思想、言语和行为的控制。从内容上说，自我意识可以分为生理自我、社会自我、心理自我。

如果一个人的自我意识出现障碍，他的认识就会变得模糊，行为就会变得荒唐、失控，整天处在浑浑噩噩之中，不知所措，他将是一个人格不健全的人。

一、自我意识的特点

1. 自我意识的社会性。自我意识是人类祖先向现代人演化过程中，为了适应群体协作方式而产生的。集体劳动必须有分工协作，彼此要互相了解，个人的活动必须服从集体要求，个人活动的目的必须与集体的目的一致。这就要求个体要清楚地认识自己同他人、同集体的关系，要反思自己的行动及结果是否有利于群体的协作。可以这样说，反思就是自我意识的开始，它是在分工协作的社会集体劳动中发展起来的，随着社会的发展，人际关系的复杂化使自我意识越来越具有更多的社会性。从个体发展上看，自我意识的发生和发展也是一个社会化过程。

2. 自我意识的能动性。自我意识的发生和发展是人的意识区别于动物心理的重要标志，正是它使人从动物界分离出来并越来越远离动物世界。作为主体的人与动物不同，动物单纯适应外界环境，而人则能在劳动中改造外界环境、掌握自己。在人身上可以明显地看到人所独有的自我意识，它成为自身的心理活动和行为的调控系统。

3. 自我意识的同一性。经过社会实践活动逐渐形成的自我意识，随着时间的推移和环境的变化，也在变化、在发展。但个体对自己本身的本质特点，自己的理想、信仰、价值观以及其他身心特点的重要方面的基本认识和基本态度始终保持一贯性。正因为如此，受自我意识调控的生活方式在不同的场合有一致性。这即是自我意识的同一性特点。

自我意识的同一性标志着个人的内部状态与外部环境的协调一致。同一性不稳定是自我意识不成熟的表现，如果已经建立起来的同一性发生混乱，将出现人格障碍。如一个人过去一直被认为是稳重安详、温柔、对人体贴的，而他突然间不时出现野蛮、残酷或轻佻，这就是由心理和病理原因造成的，我们把它叫做"双重人格"。

二、自我意识的发展

1. 婴幼儿期（0～6岁）的自我意识。儿童把自己作为主体从客体中区分出来是他们的人格开始发展的主要标志之一。婴幼儿期的自我意识发展有这样几个阶段：生理的自我意识阶段（2岁前），这是自我意识的萌芽，是对自己躯体的意识；"我"的意识的产生阶段（2～4岁），这时的儿童明显地感到自己和父母兄弟姐妹的不同，是独立存在的；自我评价能力的发展阶段（4～6岁），进入幼儿时期，随着知识的增长和对周围事物的关心，母子关系进一步分化，孩子的自主性提高了，能够把自己的行动对象化，能客观地对待，在和同伴的交往以及与同龄的同伴相比较中，自我概念更明确了，个人在认识别人的品质时，也开始形成了对自己评价的能力。

2. 学龄初期（6～10、11岁）的自我意识。入学的儿童是以学校为中心发展着自我意识。以学校为生活中心的儿童，在对人的关系方面，与同伴交往的比重，较幼儿期更增加了，与教师的关系也是他们生活中的主要部分；在认识、技能的成就方面，在与同伴的比较和竞争中，形成着自己的需要水准。与人交往关系的扩大和相处加深，促进着自我的形成。

3. 青年期（12～18岁）的自我意识。青年期是依据自己本身的探求和反思导向发现自己的时期。进入青春期，随着年龄的增长，独立性显著增强，他们能够反省和自责，思考问题更具伦理性。

三、提高自我意识水平

1. 提高自我评价、自我体验、自我控制水平。自我意识是由既有联系又具特点的自我评价、自我体验和自我控制三个方面组成，在它们的积极活动中，自我不断完善，使人枯木逢春得以发展。自我评价是通过自己的感知、所思所想对自己的想法、期望、品德、行为及个性特征的判断与评估。自我体验是自我意识在情感上的表现，是人对客观事物是否符合人的需要而产生的内心体验，是对客观世界的一种特殊反映形式。自我控制是自我意识在意志中的表现，是有明确目标的实际行动与环境相互作用的过程，是自觉地、能动地发展人格的过程。

2. 恰当的自我展示。一般来说，人们并不是自发地、随意地进行活动，而是有意识地修饰自己的行为，不断地调整自己的行为，以便给别人留下一个良好的印象。这种在交往中认真地、有意识地公开自己，向别人传递自己个人的信息，称之为自我展示。不能自我展示的人是不健康的，但过分开放也是不健康的，健康人格者能因人因时地展示适当的事物。

3. 提高自尊自爱。不同的人对自尊自爱的表现有所差异。高自尊者意味着能自我接纳、开放自我、自我展示、自我赞许、自我超越。他们具有较强的独立性，不易受暗示影响，对生活较为满意。低自尊者对自己往往持否定态度，看不起自己，不喜欢自己，甚至自轻自贱。一个人对自己有良好的自我印象是非常重要的，低自尊影响着个人的进步和身心健康。

4. 自我完善。它使自己有一个理想化的自我，是自我意识发展中面临的重要任务。在诸多的心理品质中，应该培养优良品质，从消极的心态中摆脱出来，不断地完善自我，并且要培养奋斗意识。

5. 自我超越。自我超越既是个人所在群体、社会发展的需求，也是自己的"自我"所必需。一个人身上总是存在着某些未被揭示的、还未实现的自我超越的可能性。我们可以充分利用生物学的物质潜能，发现和利用自己特有的潜能，利用精神力量战胜惰性来实现自我超越。

自我意识的内涵

	自我认识	自我体验	自我控制
生理自我	对自己身体、性别、年龄、容貌、气质、血亲关系和物质状况的认识。	自豪感与自卑感、占有感、支配感、爱护感。	追求身体健康、美貌、风度、物质利益的满足和家庭利益的维持。
社会自我	对自己在社会中的地位与作用，自己与他人的关系及自我角色的认识。	自豪感与自卑感、责任感、义务感、名誉感、竞争感、成功感与失败感。	追求名誉、地位与成就，争取他人的承认与好感，胜任自己的角色。
心理自我	对自己的兴趣、性格、能力、需要、动机、态度、观念等特征的认识。	自豪感与自卑感、自主感、悦纳感、优越感与失败感。	追求信仰、精神需求的满足和个性的发展，对行为进行调节控制。

四、服刑人员自我意识概述

服刑人员自我意识是指服刑人员在服刑活动中，对自己存在的觉察，即自己认识自己的一切。服刑人员自我意识的内容：一是作为普通人的自我意识，与常人一样有着对自己生理我、心理我与社会我的自我意识。二是作为服刑人的自我意识，即对自己作为犯罪人的意识，对自己作为服刑人员的角色的意识，对回归社会之人的意识。

1. 服刑人员自我意识的形成。首先是服刑人员自我意识的萌芽期，其次是形成服刑人员自我意识的主要时期，即在监狱机关、社区服刑的时期。

2. 服刑人员自我意识的发展。通过以下三个途径而发展起来：外界或他人的评价、自我定性、自我形象整合。

3. 服刑人员自我意识的作用。服刑人员积极的自我意识对服刑人员的行为，特别是矫正活动具有不言而喻的影响作用，具体表现在三个方面，即提高认识、矫正情感缺陷，促进意志发展，修正服刑人员道德品质。

五、服刑人员自我意识的转化

服刑人员自我意识的转化是指在服刑环境和矫正活动的作用下，使服刑人员由消极的自我意识转变为积极的自我意识的过程。

对服刑人员自我意识的理解：①服刑人员自我意识的转化主要是一个复杂的、动态的过程而非单一的、静态的结果。②服刑人员自我意识的转化是服刑人员积极自我与消极自我相互矛盾斗争的结果。③服刑人员自我意识的转化是服刑人员确立理想自我，并不断地向理想自我迈进的过程。④服刑人员自我意识的转化过程是服刑人员由被动改造向主动改造的过程。

示例

服刑人员自我意识教育

一、目标

教会学生设计心理教育活动方案。

通过演示，培养学生的实际操作能力。

激发学生思考自我意识。

帮助学生体验和澄清自己对自己的认识。

二、道具

准备材料 16 开白纸每人两张。

三、活动过程

1. 每人在白纸上写出 20 个对自己的描述，用"我是 ＿＿＿＿＿＿ 的人"句式。

2. 找出其中积极的、消极的、能改变的和不能改变的。

3. 把教育对象分成 6～8 人一组，每一组的成员对本组的其他人员进行"情感轰炸"，只谈优点，不谈缺点。

4. 每人给小组其他成员写一张小纸条，写上你对他们善意的建议。

5. 与大家分享整个过程的感受。

四、注意事项

1. 对整个过程应做积极引导。

2. 在进行情感轰炸时，注意有些成员的讽刺行为。

3. 避免对成员造成心理上的伤害。

4. 关注到每一个成员，保证所有人都参与到活动中。

学习单元二　服刑人员心理评估

学习目标

● 通过学习，学生能够分析服刑人员心理，学会心理评估的方法、步骤，能够根据求助者或需要干预的对象的不同表现或症状选择对应的心理测量工具，并能对服刑人员的心理状况进行评估。

学习任务四　服刑人员心理分析

导入案例

某服刑人员是最后一次减刑了，他说按理我应该很高兴的，但是最近这段时间心情越来越压抑，脾气也没有以前好了，经常想发火，也不知道什么原因，更不知怎么办。此服刑人员前期的定刑时间应该比较长，在 10 年左右。就上面的叙述分析，案犯应该是习惯了监狱的生活，虽然其心里一直希望早点结束服刑人员的生活，回到社会中，但他毕竟坐过牢，出去后，来自生活、工作、家庭、社会上的各种不同的看法会造成了案犯很大的心理压力。对比当今社会，监狱的生活反倒显得朴实平静了，随着出狱日期的来临，其心理压力渐渐增加，自然会产生一种抵触情绪，但又想回到社会重新做人。正是这样的心情，才会使得其不知道如何处理。

任务要求

作为一名监狱人民警察，对服刑人员在不同服刑时期的心理要有所了解，掌握服刑人员的心理结构和不同服刑阶段的心理特征是非常必要的。假如你是一名监狱人民警察，如何分析这个服刑人员的心理。

任务分析

一、服刑人员的常态心理

（一）服刑人员常态心理的概念及研究意义

1. 服刑人员常态心理是指服刑人员作为一个人与社会守法公民所共有的心理。

2. 意义。认识到犯罪人存在着常态心理，不仅有助于我们更加深刻地认识和理解犯罪人，正确分析服刑人员心理，而且有助于我们认识到服刑人员是可以改造的。而服刑人员之所以可以改造，是因为其具有常态心理。

（二）服刑人员与守法公民心理内容和规律的关系

1. 服刑人员心理现象的构成与正常守法公民一致。

2. 服刑人员常态心理与社会守法公民心理形成过程相同，遵循的规律相同，表现在：①二者都是对客观现实的反映。②二者的心理反应都具有主观性、能动性，是在变革现实过程中形成和发展起来的。

（三）服刑人员常态心理在监狱的特殊表现

1. 在层次上，与社会守法公民相比，服刑人员常态心理有些被强化、有些被弱化，以低层次需要的满足为主。

2. 在实现途径上，与社会守法公民相比，服刑人员常态心理，如需要的满足具有特殊性。

3. 在常态心理特别是各种需求的满足程度上，较社会守法公民要低。

二、服刑人员的犯罪心理

服刑人员在进行改造过程中，原有的犯罪心理会延续，同时也可能会产生新的犯罪心理。个体的主要致罪因素有：①人生观和价值观缺陷。②法律意识淡漠。③道德水平低下。④畸形需要强烈。⑤犯罪动机难以控制。⑥性格特征消极。⑦自我意识缺陷。

三、服刑人员的刑罚心理

服刑人员的刑罚心理指服刑人员在服刑期间承受刑罚环境的刺激新产生的

心理，主要指服刑人员承受刑罚心理和在刑罚执行之下所产生的改造心理。

1. 服刑人员对刑罚的态度。即服刑人员对刑罚的态度，是指刑罚作用于服刑人员后所产生的服刑人员对刑罚的评价态度，包括对刑罚痛苦的评价态度和对刑罚效用的评价态度。

刑罚之痛，由刑罚的严厉性所致。一般而言，刑罚的轻重不同，服刑人员感受到的痛苦感也有所不同，即刑罚重痛苦感大，刑罚轻痛苦感小。刑法学家贝卡里亚指出："对犯罪最有效的约束力量不是刑罚的严酷性，而是刑罚的必定性，即使刑罚是有节制的，但它的确定性也比联系着一线不受处罚希望的可怕刑罚所造成的恐惧更令人印象深刻。"

（1）有效域：感受到强烈痛苦，承认刑罚的正确性，认罪悔罪，积极改造。

（2）初效域：对痛苦感受度低、认可刑罚的正确性。大多数短刑犯具有的心理。

（3）无效域：既感受不到刑罚带来的痛苦，也认识不到刑罚的效用，对改造持不合作态度，大多为刑期不长的累惯犯。

（4）负效域：感受到强烈痛苦，对刑罚持强烈的否定态度，不认罪服判，与改造相对立。

2. 服刑人员的刑罚心理。

（1）痛苦；

（2）焦虑与恐惧；

（3）敌意；

（4）自卑；

（5）内疚；

（6）对自由的渴望；

（7）期望变化。

3. 服刑人员改造心理的表现。服刑人员改造心理是服刑人员承受各种改造手段所产生的心理反应。

（1）服刑人员积极改造心理，表现在：积极寻求适应，积极心理防卫机制突出，具有强烈的获奖动机。

（2）服刑人员混改心理，表现在：消极适应，消极的心理防卫机制，避罚心理。

（3）服刑人员抗拒改造心理，表现在：适应不良，对刑罚的消极态度，认知缺陷和人格障碍。

四、服刑期间的心理特征

1. 服刑初期心理特征。服刑初期是指服刑人员熟悉、适应监管改造环境的时期，通常为投入改造以后大约半年左右的时间。这一时期的服刑人员心理主要产生于刑罚剥夺和对新的环境和改造生活的不适应。具体表现为忧虑心理、孤寂心理、痛苦心理、悔恨心理四个方面。

2. 服刑中期心理特征。服刑中期是服刑人员接受改造的关键时期，通常占服刑人员实际服刑期限的绝大多数。这一时期服刑人员的心理主要产生于改造的要求与服刑人员不良心理、行为习惯之间的矛盾和冲突。主要表现在以下四个方面：悔改，务实，屈从，反复。

3. 服刑后期心理特征。服刑后期是服刑人员即将出狱逐步适应社会的时期，通常指服刑人员出狱前的半年左右时间，这一时期的服刑人员心理主要产生于重获自由和如何适应社会的矛盾，主要表现为情绪不稳、烦躁不安。随着出狱日期的临近，服刑中期的平静被打破，出现心理上的躁动。伴随着与释放相联系的种种设想，既有兴奋、激动，又有担心、焦虑，主要有两种情况：一是多数服刑人员向往新生活，决心不再犯罪。这些服刑人员想到很快就可与家人团聚而兴奋不已，但也为自己的前途、就业问题及可能受到他人歧视而忧虑、担心，心情烦躁而无心改造。二是少数服刑人员不知悔改，决意重新犯罪。如某些混刑度日的服刑人员，为很快又可"重操旧业"而心绪难平。某些对执法者、检举人、证人、被害人等怀恨在心的服刑人员，想到复仇计划不久就可实施而激动不已。这类服刑人员存在现实的危害性和危险性，应给予高度重视。

知识链接

一、社会学习理论对攻击行为的解释

社会学习理论的创始人之一班杜拉认为，攻击性行为不是与生俱来的，是通过后天的学习获得的。他对攻击行为发生的原因和行为机制做了比较具体的分析，主要包括以下几项内容：

（一）攻击行为的获得机制

关于攻击行为的获得机制，班杜拉认为，攻击性行为是通过行为者对成功的攻击性范例的观察和自身直接经验的强化学习并在神经系统生物学因素的控

制下学习得来的。具体而言，攻击行为的获得途径有三个，即观察学习、凭直接经验的学习和生物学因素的作用。班杜拉认为，凭直接经验的学习固然重要，但是许多行为的发生都是通过个人观察他人行为的结果，进而产生替代性学习而造成的。大多数观察学习发生在以下三种社会联系中：一是家庭影响，家庭成员的示范和鼓励是攻击行为一个最基本的形成原因。二是人们所属的副文化及与这种副文化的重复性接触。三是那些被广泛使用的宣传工具所提供的具有充分形象的范例。班杜拉还认为，攻击行为还可以通过对自身攻击行为结果的体验而形成，即直接经验的强化学习。同时，攻击行为还受人的神经生理机制（生物学因素）的影响，攻击行为主要是通过下丘脑和边缘神经系统传递的，该神经系统被环境刺激，就会有选择地激活或控制攻击行为。关于行为获得的机制，班杜拉认为，环境、个人和行为是三个相互影响、彼此联结的因素，不能将行为简单地看成是环境所决定的。

（二）攻击行为的启动机制

关于攻击性行为的启动机制，也就是攻击性行为的直接诱因，社会学习理论认为可能由以下因素引发：

1. 讨厌的唆使者，包括人身攻击、言语威胁和侮辱、生存条件的不利变化、具有目标的行为受阻等。班杜拉认为，在遭受上述各种挫折时，有的人寻求帮助和支持，有的人表现出萎缩和顺从，只有少数人采取了攻击行为。也就是说，挫折并非总能引发攻击行为。

2. 诱因唆使者，即希望得到的成功结果的吸引力。人们对其行为总要预期良好的结果，但预测与现实之间往往相去甚远。令人不解的是，无把握的甚至是错误的预期结果，常常能够维持着一种攻击行为的完成。

3. 示范唆使者，即头脑中实施攻击行为时的形象对被激怒的人有刺激作用。社会学习理论将成功的范例激起攻击性行为的过程分为四个阶段：①行为引导过程，即范例给予暗示；②抑制解除过程，即观察者在心理上解除或减少了采取攻击行为的被限制感和恐怖感；③情绪唤醒过程，对于有攻击倾向的人来说，被唤醒的情绪会进一步增强他们对攻击行为的反应；④助长行为过程，即攻击行为的范例会进一步助长观察者的攻击力，使其强化。

4. 强迫唆使者，在社会化过程中，社会通过奖励顺从者，使人们逐渐地被训练得服从命令。在命令的迫使下，人们就会因为服从而实施攻击行为。

5. 神秘唆使者，有的攻击行为多见于精神病患者，往往被异乎寻常的信念所激起，行为者是基于某种妄想的信念而制造了悲剧性事件。

（三）攻击行为的保持和自我调节机制

对于是什么因素使攻击行为得以保持，班杜拉认为有以下几个：

1. 外部强化。攻击行为有时被它的结果强烈吸引着，外部对它的强化作用尤其不可低估。

2. 惩罚的结果。攻击行为通常受两个不同的约束力限制：一是社会法律的限制，二是自我谴责。班杜拉认为，人们通过目睹他人的失败，或通过自身的痛苦体验获益。因为威胁的存在，导致人们接受较安全的攻击行为方式，或导致人们推延这种被禁止的行为以增加其成功的保险系数。班杜拉还指出，在特殊情况下观看对犯罪的惩罚，有可能激起观察者的恶性犯罪，这往往是在惩罚不当的情况下发生的。

3. 替代性强化。当观察的结果被观察者认为可以达到时，被观察的东西就成为一种诱因动机；他人的成功，唤醒了观察者通过同样行为得到奖赏的动机。这样，虽然威慑的法制建立在警戒性的惩罚之上，但观察的结果却减少了法律的威慑力。

关于攻击行为的自我调节，班杜拉认为，自我调节的诱因和动机形成的机制一样，并不是和自我强化那样概念化。自我调节的倾向使攻击者在采取伤害或破坏行为时，必须同自己和他人进行斗争。行为者自我调节主要有以下几种：①对攻击行为的自我奖励。②对攻击行为的自我惩罚。③内部控制的解脱。④慢性的抑制解除。

班杜拉认为，一些有文化、有教养的人犯罪，是要有一个逐渐脱敏的过程。最初，他们在被促使实施攻击行为时，可能忍受着一种非过分的自我谴责。但经过反复操作之后，他们的那种不舒服感和自我谴责便开始逐渐减少，而攻击行为的水平则逐渐提高。

二、道德认知发展与犯罪

皮亚杰（1896~1980），日内瓦学派创始人、瑞士著名的儿童心理学家，发生认知论的开创者。皮亚杰拥有丰富理论知识，并融生物学、心理学、逻辑学和认识论等知识于一体。他还是第一个系统地追踪研究儿童道德认知发展的心理学家。他在1932年出版的《儿童的道德判断》一书是发展心理学研究儿童道德发展的里程碑。

（一）皮亚杰的儿童道德发展研究

皮亚杰在研究儿童道德发展的课题中采用了独创的临床研究法（谈话法）。

这种方法即在观察和实验过程中向儿童提出一些事先设计好的问题，然后分析儿童所作的回答，尤其是错误的回答，从中总结出规律性的东西。

皮亚杰认为，道德是由种种规则体系构成的，道德的实质或者说成熟的道德包括两个方面的内容：一是对社会规则的理解和认识；二是儿童对人类关系中平等、互惠的关心，这是公道的基础。他认为，儿童认知发展是道德发展的必要条件，儿童的道德发展是认知发展的一部分。因此，皮亚杰着重从儿童对规则的理解和使用，对过失和说谎的认识和对公正的认识，研究儿童道德的开始和发展规律。

皮亚杰与他的同事分别同大约 20 名 4～12、13 岁的不同年龄儿童一同玩弹子游戏，观察两个儿童比赛打弹子游戏，研究了儿童对游戏规则的意识、理解和使用情况。皮亚杰认为儿童对规则的认识存在着三个主要的年龄阶段：第一阶段，规则还不是遵守义务的运动规则。儿童常常把自己认定的规则与成人教给的社会规则混在一起。第二阶段，规则是以片面的尊重为基础的强制性规则。儿童认为规则是外加的、绝对不能变的东西。例如，年幼儿童与大年龄儿童一起玩时，并不了解为什么要有规则，只是因为大年龄儿童要强迫他们遵守。第三阶段，规则是彼此商订的、可变的。这时儿童不再把规则看作是神圣不可侵犯的，而认为游戏中最重要的是维护双方对等的原则，具体的规则是儿童们自己商订的，因此也是可变的，关键是要使它合理，一旦确定了规则，参加游戏的人就有义务遵守它。

皮亚杰根据儿童对规则的理解和使用，对过失和说谎的认识和对公正的认识的考察和研究，把儿童道德认知发展划分为三个有序的阶段：

第一阶段：前道德阶段（出生～3 岁）。皮亚杰认为这一年龄时期的儿童正处于前运算思维时期，他们对问题的考虑都还是以自我为中心的。他们不顾规则，按照自己的想象去对待规则。他们的行动易冲动，感情泛化，行为直接受行动的结果所支配，道德认知不守恒。例如，同样的行动规则，若是出自父母就愿意遵守，若是出自同伴就不遵守。他们并不真正理解规则的含义，分不清公正、义务和服从。他们的行为既不是道德的，也不是非道德的。

第二阶段：他律道德阶段或道德实在论阶段（3～7 岁）。这是比较低级的道德思维阶段，具有以下几个特点：

第一，单方面地尊重权威，有一种遵守成人标准和服从成人规则的义务感。也就是说，他律的道德感在一些情感反应和作为道德判断所特有的某些显著的结构中表现出来。其基本特征是：一是绝对遵从父母、权威者或年龄较大的人。儿童认为服从权威就是"好"，不听话就是"坏"。二是对规则本身的尊重和顺从，即把人们规定的规则，看作是固定的、不可变更的。皮亚杰将这一结构称为道德的实在论。

第二，从行为的物质后果来判断一种行为的好坏，而不是根据主观动机来判断。例如，认为打碎的杯子数量多的行为比打碎杯子数量少的行为更坏，而不考虑有意还是无意打碎杯子。

第三，看待行为有绝对化的倾向。道德实在论的儿童在评定行为是非时，总是抱极端的态度，或者完全正确，或者完全错误，并以为别人也这样看，不能把自己置于别人的地位看问题。

第四，赞成来历的惩罚，并认为受惩罚的行为本身就说明是坏的，还把道德法则与自然规律相混淆，认为不端的行为会受到自然力量的惩罚。例如，对一个7岁的孩子说，有个小男孩到商店偷了糖逃走了，过马路时被汽车撞倒，问孩子"汽车为什么会撞倒男孩子"，回答是因为他偷了糖。在道德实在论的儿童看来，惩罚就是一种报应，目的是使过失者遭遇跟他所犯的过失相一致，而不是把惩罚看作是改变儿童行为的一种手段。

第三阶段：自律道德或道德主观主义阶段（7～12岁）。皮亚杰认为儿童大约在7～12岁期间进入道德主观论阶段，这个阶段的道德具有以下几个特点：

第一，儿童已认识到规则是由人们根据相互之间的协作而创造的，因而它是可以依照人们的愿望加以改变的。规则不再被当作存在于自身之外的强加的东西。

第二，判断行为时，不只是考虑行为的后果，还考虑行为的动机。研究表明，12岁的儿童都认为，那些由积极的动机支配但损失较大的儿童，比起怀有不良动机而只造成小损失的儿童要好些。由于考虑到行为的动机，因而在惩罚时能注意照顾弱者或年幼者。

第三，与权威和同伴处于相互尊重的关系，儿童能较高地评价自己的观点和能力，并能较现实地判断他人。

第四，能把自己置于别人的地位，判断不再绝对化，看到可能存在的几种观点。

第五，提出的惩罚较温和，更为直接地针对所犯的错误，带有补偿性，而且把错误看作是对过失者的一种教训。

达到自律性道德阶段的儿童，在游戏时不再受年长者的约束，能与同年龄儿童平等地参加游戏，彼此明白自己的立场与对方的立场，能共同制定规则，遵守规则，独立举行游戏比赛。

皮亚杰认为儿童道德发展的这些阶段的顺序是固定不变的，儿童的道德认识是从他律道德向自律道德转化的过程。他律道德阶段的儿童是根据外在的道德法则进行判断，他们只注意行动的外部结果，不考虑行为的动机，他们的是非标准取决于是否服从成人的命令或规定。这是一种受自身之外的价值标准所支配的道德判断。后期儿童的道德判断已能从客观动机出发，用平等或不平等、公道或不公道等新的标准来判断是非，这是一种为儿童自身已具有的主观的价值所支配的道德判断，属于自律水平的道德。皮亚杰认为只有达到了这个水平，儿童才算有了真正的道德。

（二）柯尔伯格的道德认知发展理论

劳伦斯·柯尔伯格（1927～1987），美国著名道德心理学家和道德教育学家。他依据不同年龄儿童进行道德判断的思维结构提出了自己的一套儿童道德认识发展的阶段模式。柯尔伯格运用"道德两难"故事法来推断儿童的道德水平，提出了三水平六阶段道德发展理论。柯尔伯格创立的道德认知发展理论及模式被广泛应用于现代学校的德育研究和教学，引起了巨大反响，被誉为现代学校德育的"基石"，他也被誉为现代学校德育"开山之父"。

在皮亚杰之后，柯尔伯格继承了皮亚杰的理论，在20世纪60年代提出了道德发展阶段论。他开创了道德两难故事法来研究道德发展问题。

例如，一位妇女罹患某种癌症，快要死去。医生认为有一种特效药可能会拯救她。本市的药剂师最近刚刚发明出来。这种药的制作成本很高，但药剂师的要价是制作成本的10倍。那位生病妇女的丈夫海因茨，到每一个认识的人那里借钱，但是一共只借到了1000美元，只够药价的一半。他告诉药剂师他的妻子快要死了，请求药剂师卖得便宜一点，或者先赊账，稍迟再付款。但是药剂师说："不，我发明了这种药，要靠这种药给我挣钱。"于是绝望的海因茨闯进药店偷走了这种药。

问题是：海先生是对还是错？该不该去偷？该不该被判罪？他是不是好丈夫？药店老板对不对？如果生病人不是他太太，海先生会不会去偷？从法律看，从道德看，是对？是错？法、理如何安排？

他采用这样的道德两难故事法，测试了十来个不同国家大量的6、7岁～21岁的被试者，发现尽管种族、文化、社会规范等方面都不相同，但道德判断能力随年龄发展而发展的趋势却是一致的。可以将其分为六个不同阶段：

第一阶段（服从）：海因茨不应该偷药，因为他会因此被捕入狱，意味着他成了一个坏人。或，海因茨应该偷药，因为药只值200美元，是药剂师要价太高，海因茨曾经提出付钱，而且他又没有偷别的东西。

第二阶段（利己）：海因茨不应该偷药，因为监狱是个可怕的地方，而且可能他所思念的妻子活不到他出狱的时候。或，海因茨应该偷药，因为如果他的妻子获救，就会活得更快乐，即使他被捕入狱服刑。

第三阶段（一致）：海因茨不应该偷药，因为偷窃是坏事，而他不是一个坏人。或，海因茨应该偷药，因为这是他妻子的盼望，他做了好丈夫该做的事。

第四阶段（法律与秩序）：海因茨不应该偷药，因为法律禁止偷窃，这是非法的。或，海因茨应该偷药，因为这是为了他的妻子，但仍然必须为其所犯的罪行接受惩罚，并将自己所有的付给药剂师。

第五阶段（人权）：海因茨应该偷药，因为每个人都有选择生活的权利。或，海因茨不应该偷药，因为科学家有权得到公平的报偿。即使他的妻子生病了，也不能证明他的行为是正确的。

第六阶段（普遍的人类伦理）：海因茨应该偷药，因为拯救生命的价值高于尊重他人的财产权。或，海因茨不应该偷药，因为其他人也可能急需这种药，也要考虑他们生命的价值。

柯尔伯格在研究中使用伦理困境的故事，关注人们在面临类似的伦理困境时，如何证明自己的行动是正当的。然后他将反应进行分类，总结出 6 个不同的阶段。这 6 个阶段属于 3 种水平：前习俗水平、习俗水平和后习俗水平。

1. 前习俗水平（0～9 岁）。儿童的道德观念是纯外在的，儿童是为了免受惩罚或获得奖励而顺从权威人物规定的行为准则的。这一水平包括两个阶段：

第一阶段：惩罚和服从取向。这阶段的儿童根据行为的后果来判断行为是好还是坏以及严重程度。服从权威或规则只是为了避免处罚。没有真正的准则概念。

第二阶段：朴素的享乐主义或工具性取向。这阶段的儿童为了获得奖赏或满足个人需要而遵从准则，他们认为如果行为者最终得益，那么为别人效劳就是对的。人际关系被看作是交易场中的低级相互对等的关系。他们不再把规则看成是绝对的、固定不变的东西，并能部分地根据行为者的意向来判断过错行为的严重程度。

2. 习俗水平（9～15 岁）。这一水平的儿童为了得到赞赏和表扬或维护社会秩序而服从准则，有维持这种秩序的内在欲望；规则已被内化，自己感到是正确的。因此，行为价值是根据遵守那些维护社会秩序的规则所达到的程度。

第三阶段：好孩子取向。尊重大多数人的意见和惯常的角色行为，避免非议以赢得赞赏，重视顺从和做好孩子。儿童心目中的道德行为就是取决于人的，是有助于人的或为别人所赞赏的行为。他们希望被人看作是好人。这时儿童已能根据行为的动机和感情来评价行为。

第四阶段：权威和社会秩序取向。这个阶段的儿童注意的中心是维护社会秩序，判断某一行为的好坏，要看他是否符合维护社会秩序的准则。

3. 后习俗水平（15 岁以后）。这一水平又称"原则水平"，它的特点是道德行为由共同承担的社会责任和普遍的道德准则支配，道德标准已被内化为他们自己内部的道德命令了。

第五阶段：社会契约取向。这一阶段的道德推理具有灵活性。他们认为法律是为了使人们能和睦相处，如果法律不符合人们的需要，可以通过共同协商和民主的程序加以改变，认为反映大多数人意愿或最大社会福利的行为就是道德行为。

第六阶段：良心或原则取向。他们认为应运用适合各种情况的道德准则和普遍的公正原则作为道德判断的根据。背离了一个人自选的道德标准或原则就会产生内疚或自我谴责感。

柯尔伯格通过研究提出以下几点：

（1）儿童道德判断力发展在 10 岁前大都处于第一种水平；13 岁前后半数以上处于第二种水平，只有极少数进入第三种水平；16 岁以上 30% 进入第三种水平。

（2）儿童道德性发展的先后次序是固定不变的，这与儿童的思维发展有关。但具体到每个人，时间有早有迟，这与文化背景、交往等有关。

（3）要促进儿童道德发展，必须让他不断接触道德环境和道德两难问题，以利于讨论和展开道德推理练习。

柯尔伯格的这种研究向我们勾画出了道德发展是一种连续变化过程。柯尔伯格认为，这些发展顺序是一定的，不可颠倒的，各个阶段的时间长短是不相等的。同时，个体的道德发展水平，有些人可能只停留在前习俗水平或者习俗水平上，而永远达不到后习俗水平的阶段。

柯尔伯格道德发展理论的意义：发现了人类道德发展的两大规律，即由他律到自律和循序渐进，并且提出道德教育必须符合儿童心理的发展。理论的不足在于强调道德认知而不是道德行为，因而不能作为学校实施道德教育的根据。

三、监狱化与监狱人格

监狱化过程是一个个性化过程，通过这个过程，服刑人员人格会发生一定程度的变异或重塑。我们称这个过程为监狱化，服刑人员改变后的人格称监狱人格。

　　监狱生活对于任何人来说都算得上人生的重大挫折之一，它势必会给服刑人员的人格发展带来影响，而且更多地造成人格的退化或萎缩。对于一个监狱化了的服刑人员来说，其人格将会发生下列变化：

　　1. 依赖性增强。服刑人员在监狱中的一切活动完全由监狱为其安排，没有自由选择的余地。服刑人员在监狱中只能唯命是从，毫无主见可言。久而久之，其凡事须依赖他人，无须自作主张，其依赖性不断增强。

　　2. 受暗示性增强。监狱管理人员对服刑人员的控制，除使用多种明示方法外，还经常使用暗示方法。服刑人员不仅习惯于管理人员的明示控制，而且对暗示控制也习以为常，受暗示性不断增强。经过监狱化的服刑人员，就变得轻信易感，缺少判断能力。

　　3. 思考能力下降。在监狱环境中，不容服刑人员对其所作所为过多的思考，只需依令而行，因而服刑人员的许多行为都是在缺乏思考的情况下作出的。长此以往，其原来的思考习惯也就没有了。

　　4. 惰性增强。由于监狱生活的单调，使服刑人员变得对生活没有热情，没有激情。

　　基于上述人格的变化，在一部分服刑人员中有可能出现以双重人格为主要特征的监狱人格，这种人格的特征是：屈从、卑微、双重人格、缺乏活力和创造性。

　　总之，监狱人格既不利于服刑人员的彻底改造，也会造成服刑人员回归社会后的适应不良。因此，监狱机关既要注意防止监狱人格的形成，又要对已经形成监狱人格的服刑人员进行必要的矫正。防止监狱化的措施有：①对传统监狱制度的改良。服刑人员监狱化的程度与其被拘禁的期限密切相关，因此，为减轻服刑人员监狱化，执行长期自由刑的监狱必须改变原有的处遇制度。可采取实行开放式处遇，尽量减少监狱管理人员对服刑人员的干预等措施。②削减服刑人员非正式群体的影响。服刑人员非正式群体的存在，对监狱秩序不利，同时也会对服刑人员的转化产生一定的负面作用。因此，削减服刑人员非正式群体的影响，是防止或减轻服刑人员监狱化的重要途径。③增强社会公众对监狱及服刑人员的认识和关心。服刑人员监狱化现象的存在，也对社会及其文化提出了挑战，因为刑罚的执行和监狱制度必然要受到它所处的社会文化背景的制约。因此，增强社会公众对监狱及服刑人员的认识和关心就成为防止或减轻服刑人员监狱化的必要途径。④尽可能摆脱社会对刑罚的依赖。既然服刑人员监狱化因自由刑的执行而产生，这无疑会动摇人们传统上认为可以通过监狱使服刑人员重新社会化的信念，而对自由刑重新加以审视。为了对服刑人员监狱化加以有效的防止或缓解，社会应当逐步摆脱对刑罚的依赖，使刑罚成为只是在不得已的情况下才加以动用的工具，在正常情况下，对一般案件可尝试大量采用罚金、缓刑等来替代自由刑，以减少监狱化问题的产生。

四、社会化

（一）社会化的含义

在特定的社会与文化环境中，个体形成适应于该社会与文化的人格，掌握该社会所公认的行为方式，叫做社会化。个体的社会化是一个过程，是经过个体与社会环境的相互作用而实现的，它是一个逐步内化的过程。

1. 社会化是一个学习社会角色与道德规范的过程。人，作为一个生物的个人，刚从母胎里分娩出来，就被置身于一个复杂的社会环境之中。任何时代的社会都会使用种种方法对个人施加影响，使其成为一个符合该社会要求的成员，使他懂得什么是正确的，是被社会所提倡与鼓励的；什么是错误的，是被社会所禁止与反对的。与此同时，个人也随时随地对当前的社会环境以其自身的独特方式做出种种反应，反作用于环境，从而表现出人的主观能动性，由此可见，个人的成长与发展就是一系列的社会化的过程，是一个学习社会角色与道德规范的过程。

2. 只有经过社会化才能使自然人变为一个社会人。许多事实证明，儿童要能健康地成长，成为一个符合社会要求的成员，不仅需要在身体上受到照顾，还需要与社会成员进行交往，发生感情上的联系，否则社会化就会受到损害。

3. 社会化与社会控制不可分割。在个体的社会化过程中，社会化与社会控制是互为补充的，两者共同成为维持社会秩序使社会得以延续的基础，但又绝非完全相同。社会化是个体转化的过程，社会控制是促使个体转化的手段。

（二）社会化的特点

1. 个体的社会化有其遗传素质的基础。

2. 个体的社会化是通过个体同与之有关系的其他个体及团体的相互作用而实现的。

3. 个体的社会化是共同性与个别性的统一。

4. 个体的社会化贯穿于个体的一生。

（三）影响社会化的因素

1. 社会文化的影响。社会文化因素对个体社会化的影响很大，文化是无所不在的，由于传统的作用，也由于人类社会关系的多样性与复杂性，即使是一些简单的事物，也会蒙上一层文化模式的外衣。可以说，人们的任何一种活动都是文化的产物。

2. 家庭父母的影响。父母双亲在子女社会化过程中的地位特殊，家庭双亲的影响反映了社会文化的要求，父母的教育方式与教养态度对子女人格形成的影响很大，家庭因素（父母的期望、文化程度、居住面积）对学生学习的影响也很大。

3. 学校的影响。教师威信的作用，教师期待的作用。

4. 同辈群体的影响。同辈群体的社会化影响大都是在自然状态下进行的，在同辈群体中可以自由地选择同伴，同辈群体开展活动是为了满足自己的需要，在同辈中，彼此之间可以敞开思想，同辈群体有自己的一套价值标准。

5. 大众传播工具的影响。

示例

浅谈新时期服刑人员心理及行为特征

一、心理、行为特征

（一）心理特征

服刑人员的心理是服刑人员在服刑改造期间的心理现象的总和。认识和掌握服刑人员的心理特点，对提高改造质量有着十分重要的意义。掌握了服刑人员心理活动的规律，改造工作就可以避免盲目性和被动性，增强预见性和主动性。经过调查分析，新时期服刑人员在心理方面主要有以下几个方面的特点：

1. 无畏悲观心理。服刑改造，是对犯罪行为的惩治。服刑人员由于失去了自由，丧失了政治权利，在法律上处于被监管的地位，一般情况下，刚入监的服刑人员都有疑惧心理，但是从现在入监的服刑人员来看，他们都比较"沉着"，甚至有些服刑人员说："早就知道会挨打的。"真正是"有备而来"。部分服刑人员入狱后，对改造失去信心，对今后生活失去希望，性格呆板，行为机械，有严重的混刑期思想，少数服刑人员产生轻生厌世思想。

2. 埋怨恐惧心理。服刑人员因罪行败露被判处刑罚后，不但没有意识到自己的犯罪行为给社会所造成的危害性，反而埋怨自己的手段不高明，埋怨自己"命不好"，特别是那些贪污、受贿的服刑人员，有的说："我才得这点，算什么？得大钱的人多得很，为什么他们又不挨?"有的则说："我的钱是问别人借的。"到处喊冤叫屈。部分服刑人员对监狱存在恐惧感，特别是刑期较长的服刑人员对判决深为不满，对今后的生活就业非常忧虑。

3. 实惠心理。服刑人员经过国家法律、改造政策、监规狱纪等一系列"洗礼"后，能逐步认识到自己犯罪的危害性，产生自责感和改恶从善、积极改造、重新做人的向上心理。但是，由于他们是处在特殊的环境当中，因此始终难以摆脱消极悲观、混刑度日的消极情绪，特别是原来"有头有脸"的服刑人员，政治上的抱负与道德上的需求减退，转而讲"实惠"。希望能安排个"技术"工种，既轻松又能多获得一点奖励分，争取多减刑早点出狱就"ok"了。而少数恶习不改的服刑人员，把刑期当"学期"，在狱内传授、学习犯罪伎俩，从"一面手"变成"多面手"，为今后"谋生"创造条件。

4. 要脸心理。"爱面子"是每个服刑人员都深藏不露的心态，然而有些服刑人员却死要面子，按他们的话说："这是骨子里的东西，丢不得，丢了就会让人瞧不起，活着也没有多大意思。"这类服刑人员往往就像"野马"，在社会上大都是目无法纪，行为放荡，家庭管不了，学校不敢管。入监服刑后，经过教育，其违法犯罪心理受到一定抑制，野性有所收敛。但是这只是在强制下的暂时适应，是一种非自觉的表面服从。在他们没有产生改掉放荡不羁的信心期间，内心倾向总是寻求摆脱这种约束的可能。

5. 攻击报复心理。在服刑当中，部分服刑人员对刑期和监管制度满不在乎，怨言不断，有机会则发作，甚至与民警对立。

（二）行为特征由

服刑人员心理特点的变化，导致服刑人员在服刑期间行为特点的变化，主要表现在以下几个方面：

1. 偏激冲动和冷漠内向。这是当前服刑人员中存在的两种行为倾向。性格外向的服刑人员爱拉帮结伙、打架斗殴，以强欺弱、藐视监规纪律、顶撞民警；性格内向的则沉默寡言、不爱交友，超出自制力时则暴发激情、行为失控、凶狠残忍、行为不计后果，易造成严重影响。

2. 预谋性和隐蔽性增强。服刑人员在服刑当中产生不良动机后，往往经过深思熟虑，有较长的准备阶段，不论是个体或是团伙实施不良行为都有周密计划，不易察觉。这类服刑人员很"滑头"，他们为了达到自己的某种目的，爱玩花样、耍手腕，欺骗监狱警官。极个别的甚至不惜一切代价亮"绝招"，让民警们捏把汗。例如服刑人员肖××（犯抢劫罪，原判15年），为了让监狱重视其病情，在医院就诊过程中用布条勒脖子，伪装自杀。

3. 语言的挑衅性和行为的攻击性增强。部分服刑人员不服法律和监管制度的约束，身份意识淡薄，行为养成不合规范，为所欲为，"争地盘、抢山头"，排斥、攻击他犯，很多案例都是因语言挑衅所引起的。

4. 盲目性和残暴性。为了达到目的和泄私愤，盲目冲动、手段残忍、不计后果。特别是青少年服刑人员，愣头愣脑，很容易贸然行事。

二、教育改造对策

尽管服刑人员的心理、行为特征复杂多样，但是只要我们去潜心研究、分析，就不难找出其中的规律，然后根据不同时期、不同的服刑人员制定出有针对性的、行之有效的对策施以教育。以笔者之见，应该采取以下几个方面的对策：

1. 提高民警的政治、业务素质及处置能力。教育改造工作是一项很复杂也很艰巨的任务，我们面对的是形形色色的服刑人员，要做好这项工作，首先应当坚持"惩罚与改造相结合，以改造人为宗旨"的工作方针，认真贯彻执行《监狱法》，努力提高执法水平，真正做到严格、公正、文明执法。培养民警正确处理狱内常见事态和应对突发事件的能力，建立一支召之即来、来之善战的警察队伍。其次应加强民警队伍的培训，提高民警自身的工作能力，使每个管教民警具有心理学家的才能，艺术家的气质，思想教育家的方法。

2. 进行认罪服法教育和形势前途教育。通过认罪服法教育，使服刑人员明白法律的公正性和严肃性，认识自己的犯罪危害，从而加深自己的罪责认识，增强改造的紧迫感。通过形势前途教育，使其消除悲观心理，认清改造方向，增强安心改造、重新做人的信心和勇气。

3. 切实抓好入监教育关。入监教育是对服刑人员"洗脑"的第一道工序，这一关抓不好，就会严重影响今后的改造质量。笔者认为，入监教育应分四个阶段，要有计划地进行认罪服法、学习服刑改造政策、遵守监规狱纪的教育。第一阶段是以《监狱法》为主要内容进行教育。主要解决服刑人员的认识问题，让服刑人员对自己的犯罪行为有个正确的认识，做到服管服教。第二阶段是进行认罪服法教育。这个阶段是重点阶段，组织服刑人员学习《刑法》，提高思想认识，反思自己所犯罪行对国家、对人民的危害，挖掘犯罪根源。教育服刑人员如何认识法律的权威、犯罪的严重后果，放弃冒险心理。第三阶段是以"监狱服刑人员服刑改造行为规范"为主要内容进行遵守监规纪律的教育。促使服刑人员明确遵守监规纪律的重要性，端正改造态度。同时，教育服刑人员学会自我调控，正确处理好四种关系：一是与其他服刑人员之间的关系；二是与警官之间的关系；三是与亲属之间的关系；四是思想改造与劳动改造的关系，促进服刑人员不但不想违法犯罪，而且也不敢违法犯罪。第四阶段是进行思想小结。让服刑人员总结对自己的罪恶是如何认识的，对法律判决的态度怎样，对国家的改造政策、法律、监规是怎样认识的，等等。通过小结，使服刑人员能巩固前段入监集训的成绩，进一步明确自己的改造方向，给新接受单位输送合格的"生员"。

4. 重视和解决服刑人员的实际困难。不少服刑人员家庭都比较困难，他们对家庭生活及子女的读书问题特别关心，特别是"杀亲"犯，更是如此。因此，为了使服刑人员安心改造，应当为他们解决一定的实际困难。比如，对服刑人员子女的读书问题，监狱可以与当地行政部门、民政部门协商，给予适当解决。又如，在服刑人员家庭发生意外事件时，我们一定要本着人道主义的原则在做好服刑人员的思想教育工作的同时，认真妥善处理好意外事故及事故所涉及的有关事情，使服刑人员深深感到政府的改造政策的英明、伟大，深感社会主义人道主义的公正，深感政府及我们民警的温暖关怀，进一步增强服刑人员安心改造、重新做人的信心和决心。

努力搞好生活、卫生及医疗工作。服刑人员的衣、食、住、医问题都是由监狱来解决的，这些工作抓得好与不好直接影响到改造工作质量，因此必须认真解决。我们应当做到"三个抓好"：①抓好服刑人员的伙食管理。在服刑人员的生活标准范围内，尽量调剂和改善服刑人员的伙食，保证服刑人员吃饱、吃熟、吃热、吃得卫生。然而，我们的一些监狱由于"囊中羞涩"，对服刑人员的生活只求数量不求质量，只求餐餐有，不求花样新、质量高。②抓好服刑人员的疾病防治。对服刑人员每年进行一次健康检查。定期对服刑人员的宿舍区、娱乐场所进行消毒，预防疾病传染，发现服刑人员患有疾病要及时给予治疗。③抓好医院的日常诊治工作。对我们来说没有健康的身体就无法把工作做好，对服刑人员来说也是一样，没有健康的身体就无法安心改造。要提高改造质量还必须把医务工作做扎实。监区集中的监狱，只设立监狱医院也是可行的，但是必须把日常对服刑人员的诊治工作做到家，防止服刑人员抱怨"生病也得生对时候"。有些服刑人员往往以监狱机关对他们的生活安排和疾病治疗情况作为衡量执行改造政策的标准。可见，做好服刑人员生活管理及卫生教育工作，对稳定服刑人员情绪、消除对立面、促进服刑人员的改造、取得社会的重视和支持，体现我国改造政策的正确是有一定的重要意义的。

5. 采用服刑人员心理矫正技术，培养服刑人员健康的心理和人格。监狱要大力开展心理健康教育、心理测试、心理诊断、心理咨询工作，建立心理咨询室，配备和引进专业人才，帮助服刑人员矫正原有的不良心理和消除入监后形成的不良心理，逐步完善服刑人员的人格结构，提高各方面的心理素质。

总之，改造服刑人员是一项艰巨复杂的综合性工程，在新的时期，面临着新的课题、新的挑战，但是，不论条件怎样变化，只要我们与时俱进，不断创新，深入调查研究，把握改造服刑人员的规律，紧紧围绕服刑人员不同时期的心理和行为特点，依法治监，做到严格、科学、文明管理，就能顺利地完成党和人民交给的光荣使命。

学习任务五　服刑人员心理评估

导入案例

以下是某服刑人员的情况：

一、主诉

情绪低落，紧张焦虑，注意力不集中，心慌头痛，食欲差，伴睡眠障碍三月余。

二、个人陈述

10岁时父母离异，是母亲抚养自己长大。4年前，我开始吸毒，花光了母亲买断工龄的钱6万元人民币。从小就记得母亲有胃病，三个多月前，得知母亲患胃癌去世的消息，想到母亲含辛茹苦将自己抚养长大，母亲对我的关爱历历在目，是我吸毒花光了母亲的钱，导致母亲无钱治病，母亲死时我也没能给她送终，我对不起母亲，是一个无用的人，是个有罪的人，现在很后悔我怎么去吸毒！如果我不吸毒，母亲有钱治病，母亲就不会这么早去世！从我吸毒这几年来，母亲就没有过过一天好日子，我想戒毒，戒毒后多挣钱让母亲过点好日子，可现在母亲不在了，我连尽孝心的机会都没有了。现在只要看到别的学员接见，我就会想起母亲来看我的情景，我就心慌、紧张、出汗，十分痛苦，注意力不能集中，整天胡思乱想，劳动时也老是出错，因损坏劳动工具还被惩罚。三个多月来，我紧张、痛苦，对什么事都提不起兴趣，晚上睡不着觉，白天又没有精神，不想吃饭，有时还头痛，觉得自己是活不下去了。同组学员、老乡和中队长干部不断安慰我，当时心情会好些，可是一段时间后，我又回到了痛苦之中。我想是心理出问题了，所以前来咨询。（在中队民警的陪同下前来咨询）

任务要求

通过对服刑人员心理分析学习，下一步的任务就是要对服刑人员的心理作一个全面的评估，从上述信息提供的资料如何来对服刑人员进行准确的评估呢？

评估任务如何来完成呢？

任务分析

一、心理评估和服刑人员心理评估

1. 心理评估。心理评估就是对被评估者的过去和现在的智能状况、个性特征、心理健康状况等进行评价和鉴定。

2. 服刑人员心理评估。服刑人员心理评估，是指在服刑人员心理矫治工作中，评估者根据心理测验的结果，加上调查、观察所得到的多方面的资料，对被评估的服刑人员个体或群体的心理特性做出有意义的解释和科学的价值判断过程。

3. 服刑人员评估的主要目的。促进对新服刑人员的分类和安置；识别服刑人员的需要和危险性；为制定服刑人员矫治计划做准备；为服刑人员假释和释放做准备。

4. 服刑人员评估的内容。

（1）心理健康状况：外表、行为、言语、对待面谈员的态度、心境和感情、思维、认知功能、抽象能力、智力、自知力、判断力。

（2）自杀倾向。

（3）危险性评估。

（4）需要评估。

（5）监禁适应评估。

二、服刑人员心理评估的类型

1. 入监初期心理评估。对新入监的服刑人员要进行心理测试、开展心理调查、进行心理诊断、建立心理档案、制定矫治方案。

2. 服刑中期心理评估。对服刑中期的服刑人员要进行心理预测、心理危机评估（一般、重点、特殊三预防水平）、心理教育和辅导评估、心理咨询和治疗评估。

3. 服刑后期心理评估。对服刑后期的服刑人员要进行出狱前的心理检测、社会心理成熟水平及认识能力的评估、改造质量的心理评估、社会适应能力的评估、文化知识和职业技能的评估、社会支持系统的评估、刑罚体验的评估。

社区服刑人员参照以上标准进行。

三、服刑人员心理评估的一般过程

1. 确定评估目的和评估标准。
2. 收集资料：档案审查、结构性面谈、心理测验。
3. 具体评估。
4. 使用评估结果。

四、服刑人员心理评估的原则

1. 客观性与主观能动性相结合的原则。
2. 定量与定性相结合的原则。
3. 理论与实践相结合的原则。
4. 分析与综合相结合的原则。
5. 评估与教育、辅导、咨询、治疗相结合的原则。

五、服刑人员心理评估的主要方法

1. 会谈评估法。
（1）非结构性会谈。
（2）结构性会谈。
（3）计算机辅助的临床会谈。
2. 行为评估法。
（1）自然观察法。
（2）模拟评估法。
（3）参与观察法。
3. 生活史调查法。
（1）调查违法犯罪史。
（2）调查受教育史。
（3）调查从业历史。
（4）调查家庭环境及成长史。

4. 犯罪事实判断法。

（1）分析犯罪性质。

（2）分析犯罪方法、犯罪对象、犯罪心理。

（3）分析犯罪后的表现。

六、服刑人员心理评估报告

1. 一般信息。

2. 要解决的问题。

3. 实施测验及对其结果的解释。

4. 背景信息。

5. 行为观察。

6. 危险性预测。

7. 总结与建议。

知识链接

一、服刑人员心理档案

（一）服刑人员心理档案的含义

服刑人员心理档案是指监狱、社区矫正机关通过多种心理评估方法积累起来的有关服刑人员人格特点、心理障碍与疾病、行为习惯等内容的记载，以及针对服刑人员心理问题制定的矫治方案及实施矫治效果的记载，还有能反映服刑人员心理发展轨迹的文字、图表、音像等专门性材料。

（二）服刑人员心理档案的主要内容

1. 心理测验结果及评估结论。心理测验资料，一般应包括常用的几个心理测验量表的检测资料。评估结论主要应对服刑人员个性缺陷、犯罪的主客观原因和改造重点作出判断。

2. 服刑人员自述材料。主要叙述犯罪心理形成和演变的过程，对自我犯罪原因的认识，对刑罚的认识，对人生历程经验教训的总结。

3. 服刑人员生活史及评语。在评语中，应对其社会化程度和主要缺陷作出判断。

4. 服刑人员是否有某种变态心理、人格障碍及精神病史。

5. 对服刑人员的心理矫治方案。包括拟采取的主要矫治措施、实施矫治的阶段及人员分工、预期达到的矫治目标等内容。

6. 心理矫治实施情况及疗效检测记载。

7. 对服刑过程中发生的重大事件和重要变化所作的心理分析。

8. 定期进行的对矫治质量的心理学评估及分析。

9. 为检测矫治质量所进行的模拟情境实验及其效果。

10. 服刑人员自我矫治成效评定材料及服刑人员集体评定记录。

11. 服刑人员改造起伏变化及心理发展轨迹图。

12. 针对犯罪原因所采取的某些生化实验研究和医疗措施及其效果。

13. 服刑人员心理教育、咨询记录。

14. 服刑人员心理治疗记载及其疗效。

15. 出狱后的帮教、监督建议。

（三）服刑人员心理档案的建立和使用

建立服刑人员心理档案，技术性强，又需要耗费一定时间和精力。首先，要选择有责任心，懂心理学知识的人承担这项工作。其次，搞好试点，通过样板示范推动这项工作的展开。再次，注意心理档案内容的完整性。最后，服刑人员心理档案的建立和完善是一个动态的过程。

服刑人员心理档案的使用应明确以下三点：①服刑人员心理档案应由专业人员对其心理测验数据进行解释。②对档案中的项目或结论，应与服刑改造联系起来思考和运用。③遵守心理测验和心理咨询的基本原则。

示例

根据信息中当事人的情况，对其心理状况从以下方面进行评估：

一、中队民警补充资料

来访者姚某，性格内向，做事认真，2006 年 3 月到中队改造以来，遵守纪律，劳动积极，学习认真，共获减期 32 天。2007 年 5 月得知母亲去世的消息后，姚某整天忧心忡忡、焦虑不安，不能参加正常的学习和劳动；7 月中旬以来姚某表现更为突出，整天无精打采，晚上两三点钟查班时，常发现他在过道上走来走去，难以入睡，行为失常；在习艺劳动中不按操作规程劳动，加工的产品合格率低，还损坏生产工具四次，中队民警、民管会成员、班组长找他谈过多次，效果不佳，现在不能正常参加日常的教育学习和习艺劳动。

二、咨询师观察了解的情况

来访者衣着整洁，面容消瘦、憔悴，一直低着头，目光有些呆滞，不能正视别人的目光；来访者身体健康，未发现患有其他疾病，性格内向，最近很少与其他学员交往；中队民警评价他做事认真，业余爱好较少，极少主动参加大队组织的文娱活动。自从三个多月前得知母亲去世的消息后，来访者一直处于痛苦、后悔自责、焦虑不安之中，对生活失去了信心。无家族精神病史。

三、心理测验结果

90 项症状清单（SCL-90）：人际关系敏感 2.5，焦虑 3.2，抑郁 2.4。

焦虑自评量表（SAS）：粗分 53 分，标准分 66 分。

抑郁自评量表（SDS）：粗分 48 分，标准分 60 分。

四、病因分析

1. 生物学原因：来访者男性，29 岁，有 3 年的吸毒史。

2. 社会原因：父母离异，处于单亲家庭，儿童、少年期间缺乏父爱；有 3 年吸毒史；社会交往少；母亲的病逝形成较强烈的道德观念因素，对心理问题的形成构成直接的影响。

3. 心理与行为方面的认知原因。

（1）错误的认知：自己因吸毒花光母亲的钱，导致母亲死亡，对不起母亲。

（2）错误的评价：我是个无用的人，有罪的人，活不下去了。

（3）情绪方面的原因：受情绪低落、焦虑、紧张、自卑自责的困扰，自己不能解决。

（4）在行为模式上缺乏解决问题的策略和技巧。

五、评估与诊断

本案例资料来源可靠，情况属实。据临床资料分析来访者目前精神、身体、社会功能状态评估：

1. 精神状态：情绪低落，注意力不集中，胡思乱想、自责、紧张、焦虑。

2. 生理状态：睡眠障碍、食欲差、头痛、心慌、出汗。

3. 社会功能状态：与学员交往少，不能参加正常的教育改造活动，习艺劳动效率明显下降。

4. 心理状态评估，根据心理健康水平评估的十项指标，该来访者意识水平降低，心理自控力下降，自信心估计过低，社会交往降低。总体心理健康状态偏差。

学习任务六 服刑人员心理测验

导入案例

来访者赵某，男，27 岁，小学文化程度，二次犯罪，系累犯，未婚，自幼在农村长大，与家中关系尚好，父亲为工人，母亲务农，家中收入较少，经济紧张，兄弟三人均未接受很好的学校教育，失学后帮助家人做一些农活，由于长期无合适职业，沾染赌博恶习后铤而走险，1998 年犯抢劫罪，被判有期徒刑 3 年，在 Z 监狱服刑改造。出狱后，有一年半从业经历，后因对工作不满意，流落社会，2004 年再次因抢劫、诈骗罪被判处有期徒刑 15 年，同年被分配到 X 监狱服刑改造，后因监狱布局调整，该监狱编制被撤销，该服刑人员被调到 Y 监狱。现在 Y 监狱服刑改造。本人无重大躯体疾病史，家族无精神病史。

心理测验结果：

1. EPQ：E45；P50；N60；L50；显示该求助者 N 分较高，情绪稳定性稍差，其余性格特征不明显。

2. SCL－90：躯体化 1.67；强迫症状 1.2；人际敏感 1.33；抑郁 1.77；焦虑 2.5；敌对 2.17；恐怖 1.6；偏执 1.5；精神病性 1.9；其他 2.57；总分 165；阳性项目数 43 个。焦虑、敌对、其他因子分高于常模。

3. SAS：标准分 76 分，为重度焦虑。

任务要求

针对信息当中的情况，假如要对来访者进行心理测验，如何选择量表，对测量结果如何分析？完成这一学习任务后就能了解心理测验的相关知识，掌握常见的心理测验类型，了解 MMPI、16PF、EPQ 量表的侧重点以及测验结果的使用，掌握 SCL－90、SAS、SDS 的测量及结果解释。

任务分析

一、心理测验的含义

心理测验是根据客观的、标准化了的程序来测量个体的某种行为，以便判定个别差异的一种方法。心理测验有两种机能：一是预见，二是诊断。心理测验必须标准化，这就要有一定的条件：

1. 有一套有效的问卷项目。
2. 要有常模。
3. 要有一定的信度、效度和区分度。
4. 实施的方法要标准化。
5. 计分标准要明确，任何人记分，结果均无变动。

二、服刑人员心理测验及其实施方法

服刑人员心理测验是心理测验在监狱工作中的运用，是对服刑人员进行评估的重要方法之一。进行心理测验有以下步骤：

1. 准备。主要是准备测验题目、答题纸、铅笔、橡皮，并在施测前清点、整理、安排好。
2. 施测。
3. 收尾。

三、服刑人员心理测验常用的量表介绍

1. 通用量表。
（1）智力测验。
（2）人格测验（气质测验量表、行为类型问卷、艾森克人格问卷、卡特尔16项人格因素量表、明尼苏达多项人格测验）。
（3）心理健康状况测验。
2. 监狱常用量表及方法。
（1）临床症状自评量表（90项症状清单，SCL－90）。
（2）抑郁量表（SDS）。
（3）焦虑量表（SAS）。
（4）卡特尔16项人格因素量表（16PF）。
（5）艾森克人格问卷（EPQ）。
（6）明尼苏达多项人格测验（MMPI）。
（7）投射测验。
下面我们重点介绍SCL－90，其余的常用量表及方法见附录。

知识链接

一、心理测验一：SCL－90

指导语：以下表格中列出了有些人可能会有的问题，请仔细地阅读每一条，然后根据最近一星期以内下述情况影响你的实际感觉，在五个答案里选择一个最适合你的答案，现在开始吧！（1. 没有　2. 很轻　3. 中等　4. 偏重　5. 严重）

项　目	内　容	等　级				
1	头痛	1	2	3	4	5
2	神经过敏，心中不踏实	1	2	3	4	5
3	头脑中有不必要的想法或字句盘旋	1	2	3	4	5
4	头昏或昏倒	1	2	3	4	5
5	对异性的兴趣减退	1	2	3	4	5
6	对旁人责备求全	1	2	3	4	5
7	感到别人能控制你的思想	1	2	3	4	5
8	责怪别人制造麻烦	1	2	3	4	5
9	忘记性大	1	2	3	4	5
10	担心自己的衣饰整齐及仪态的端正	1	2	3	4	5
11	容易烦恼和激动	1	2	3	4	5
12	胸痛	1	2	3	4	5
13	害怕空旷的场所或街道	1	2	3	4	5
14	感到自己的精力下降，活动减慢	1	2	3	4	5
15	想结束自己的生命	1	2	3	4	5
16	听到旁人听不到的声音	1	2	3	4	5
17	发抖	1	2	3	4	5

续表

项　目	内　容	等　级				
18	感到大多数人都不可信任	1	2	3	4	5
19	胃口不好	1	2	3	4	5
20	容易哭泣	1	2	3	4	5
21	同异性相处时感到害羞不自在	1	2	3	4	5
22	感到受骗，中了圈套或有人想抓你	1	2	3	4	5
23	无缘无故地突然感到害怕	1	2	3	4	5
24	自己不能控制地大发脾气	1	2	3	4	5
25	怕单独出门	1	2	3	4	5
26	经常责怪自己	1	2	3	4	5
27	腰痛	1	2	3	4	5
28	感到难以完成任务	1	2	3	4	5
29	感到孤独	1	2	3	4	5
30	感到苦闷	1	2	3	4	5
31	过分担忧	1	2	3	4	5
32	对事物不感兴趣	1	2	3	4	5
33	感到害怕	1	2	3	4	5
34	我的感情容易受到伤害	1	2	3	4	5
35	旁人能知道你的私下想法	1	2	3	4	5
36	感到别人不理解你不同情你	1	2	3	4	5
37	感到人们对你不友好，不喜欢你	1	2	3	4	5
38	做事必须做得很慢以保证做得正确	1	2	3	4	5
39	心跳得很厉害	1	2	3	4	5
40	恶心或胃部不舒服	1	2	3	4	5

续表

项 目	内 容	等 级				
41	感到比不上他人	1	2	3	4	5
42	肌肉酸痛	1	2	3	4	5
43	感到有人在监视你、谈论你	1	2	3	4	5
44	难以入睡	1	2	3	4	5
45	做事必须反复检查	1	2	3	4	5
46	难以作出决定	1	2	3	4	5
47	怕乘电车、公共汽车、地铁或火车	1	2	3	4	5
48	呼吸有困难	1	2	3	4	5
49	一阵阵发冷或发热	1	2	3	4	5
50	因为感到害怕而避开某些东西、场合或活动	1	2	3	4	5
51	脑子变空了	1	2	3	4	5
52	身体发麻或刺痛	1	2	3	4	5
53	喉咙有梗塞感	1	2	3	4	5
54	感到对前途没有希望	1	2	3	4	5
55	不能集中注意力	1	2	3	4	5
56	感到身体的某一部分软弱无力	1	2	3	4	5
57	感到紧张或容易紧张	1	2	3	4	5
58	感到手或脚发沉	1	2	3	4	5
59	想到有关死亡的事	1	2	3	4	5
60	吃得太多	1	2	3	4	5
61	当别人看着你或谈论你时感到不自在	1	2	3	4	5
62	有一些不属于你自己的想法	1	2	3	4	5
63	有想打人或伤害他人的冲动	1	2	3	4	5

续表

项　目	内　容	等　级				
64	醒得太早	1	2	3	4	5
65	必须反复洗手、点数目或触摸某些东西	1	2	3	4	5
66	睡得不稳不深	1	2	3	4	5
67	有想摔坏或破坏东西的冲动	1	2	3	4	5
68	有一些别人没有的想法或念头	1	2	3	4	5
69	感到对别人神经过敏	1	2	3	4	5
70	在商店或电影院等人多的地方感到不自在	1	2	3	4	5
71	感到任何事情都很难做	1	2	3	4	5
72	一阵阵恐惧或惊恐	1	2	3	4	5
73	感到在公共场合吃东西很不舒服	1	2	3	4	5
74	经常与人争论	1	2	3	4	5
75	单独一人时神经很紧张	1	2	3	4	5
76	别人对你的成绩没有作出恰当的评价	1	2	3	4	5
77	即使和别人在一起也感到孤单	1	2	3	4	5
78	感到坐立不安心神不宁	1	2	3	4	5
79	感到自己没有什么价值	1	2	3	4	5
80	感到熟悉的东西变成陌生或不像是真的	1	2	3	4	5
81	大叫或摔东西	1	2	3	4	5
82	害怕会在公共场合昏倒	1	2	3	4	5
83	感到别人想占你的便宜	1	2	3	4	5
84	为一些有关"性"的想法而很苦恼	1	2	3	4	5
85	认为应该因为自己的过错而受到惩罚	1	2	3	4	5
86	感到要赶快把事情做完	1	2	3	4	5

续表

项　目	内　容	等　级				
87	感到自己的身体有严重问题	1	2	3	4	5
88	从未感到和其他人很亲近	1	2	3	4	5
89	感到自己有罪	1	2	3	4	5
90	感到自己的脑子有毛病	1	2	3	4	5

SCL-90 使用说明：

1. 它每个项目均采取 5 级评分制，具体如下：①没有：自觉没有该项症状。②很轻：自觉有该项症状，但对受检者并没实际影响，或影响轻微。③中度：自觉有该项症状，对受检者有一定影响。④偏重：自觉常有该项症状，对受检者有相当程度的影响。⑤严重：自觉该症状的频度和强度都十分严重，对受检者的影响严重。

2. SCL-90 的统计指标主要有：①总分：90 个项目单项分相加之和，能反映病情严重程度。按照中国人的常模，总分超过 160 分，心理有可能偏离正常，应进一步筛查。②总均分：总分/90，表示从总体情况看，该受检者的自我感觉位于 1 至 5 级间的哪一分值程度上。③因子分：SCL-90 共包括 10 个因子，即所有 90 个项目分为 10 大类。每一因子反映受检者某一方面的情况（如躯体化，该因子主要反映主观躯体的不适感），因而通过因子分可以了解受检者的症状分布特点，可作廓图分析。

需要注意，SCL-90 只能说明受检者可能有心理疾病，但不说明其一定患有心理疾病。要做出心理疾病诊断，必须进行面谈并参照相应疾病的诊断标准。

按中国常模结果，如果 SCL-90 总分超过 160 分，单项均分超过 2 分就应作进一步检查，标准分为大于 200 分说明你有很明显的心理问题，可求助于心理咨询，大于 250 分则比较严重，需要作医学上的详细检查，很可能要做针对性的心理治疗或在医生的指导下服药。

总分：160 分为临界，大于 160 分考虑阳性（若以 0、1、2、3、4 计分，70 分为临界）。

阳性项目数：大于 43 项考虑阳性。

单项因子：超过 2 分考虑阳性。

3. 测量的因子项。

（1）躯体化因子：1、4、12、27、40、42、48、49、52、53、56、58，共12项。该因子主要反映主观的身体不适感，包括心血管、肠胃道、呼吸道系统主诉不适和头痛、脊痛、肌肉酸痛，以及焦虑的其他躯体表现。

（2）强迫症状：包括3、9、10、28、38、45、46、51、55、65，共10项。该因子主要指那种明知没有必要，但又无法摆脱的无意义的思想、冲动、行为等表现，还有一些比较一般的感知障碍（如"脑子变空了"，"记忆力不行"等）也在这一因子中反映。

（3）人际关系敏感：包括6、21、34、36、37、41、61、69、73，共9项。该因子主要是反映某些个人不自在感与自卑感，尤其是在与其他人相比较时更为突出。自卑感、懊丧，以及在人事关系明显相处不好的人，往往这一因子得高分。

（4）忧郁因子：包括5、14、15、20、22、26、29、30、31、32、54、71、79，共13项。反映的是临床上忧郁症状群相联系的广泛的概念。忧郁苦闷的感情和心境是代表性症状，它还以对生活的兴趣减退、缺乏活动的愿望、丧失活动力等为特征，并包括失望、悲叹、与忧郁相联系的其他感知及躯体方面的问题。

（5）焦虑因子：2、17、23、33、39、57、72、78、80、86，共10项。包括一些通常临床上明显与焦虑症状相联系的症状与体验。一般指那些无法静息、神经过敏、紧张，以及由此产生躯体征象（如震颤）。那种游离不定的焦虑及惊恐发作是本因子的主要内容，它还包括有一个反映"解体"的项目。

（6）敌对因子：11、24、63、67、74、81，共6项。主要以三方面来反映病人的敌对表现、思想、感情及行为。包括从厌烦、争论、摔物，直至争斗和不可抑制的冲动暴发等各个方面。

（7）恐怖因子：13、25、47、50、70、75、82，共7项。与传统的恐怖状态所反映的内容基本一致，恐惧的对象包括出门旅行、空旷场地、人群或公共场合及交通工具。此外还有反映社交恐怖的项目。

（8）偏执因子：8、18、43、68、76、83，共6项。偏执是一个十分复杂的概念，本因子只是包括了它的一些基本内容，主要是指思维方面，如投射性思维、敌对、猜疑、关系妄想、妄想、被动体验和夸大等。

（9）精神病性：7、16、35、62、77、84、85、87、88、90，共10项。其中有幻想、思维播散、被控制感、思维被插入等反映精神分裂症状的项目。

（10）其他：19、44、59、60、64、66、89。包括反映睡眠的44、64、66，

共三项；反映饮食的 19、60，共两项；反映死亡观念的 59 题和反映自罪观念的 89 题。59、89 两项和忧郁因子的第 15 题三项综合可反映自杀倾向。该因子是反映睡眠及饮食情况的。

二、心理测验二：抑郁自评量表使用说明

抑郁自评量表是 1965 年仲氏发表的、一种病人自己进行的抑郁自我评定量表。此量表简短，一般在十分钟之内就可以完成，不用任何仪器设备，方法简单。由 20 个问题组成，每一个问题代表着抑郁症的一个症状特点，合起来，可以反映出抑郁症的抑郁，心情、躯体不舒服的症状，精神运动，行为症状以及心理方面的症状。而且可以判断出抑郁的轻重的不同程度及其有没有抑郁症状。

由于可以判定抑郁的程度的轻重，因此，它不仅用来进行辅助诊断，还可以用来观察用药后的疗效、是否好转，以及好转的程度、是不是已经恢复正常。

此量表在使用前应注意以下几点：

这是个自我评定量表，因此，要病人或怀疑心情不好的人自己评定，别人不要提醒，更不要加以帮助评定或提出意见，来改变病人的看法。在看不懂内容时，别人可以给念，由病人自己评价是什么水平，有还是没有。

此量表评定的时间，不是几小时，1~2 天内的体会，时间范围一般应该至少是 1 周的时间，如果是第一次评定，最好是两周的时间。

此量表 20 个题目中（请先看一下量表，见附录），有一半（10 个）题目的问题是按症状的有无来提问的，如，"我夜间睡眠不好"。评分时，从无、有时、经常到持续共四个等级，评分从 1 分到 4 分，逐渐加重，无——代表没有失眠（1 分）；有时——代表一周之内有 1~2 天有失眠（2 分）；经常——代表一周之内有 3~4 天失眠（3 分）；持续——代表天天失眠（4 分）。另一半题目的问题，是与症状相反提问的，如，"我吃饭像平时一样多"。实际上，抑郁病人有食欲下降的症状，但问题却是反向的，在评分时，从无、有时、经常、持续的四个等级评分，也正好相反，是逐步减轻的，无——代表不是和平时一样多，而且是天天都吃得比平时少，为 4 分；有时——代表有时，一周内 1~2 天吃得和平时一样多（3 分）；经常——一周内 3~4 天吃得和平时一样多（2 分）；持续——天天吃得和平时一样多，无食欲下降的症状（1 分），所以，在进行评定时，千万要注意，其是属于正向的，还是反向的问题。

结果分析：指标为总分。将 20 个项目的各个得分相加，即得粗分。标准分等于粗分乘以 1.25 后的整数部分。总粗分的正常上限为 41 分，标准总分为

53 分。

此量表最后结果的计算方法如下：先把 20 个题目综合相加，得出总分，再转换成百分指数，指数计算公式：指数 = 总分（得分）/总分满分（80）×100

指数与抑郁症状的严重程度的关系如下：指数在 50% 以下：正常范围（无抑郁症状）；指数在 50% ~ 59%：轻度抑郁；指数在 60% ~ 69%：中度抑郁；指数在 70% 及以上为重度至严重抑郁。按照中国常模结果，SDS 标准分的分界值为 53 分，其中 53 ~ 62 分为轻度抑郁，63 ~ 72 为中度抑郁，72 分以上为重度抑郁。

此量表虽然可以测出抑郁的轻重程度，却不能判断抑郁的分类，被测人在测出有抑郁症状之后，应该及时到精神科门诊进行详细的检查、诊断及治疗。

三、心理测验三：焦虑自评量表（SAS）介绍

焦虑自评量表（Self – RatingAnxietyScale，SAS），从量表构造的形式到具体评定方法，都与抑郁自评量表（SDS）十分相似，用于评定焦虑病人的主观感受。SAS 测量的是最近一周内的症状水平，评分不受年龄、性别、经济状况等因素的影响，但如果应试者文化程度较低或智力水平较差不能进行自评。

施测时间建议：约 5 ~ 10 分钟。

SAS 共 20 个项目，它们的症状如下：①焦虑；②害怕；③惊恐；④发疯感；⑤不幸预感；⑥手足颤抖；⑦躯体疼痛；⑧乏力；⑨静坐不能；⑩心悸；⑪头昏；⑫晕厥感；⑬呼吸困难；⑭手足刺痛；⑮胃痛，消化不良；⑯尿意频数；⑰多汗；⑱面部潮红；⑲睡眠障碍；⑳噩梦。

SAS 的主要评定依据为项目所定义的症状出现的频度，分 4 级：没有或很少时间，少部分时间，相当多时间，绝大部分或全部时间。

结果分析：指标为总分。将 20 个项目的各个得分相加，即得粗分。标准分等于粗分乘以 1.25 后的整数部分。总粗分的正常上限参考值为 40 分，标准分正常上限参考值为 50 分。按照中国常模结果，SAS 标准分的分界值为 50 分，其中 50 ~ 59 分为轻度焦虑，60 ~ 69 分为中度焦虑，69 分以上为重度焦虑。

四、心理测验四：16PF 说明

卡特尔 16 种人格因素测验是美国心理学家卡特尔经过多年的研究，运用一系列严密的科学手段研制出来的。在国际上众多人格测验的试题中，被认为是

非常经典的试题，其测评的准确度和广泛的适用性经过了时间的考验。

卡特尔把对人类行为的 1800 种描述称为人格的表面特质，并将这种描述通过因素分析的统计合并成 16 种因素，并称这 16 种因素为根源特质。他认为只有根源特质才是人类的潜在的、稳定的人格特征，是人格测验应把握的实质。这 16 种特性因素在任何一个人身上组合，就构成了其不同于其他人的独特人格。卡特尔 16PF 测试不但能够描绘出测试者的 16 种基本人格因素，而且还能通过对测验结果作统计分析，推算出许多种形容我们的人格类型的次元因素，也就是二元人格因素。二元人格因素并不直接由原始分推算，而是由几个相关的基本因素的标准分，经过数量的均衡，连同指定常数，相加而成。常数量的多少乃参考卡氏根据多年实验研究统计分析的结果，结合国内的常模而获得。二元人格因素可以帮我们进一步发现挖掘我们的性格特点和成功潜能，作为我们学业求职和自我定位的重要参考。

（一）功能范围

卡特尔 16PF 测试的应用范围十分广泛：

在教育心理方面，可用于对测试者的性格特点进行全方位的测试和诊断，为测试者在专业选择和职业选择方面提供有益的诊断指导，并且对测试者的创造潜能、成就潜能等提供预测参考。

在企业招聘方面，可以用于对应聘者的性格特点是否适合相关的工作岗位提供诊断，并对应聘者未来的"管理潜能、工作效绩"提供预测参考。

同时，16PF 测试还可以对测试者的心理健康程度提供诊断。

（二）测量维度：十六种人格因素

因素 A – 乐群性：低分特征，即缄默，孤独，冷漠。高分特征，即外向，热情，乐群。

因素 B – 聪慧性：低分特征，即思想迟钝，学识浅薄，抽象思考能力弱。高分特征，即聪明，富有才识，善于抽象思考，学习能力强，思考敏捷正确。

因素 C – 稳定性：低分特征，即情绪激动，易生烦恼，心神动摇不定，易受环境支配。高分特征，即情绪稳定而成熟，能面对现实。

因素 E – 恃强性：低分特征，即谦逊，顺从，通融，恭顺。高分特征，即好强固执，独立积极。

因素 F – 兴奋性：低分特征，即严肃，审慎，冷静，寡言。高分特征，即轻松兴奋，随遇而安。

因素 G – 有恒性：低分特征，即苟且敷衍，缺乏奉公守法的精神。高分特征，即有恒负责，做事尽职。

因素 H - 敢为性：低分特征，即畏怯退缩缺乏自信心。高分特征，即冒险敢为，少有顾忌。

因素 I - 敏感性：低分特征，即理智的，着重现实，自恃其力。高分特征，即敏感，感情用事。

因素 L - 怀疑性：低分特征，即依赖随和，易与人相处。高分特征，即怀疑，刚愎，固执己见。

因素 M - 幻想性：低分特征，即现实，合乎成规，力求妥善合理。高分特征，即幻想的，狂放不羁。

因素 N - 世故性：低分特征，即坦白，直率，天真。高分特征，即精明能干，世故。

因素 O - 忧虑性：低分特征，即安详，沉着，有自信心。高分特征，即忧虑抑郁，烦恼自扰。

因素 Q1 - 实验性：低分特征，即保守的，尊重传统观念与行为标准。高分特征，即自由的，批评激进，不拘泥于现实。

因素 Q2 - 独立性：低分特征，即依赖，随群附众。高分特征，即自立自强，当机立断。

因素 Q3 - 自律性：低分特征，即矛盾冲突，不顾大体。高分特征，即知己知彼，自律谨严。

因素 Q4 - 紧张性：低分特征，即心平气和，闲散宁静。高分特征，即紧张困扰，激动挣扎。

（三）二元人格因素的分析：八种次级因素

适应与焦虑型 X1：低分特征，即生活适应顺利，通常感到心满意足，能做到所期望的及自认为重要的事情；也可能对困难的工作缺乏毅力，有事事知难而退，不肯奋斗努力的倾向。高分特征，即对生活上所要求的和自己意欲达成的事情常感到不满意；可能会使工作受到破坏和影响身体健康。

内向与外向型 X2：低分特征，即内倾，趋于胆小，自足，在与别人接触中采取克制态度，有利于从事精细工作。高分特征，即外倾，开朗，善于交际，不受拘束，有利于从事贸易工作。

感情用事与安详机警型 X3：低分特征，即情感丰富而感到困扰不安，它可能是缺乏信心，颓丧的类型，对生活中的细节较为含蓄敏感，性格温和，讲究生活艺术，采取行动前再三思考，顾虑太多。高分特征，即富有事业心，果断，刚毅，有进取精神，精力充沛，行动迅速，但常忽视生活上的细节，只对明显的事物注意，有时会考虑不周，不计后果，贸然行事。

怯懦与果断型 X4：低分特征，即怯懦，顺从，依赖别人，纯洁，个性被动，受人驱使而不能独立，为获取别人的欢心会事事迁就。高分特征，即果断，独立，露锋芒，有气魄，有攻击性的倾向，通常会主动地寻找可以施展这种行为的环境或机会，以充分表现自己的独创能力，并从中取得利益。

心理健康因素 Y1：低于 12 分者仅占人数分配的 10%，情绪不稳定的程度颇为显著。

专业有成就者的人格因素 Y2：平均分为 55.67 分以上者应有其成就。

创造力强者的人格因素 Y3：标准分高于 7 分者属于创造力强者的范围，应有其成就。

在新环境中有成长能力的人格因素 Y4：平均值为 22 分，不足 17 分者仅占分配人数的 10% 左右，从事专业或训练成功的可能性极小。25 分以上者，则有成功的希望。

本测验主要从以下几方面对测试者进行二元人格因素分析：

（1）适应与焦虑性；

（2）内外向性；

（3）感情用事与安详机警性；

（4）怯懦与果敢性。

五、心理测验五：艾森克人格测验（EPQ）说明

艾森克人格测验（Eysenck Personality Questionnaire，EPQ），是英国心理学家艾森克（H. J. Eysenck）等人编制的一种有效的人格测量工具，对分析人格的特质或结构具有重要作用。目前，已被广泛应用于心理学研究与实际应用、医学、司法、教育、人才测评与选拔等诸多领域。下面介绍陈仲庚主持修订的成人 EPQ 版本。

（一）量表内容

EPQ 是一种自陈式人格问卷，有 88 个题目，含三个维度四个分量表（见附录 1）。E 量表：21 个条目，主要测量外显或内隐倾向；N 量表：24 个条目，测神经质或情绪稳定性；P 量表：20 个条目，测潜在的精神特质，或称倔强；L 量表：20 个条目，为效度量表，测受试者的掩饰或防卫。下面是对 EPQ 各分量表高分和低分特征的一般性描述，可供解释时参考。

1. E 量表：外向 - 内向，表示性格的内外倾向。

高分特征：人格外向，可能是渴望刺激和冒险；情感易于外露、冲动；喜

欢参加人多热闹的聚会，好交际；开朗、活泼。

低分特征：人格内向，好静，离群，富于内省；除了亲密朋友之外，对一般人缄默冷淡；不喜欢刺激、冒险和冲动，喜欢有秩序的生活方式，很少进攻，情绪比较稳定。

2. N量表：神经质或情绪稳定性。反映的是正常行为，并非指病症。

高分特征：可能常常焦虑、紧张、担忧、郁郁不乐、忧心忡忡；情绪起伏较大，遇到刺激易有强烈的情绪反应，甚至可能出现不够理智的行为。

低分特征：倾向于情绪反应缓慢且较轻微，即使激起了情绪也很容易恢复平静，通常表现得比较稳重、性情温和、善于自我控制。

3. P量表：精神质，也称倔强性，并非暗指精神病，它在所有人身上都存在，只是程度不同。但如果某人表现出明显程度，则易发展为行为异常。

高分特征：可能孤独，倾向于独身，不关心他人，难以适应外部环境，缺乏同情心，感觉迟钝，对人抱有敌意，与他人不能友好相处，固执、倔强，喜欢寻衅，具有攻击性，且不顾危险。

低分特征：能与人相处，能较好地适应环境，态度温和，不粗暴，善解人意。

4. L量表：测定被试的掩饰、假托或自身隐蔽，或者测定其社会性朴实幼稚的水平。高分者，示有掩饰，也可能较成熟老练，它本身代表一种稳定的人格功能。

（二）评分方法

EPQ问卷共有88个题目，每一题都对应着"是"或"否"两个备选答案，被试者根据自己的情况进行选择，主试者根据计分题号，分别计算被试在各个分量表上的原始分数。

值得注意的是，有的题目是被试者回答"是"时，计1分，有的题目是被试者回答"否"时，计1分。例如，E量表中，第1、5等题，回答"是"时，计1分；第26、37题，回答"否"时，计1分。在第5题回答"否"、第26题回答"是"时，就都不计分。然后分别将各分量表的实得分数相加，就是被试在这个分量表上所得的原始分数。

计算出各分量表的原始分数以后，可将其转化为标准分数。可计算出被试在每个分量表上所得的原始分数及标准分数。

1. 计分方法。

E量表：外向–内向。第1、5、9、13、16、22、29、32、35、40、43、46、49、53、56、61、72、76、85题答"是"和第26、37题答"否"的每题各

得 1 分。

N 量表：神经质（又称情绪性）。第 3、6、11、14、18、20、24、28、30、34、36、42、47、51、54、59、63、66、67、70、74、78、82、84 题答"是"每题各得 1 分。

P 量表：精神质（又称倔强）。第 19、23、27、38、41、44、57、58、65、69、73、77 题答"是"和第 2、8、10、17、33、50、62、80 题答"否"的每题各得 1 分。

L 量表：测定被试的掩饰、假托或自身隐蔽，或者测定其朴实、幼稚水平。第 12、31、48、68、79、81 题答"是"和第 4、7、15、21、25、39、45、52、55、60、64、71、75、83 题答"否"的每题各得 1 分。

2. 原始分与标准分转换。

EPQ（成人）各量表原始分数—标准分数转换表

原始分	P		E		N		L	
	男	女	男	女	男	女	男	女
24					80	78		
23					78	76		
22					76	74		
21			75	79	74	72		
20	93	100	73	77	72	69	62	73
19	90	96	71	74	69	67	60	70
18	87	93	68	72	67	65	58	67
17	84	90	66	69	65	63	56	64
16	81	86	64	67	63	61	55	62
15	78	83	62	65	61	59	53	59
14	75	79	59	62	59	57	51	56
13	72	76	57	60	56	54	50	53
12	68	73	55	57	54	52	48	50
11	65	69	52	55	52	50	46	47
10	62	66	50	52	50	48	44	44
9	59	62	48	50	48	46	43	42

续表

原始分	P		E		N		L	
	男	女	男	女	男	女	男	女
8	56	59	46	48	46	44	41	39
7	51	56	43	45	43	42	39	36
6	50	52	41	43	41	39	37	33
5	47	49	39	40	39	37	36	30
4	44	46	37	38	37	35	34	27
3	40	42	34	35	35	33	32	24
2	37	39	32	33	33	31	30	22
1	34	35	30	30	30	29	29	19
0	31	32	27	28	28	26	27	16

（三）分析指标

对测验结果的分析主要是依据标准分来进行的。标准分的平均分为50，标准差为10。根据统计学理论，标准分在40~60分之间大约包括68.46%的常模群体，标准分在30~70之间大约包括95.45%的常模群体。一般认为，如果某个被试的标准分大于60或小于40，就可认为该被试在某量表上具有高分或低分的特征，如果其标准分大于70或小于30，那么这些特征就更明显了。

大致结果解释：（实际上应按标准差计算再确定）

E量表分：分数高于15，表示人格外向，可能是好交际，渴望刺激和冒险，情感易于冲动。分数低于8，表示人格内向，如好静、富于内省、不喜欢刺激、喜欢有秩序的生活方式、情绪比较稳定。

N量表分：分数高于14，表示焦虑、忧心忡忡、常郁郁不乐，有强烈情绪反应，甚至出现不够理智的行为。低于9，表示情绪稳定。

P量表分：分数高于8，表示可能是孤独、不关心他人，难以适应外部环境，不近人情，与别人不友好，喜欢寻衅搅扰，喜欢做奇特的事情，并且不顾危险。

L量表分：L量表分如高于18，显示被试有掩饰倾向，测验结果可能失真。

六、心理测验六：明尼苏达多相人格测验表说明

MMPI 是明尼苏达多项人格问卷（Minnesota Multiphasic Personality Inventory）的简称，是目前应用最广的一个人格测量量表，其用途有以下几个方面：①在临床上用来发现各类精神症状和心理问题，并评定其严重程度，供诊断时参考。②可以用于评价个人或集体的人格特点，为聘用人才及选择职业时提供参考。③在心理咨询中，使用 MMPI 可以帮助心理咨询工作者在较短的时间内了解来访者（咨客）的大体情况，严重程度及潜在的不易被发现的问题，如自杀欲望极其强烈程度、冲动危险性、饮酒等问题，服务于心理咨询；亦可供来访者或受试者了解自己的情绪、行为模式和人格特点，为当事人自我决策和行为矫正提供参考。④通过心理测量，可以收集有关跨文化、跨地区人群的人格、心理健康等资料以比较研究，供有关决策部门参考。

明尼苏达多项人格测验是美国明尼苏达大学教授郝兹威与莫金利于 20 世纪 40 年代初期编制的。中国科学院心理研究所宋维真同志在有关单位的协作下于 20 世纪 80 年代将 MMPI 引进我国，称作明尼苏达多相人格测验。

（一）MMPI 的内容

MMPI 有 566 个自我报告形式的题目，其中 16 个为重复题目（主要用于检验被试反映的一致性，看作答是否认真），实际上只有 550 题。题目的内容范围很广，包括身体各方面的情况，精神状态以及对家庭、婚姻、宗教、政治、法律、社会等问题的态度。

MMPI 有 10 个临床量表，包括疑病（HS），抑郁（D），癔症（HY），精神病态（Pd），男性化－女性化（Mf），妄想狂（Pa），精神衰弱（Pt），精神分裂（SC），轻躁狂（Ma），社会内向（Si）。其中 Mf 与 Si 量表只能说明人格的趋向，与疾病无关，从上述 10 个量表中可得到 10 个分数，代表 10 种个性物质。

MMPI 有 4 个效度量表，用于鉴别不同的应试态度和反应倾向。如果在这些量表上出现异常分数，意味着其余量表分数的有效性值得怀疑，包括：L、F、K。

说谎分数（L）：共 15 个题目，在此量表上分数较低，说明诚实、自信、富于自我批评精神。

诈病分数（F）：共 64 个题目，在此量表上得高分可能是蓄意装病，回答不认真或真的有病，如妄想、幻觉、思维障碍等。

校正分数（K）：由 30 个对装假敏感的题目组成，高 K 分可能表示或装好

的企图，低 K 分可表示过分坦率、自我批评或装坏的企图，K 分数用于校正某些临床量表可增加其效度。

疑问分数（?）：表示漏答，无法答或"是"、"否"均作回答的题目数，超过 30 题则答卷无效。

（二）测量、计分方法与分数解释

MMPI 适用于 16 岁以上的成人，被试应具有小学毕业以上的文化水平，被试可以根据测试指导语的要求完成测试，测试无时间限制，但应尽快完成。可个别施测也可团体施测。

计分：大样本可采用计算机计分的方法，需要特殊的工具作答，小样本可借助 14 张模板计分。具体方法如下：

1. 先计算"?"量表的原始分，它包括同一题作两种答案的题数和未答题的数目。

2. 每个模板依次覆盖在答卷纸上，数模板上有多少洞里画上了记号。这个数目是量表的原始分数。

3. Hs、Pd、Pt、Sc、Ma 五个量表的原始分数要加一定比例的 K 分：Hs + 0，5K，Pd + 0，4K，Pt + 1，0K，Sc + 1，0K，Ma + 0.2K。

4. 将各量表的原始分（Hs、Pd、Pt、Sc、Ma）为加 K 后分数登记在剖面图上，并将各点相连，即成为被试人格特征的剖析图（图略）。

5. 由于每个量表的题目数量不等，各量表的原始分数无法比较，需要换算成 T 分数：

$$T = 50 + \frac{10 + (X - M)}{S}$$

X 为某一量表所得的原始分数，M 与 S 为常模团体在该量表上所得的原始分数的平均数及标准差。在测验说明书中附有换算表，可通过查表将原始分数直接转换成 T 分数。MMPI 各量表 T 分超过 70（高于平均数两个标准差）即属异常，T 分在 70 分以上（按美国常模）或 T 分在 60 分以上（按中国常模），便记为可能有病理性异常表现或某种心理偏离现象。但相同分数在不同量表上可能具有不同的意义。由于许多量表中有重复交叉的题目，因此，一个升高另一个随之升高，MMPI 的解释有两种方法：一是图谱法，二是编码法。随着计算机的应用，其分数解释进一步自动化，在分数解释的软件系统下，只要将答卷输入计算机，计算机就能自动打印出分数的书面解释。

（三）MMPI 在甄选录用中的应用

MMPI 是目前应用最广泛的人格测验，尤其广泛应用于临床工作和理论研究中。在人员甄选录用中，作为心理及性格测验的一种手段也有许多方面的探索。例如，MMPI 中的社会内向量表（Si），作为正常人个性倾向性的量表得到较多的应用。MMPI 中的四个效度量表，被应用于其他量表之中，用以检验反应是否真实等。

世界上有许多国家和地区把它译成本民族的文字，广泛应用于人类学及医学的研究。我国对 MMPI 进行了研究和修订，从 20 世纪 70 年代末开始，已形成了一个中国版本和常模。

MMPI 的目的是试图对人的人格特点提供客观的评价。测验为 399 题及 566 题两种，选用中国 MMPI 量表协作组的中国常模，主要确定十个与临床有关的指标及五个研究量表指标。

七、心理测验七：投射测验（projective test）

人格的投射测验主要是临床心理学家根据处理情绪困扰者的经验而发展出来的。所谓投射测验（projective test）就是向被试呈现模棱两可的刺激材料（如墨迹或不明确的人物图片），要求被试解释其知觉，让他在不知不觉中将其情感、态度、愿望、思想等投射出来。最有名的人格投射测验是罗夏墨迹测验和主题统觉测验。

（一）罗夏墨迹测验

罗夏墨迹测验（Rorschach Inkblot Test）由瑞士精神病学家罗夏（H. Rorschach）于 1921 年编制。它由 10 张对称的不同墨迹图组成，其中 5 张为黑白图片，墨迹的深浅不一；2 张黑色加红色的墨迹图片；另外 3 张为彩色的墨迹图片。下图是罗夏墨迹测验图片一例。让被试一次看一张墨迹图卡，并描述他看到了什么。然后主试又让被试再看一次图片，并询问与其当初反应有关的特定问题。在测试过程中，主试同时观察被试的行为，记录其动作与表情、对某个墨迹图的特殊反应，以及一般的态度。

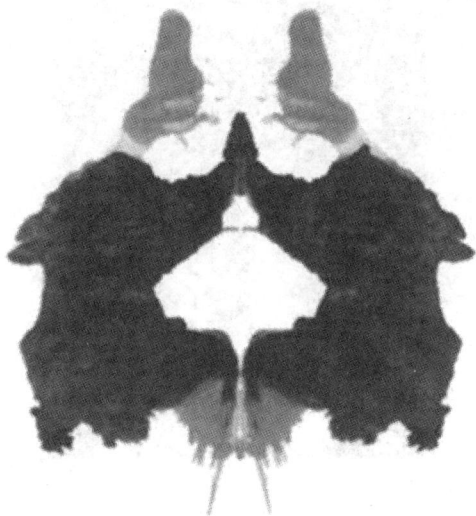

  对被试或患者的反应可以有好几种解释，这取决于他是否看到了动作，看到动物还是人的形象、是生物或无生物体，以及是部分还是整体的图形。有研究者曾试图将罗夏测验的施测程序、记分方式及结果解释等加以标准化，其中一种被称为"综合系统"（comprehensive system）的尝试较为成功。据说这套系统能够提高该测验的信效度（Exner，1986）。虽然罗夏墨迹测验主要是供临床用的测量工具，但现在也用它来进行人格研究。

  （二）主题统觉测验

  主题统觉测验（Thematic Apperception Test，简称 TAT）是由美国心理学家默里和摩根（Murray & Morgan，1935）编制的。默里和摩根认为需要有时是外显的，有时是内隐的，主题统觉测验测量的是个人的内隐需要。这套测验共有19 张内容暧昧的图片，另有 1 张空白卡片。图片的暧昧之处在于它所描绘的事件可以有好几种解释方式。施测时，要求被试去构建一个和图片中的人物有关的故事，描述导致图片中所示情境的原因是什么、人物正感受到怎样的情绪，以及可能有怎样的结局。心理学家在解释这些故事时会考虑下列因素：所涉及的人际关系的性质，人物的动机，以及这些人物所显露出的现实感。

　　TAT 没有客观的评分系统，用于诊断时其信度和效度均偏低。在专为测量人格的特定层面（如成就、亲和力和权力等需要）而设计的评分系统，据说用于实证研究是有效度的。由于在投射测验中被试不知道答案的意义，因而可以排除在自陈量表法可能出现的作假现象。但投射测验的实施程序、记分以及对结果的解释都必须经过特殊的训练。

八、心理测验八：图画心理测验

　　心理学家可以从你随手涂鸦的一幅作品中解析出你的一些内心世界。这就是图画心理学的奥秘所在。

　　人们在画图时，会很自然地浮现出一些联想、记忆或某些片断，并把这些情绪、感受用线条和色彩表达在图画中，这时图画就具有某种象征意义。图画的象征性使其成为距离潜意识更近的一种工具。从这个意义上说，所有画家、艺术家的作品都是公开的隐私，只是由于经过了艺术加工、有专业和艺术的面纱罩在上面，所以需要用特别的慧眼才能分析它们，人们更多的是从美学层面上去欣赏它们。

　　图画其实是一种投射技术，主要是用简单、模糊和不确定的指导语，让人们把深层次的动机、情绪、焦虑、冲突、价值观和愿望等，于不知不觉中投射在图画作品上。

　　图画的基本要素是线条和色彩。线条的流畅或生涩、遒劲或软弱、色彩的浓烈与素淡、暖色调与冷色调等，这两个要素的千变万化会传递出比语言丰富的信息。

（一）常见的画图技术

1. 画人。指导语非常简单："请你画一个人。"画人可以考察以下方面：智力、成熟度、情绪状态、人格特点。由画人衍生出了其他一些形式。如画自画像、画一位异性、画雨中之人、画一个家庭等。

2. 画树。通过画树，可以考察一个人的成长历程，反映其对成长的感受。画树更容易表现一个人对自我负面的感受，可以让人表现出较原始、较基本的层面。

3. 画屋—树—人。屋—树—人的图画可以考察以下方面：智力；人格的整合程度；对待家庭、亲情的态度和看法；对待自我成长的看法。

4. 自由绘画。

（1）自由联想绘画。通过自由绘画，可以考察作画者最主要的情结、被压抑最深的情绪、最迫切需要解决的问题等。在自由绘画中表达的信息是开放的、丰富的，但它对评估者要求较高。

（2）绘画讲故事。具体操作程序如下。咨询师告诉当事人："我们来做一个互动游戏。我们轮流画画、讲故事。我先开始。"咨询师在纸上画一根简单的线条，问当事人："你觉得它像什么？""它代表什么含义？""你怎样解释它？"等，让当事人说出自己的解读。然后请当事人在这根线条的基础上画成一幅画，并让其回答："这是什么？""发生了什么？""这是一个什么故事？"等，让当事人把自己最主要的困惑通过对图画的叙述表达出来。这个阶段结束后，轮到咨询师画画、讲故事。通过这样的轮番画画、讲故事，当事人能够自由地表达自己，咨询师也可以了解当事人最主要的问题，并思考解决的办法。

（二）解释图画时应注意的问题

一是对图画的解释应该谨慎。对每一幅画的分析，都必须考虑所有指标和要素，而且必须考虑作画者的年龄、社会文化背景、情绪状况、主要问题等。一般不单独运用绘画测评作为唯一的工具。对图画的解释首先要由专业人员来进行，二是要倾听作画者本人的解读。只凭书上的标准去给别人解释是不严肃的，对别人的帮助也是很有限的。

学习任务七　服刑人员心理诊断

导入案例

赵某，男，45岁，初中文化，因故意伤害罪被判处有期徒刑10年。入狱后能认罪服法，改造表现一般，日常少言寡语，不善交际，没有任何特殊爱好。从小在青岛市长大，父母为退休教师，弟妹6人都在青岛市，本人原是青岛国棉厂工人，入狱后，与妻子离婚，儿子随母亲生活，不曾来狱探视。

赵某自诉：我原本是个性格开朗的人，自从妻子患病，特别是入狱6年多来觉得自己像变了个人。按理说，刑期过了一半应该是个高兴的事，但自己却感觉刑期越短越不安，精神恍恍惚惚，不想见人。我不但失去了工作，也失去了家庭，更对不起我那年迈多病的父母。释放后去哪儿工作？老年生活将怎样安排？脑子里一片空白。我曾几次想到过死，内心充满了矛盾，我很苦恼。心理咨询能解除我的痛苦吗？

该犯常常焦急、紧张、担忧、郁郁不乐、忧心忡忡，遇到刺激可能会有强烈反应，甚至有不理智的行为。入狱初期，妻子常来探视，但两年后，妻子提出了离婚，离婚的事，他从来没有跟别人提起过。最近家信中告知父亲身体极差，不能在父亲身边尽孝，担心见不到面了，心中的痛苦无法摆脱。

任务要求

针对上述信息，该如何对服刑人员进行心理诊断呢？服刑人员心理诊断是一项综合技能，通过学习，学生应该理解并掌握几种常见的心理诊断方法的使用范围，掌握心理诊断的主要内容和基本标准、方法。

任务分析

一、心理诊断方法

心理诊断方法很多，现将常用的心理诊断方法——观察法、会谈法、个案法和心理测验法介绍如下：

（一）观察法

观察法是临床心理学常用的方法之一。观察是获得信息的重要手段，观察法是一种有目的、有计划地观察求助者心理、行为表现以做出评定和判断的方法。

观察方式可分随机和定式的观察，长期和定期的观察，一般和重点的观察，自然和有控制的观察等。观察时可采取直接或间接根据文字材料或从知情人提供的信息间接进行。

观察内容有：仪表（穿着、举止、表情）、身体观察（肥瘦、高矮、畸形等）、人际沟通情况（大方或尴尬、主动或被动、可否接触）、言语和动作（表达能力、流畅性、简捷、动作情况）、交往表现（兴趣、爱好、对人对己态度）、在困难情境中的应付方式等。

在观察中观察者要有一定的基础知识，能从文化背景和社会风俗中来观察行为和理解其意义；要有一定的专业知识和经验，易于同不同的人进行交往，以取得有用的资料。

（二）会谈法

会谈法指在接见者与求助者之间进行有目的的会话，是双方采用词语或非词语来进行沟通的。

词语沟通时要彼此理解，有明确的思想清晰性和沟通的有效性。因为双方动机、认知能力、用词不恰当往往会造成沟通障碍。动机和认知能力是来访者的原因，而用词不当则是接见者的责任。为此，在双方会谈中要明确动机，提高认知能力，根据不同的来访者身份选用恰当的词语，以促进沟通。

在沟通中要注意倾听，要注意礼貌。是否当求助者的面记笔录应灵活对待。采用录音、录像也要取得求助者的同意才能进行。

非词语沟通主要为会话中的手势、运动、姿势、表情以及无意的语言形式，即讲话中的声调、速度变化等。这些都能传送词语以外的信息，在心理评估时有一定的意义。

在会谈中可采用开放性、回答不封顶的提问，让求助者决定是否回答，但有一定的范围；促进回答的提问，鼓励求助者会话流畅；阐明问题的提问，鼓励求助者解释和扩充；对质的提问，询问不一致或矛盾之处；直接的提问，是已建立了协调关系后。在与求助者会话中，直接提问可能更有效和更有用。

（三）个案法

个案法指收集有关个案的资料以利综合分析，进一步查清求助者心理、生理变化，做出疾病诊断，包括求助者身份、文化程度、经济状况、社会地位、求医原因、人格特征、既往史、婚姻及家庭情况、人际关系情况等。掌握这些情况进行仔细认真地分析，提出简要的诊断意见。

（四）心理测验法

心理测验是最常见的科学的检查方法。心理医生要认识到心理测验只是一种手段，而不是真正的目的。心理医生的真正目的是对求助者进行诊断治疗，或者说是用心理知识帮助求助者摆脱心理困扰，让他认识到自己的心理问题，并调动自身潜力，能正确评价和认识自己，以适应环境的变化。

二、心理诊断的主要内容

（一）心理正常与异常的评定方法

1. 识别心理冲突的常形。

（1）它是与现实处境直接相联系，涉及大家公认的重要生活事件，例如，夫妻关系不和，病人长期想离婚又不想离婚，十分苦恼。

（2）它带有明显道德（社会评价）的性质，无论你持什么观点，你总可以将冲突一方视为道德（合适的），而另一方视为不道德的（不合适的）。

2. 识别心理冲突的变形。

（1）它与现实处境没有什么关系，或者它涉及的是生活中的鸡毛蒜皮，一般人认为简直不值得为它操心，或者它使不懂精神病学的人感到难以理解，很容易解决的问题为什么病人却解决不了。

（2）它不带明显道德的色彩。心理冲突的变形是神经症性的，而心理冲突的常形则是大家都有的经验。

3. 了解病程情况。不到三个月为短程，评1分；三个月到一年为中程，评2分；一年以上为长程，评3分。

4. 了解精神痛苦的程度。轻者病人自己可以主动设法摆脱，评1分；中度者病人自己摆脱不了须靠别人的帮助或处境的改变才能摆脱，评2分；重度病人几乎完全无法摆脱，评3分。

5. 评价社会功能。能照常工作学习或者工作学习以及人际交往只有轻微妨碍者，评1分；中度社会功能受损害者，工作学习或人际交往效率显著下降，不得不减轻工作或改变工作或只能部分工作，或某些社交场合不得不尽量避免，评2分；重度社会功能受损害者完全不能工作学习，不得不休病假或推卸，或某些必要的社会交往完全回避，评3分。

6. 总体评价。如果总分为3，可以认为不够诊断为神经症；如果总分不小于6，神经症的诊断是可以成立的；4～5分为可疑病例，需进一步观察确诊。

需要说明的是，对精神痛苦和社会功能的评定，至少要考虑近3个月的情况才行，评定涉及的时间太短是不可靠的。

（二）不同症状的诊断

1. 精神分裂症的诊断。

（1）掌握判断正常与异常的心理活动的三项原则：主观世界与客观世界的统一性原则，精神活动的内在协调一致性原则，人格的相对稳定性原则。

（2）对求助者具有典型意义的某些特异行为表现进行定性。有些异常心理行为很典型，因而具有诊断和鉴别诊断意义。如周期性发作的抑郁或抑郁与躁狂的交替发作，有助于"躁郁症"的诊断。

（3）从求助者的"求医行为"来判断其为神经症或重性精神病。患有"神经症"的求助者常常表现为强烈的求治愿望而主动求医，而患有"重性精神病"的患者很少主动求医。

（4）从求助者对"症状"的"自知"程度来分析。所谓对症状的"自知"是指求助者能否认识到自己的心理行为异常，以及对这些异常做怎样的解释。如明知不该反复洗手或反复地检查门锁好了没有，但又不能控制，因而痛苦是强迫症的典型症状；而如果有反复出现的评论性幻听或有被控制（被影响）的妄想，有思维鸣响、思维插入或思维被撤走以及思维广播等症状，则可能是精神分裂症的表现。

2. 神经症的诊断。神经症，旧称神经官能症，是一组非精神病性功能性障碍。其共同特征是：

（1）它是一组心因性障碍，人格因素，心理社会因素是主要致病因素，但非应激障碍；

（2）它是一组机能性障碍，障碍性质属功能性非器质性；

（3）具有精神和躯体两方面症状；

（4）具有一定的人格特质基础但非人格障碍；

（5）各亚型有其特征性的临床相；

（6）神经症是可逆的，外因压力大时加重，反之症状减轻或消失；

（7）社会功能相对良好；

（8）自知力充分。

3. 神经症样心理问题（可疑神经症）的诊断。可疑神经症是第三种类型的心理不健康状态，它已接近神经衰弱或神经症，或者它本身就是神经衰弱或神经症的早期阶段。

4. 严重心理问题的诊断。严重心理问题是由相对强烈的现实因素激发，初始情绪反应剧烈、持续时间长久、内容充分泛化的心理不健康状态。严重心理问题诊断要点：

（1）引起"严重心理问题"的原因，是较为强烈的、对个体威胁较大的现实刺激；

（2）从产生痛苦情绪开始，痛苦情绪间断或不间断地持续时间在两个月以上，半年以下；

（3）多数情况下，会短暂地失去理性控制；在后来的持续时间里，痛苦可逐渐减弱，但是单纯地依靠"自然发展"或"非专业性的干预"，却难以解脱；对生活、工作和社会交往有一定程度的影响；

（4）痛苦情绪不但能被最初的刺激引起，而且与最初刺激相类似、相关联的刺激，也可以引起此类痛苦，即反应对象被泛化。

5. 一般心理问题的诊断。一般心理问题是由现实因素激发、持续时间较短、情绪反应能在理智控制之下、不严重破坏社会功能、情绪反应尚未泛化的心理不健康状态。一般心理问题的诊断要点：

（1）由于现实生活、工作压力、处事失误等因素而产生内心冲突，并因此而体验到不良情绪（如厌烦、后悔、懊丧、自责等）；

（2）不良情绪不间断地持续满一个月或不良情绪间断地持续两个月仍不能自行化解；

（3）不良情绪反应仍在相当程度的理智控制下，始终能保持行为不失常态、基本维持正常生活、学习、社会交往，但效率有所下降；

（4）自始至终，不良情绪的激发因素仅仅局限于最初事件；即便是与最初事件有联系的其他事件，也不引起此类不良情绪。

三、心理正常与心理异常的区分

（一）常识性的区分

对非专业人员在区分正常与异常时，主要依据的是日常生活经验，我们把这种区分称为常识性区分，这种方法主要有四个方面：离奇怪异的言谈、思想和行为；过度的情绪体验和表现；自身社会功能不完善；影响他人的正常生活。

（二）非标准化的区分

人的心理活动很复杂，找到正常与异常的绝对界线是几乎不可能的事，而且产生心理异常的条件也是多种多样的。李心天（1991）依据人们看问题的角度不同，提出非标准化区分，主要有五个方面：

1. 统计学方面，将心理异常理解为某种心理现象偏离了统计常模。

2. 文化人类学方面，将心理异常理解为对某一文化习俗的偏离。由于不同文化背景下对行为的标准不同，所以，在某一文化下是异常的行为，在另一文化下却属于正常行为。

3. 社会学方面，将心理异常理解为对社会准则的破坏。任何对社会带来威胁的破坏性行为，无论是对人身的，或是对政治的、经济的破坏，如果有明确的犯罪动机，那就是犯罪，如果找不出任何犯罪的动机，那就被认为是行为异常。

4. 精神医学方面，将心理异常理解为古怪无效的观念或行为。

5. 认知心理学方面，将心理异常看作是个体主观上的不适体验。根据个体的言语信息和非言语信息，只要个体有着和以前不一样的表现，或者和别人不一样的感受，就确认为心理异常的表现。

（三）标准化的区分

李心天（1991）对区分正常与异常也提出了标准化的区分，主要有四个标准：

1. 医学标准。这种标准是将心理障碍当作躯体疾病来看待。如果一个人的某种心理或行为被怀疑为有病，就必须找到它的病理解剖或病理生理变化的根据，并在此基础上认定此人有精神疾病或心理障碍。其心理或行为表现，则被视为疾病的症状，其产生的原因则归结为脑功能失调。这一标准为临床医师们广泛采用。他们深信，有心理障碍的人，他们的脑部，应当有病理过程存在。有些目前未能发现明显病理改变的心理障碍，可能将来会发现，他们的大脑中，已发生了精细的分子水平上的变化，而这种病理变化，才是区分心理正常与异常的可靠根据。医学标准将心理障碍纳入了医学范畴。

2. 统计学标准。在普通人群中，人们的心理特征，在统计学上显示常态分布。在常态曲线上，居中的大多数人属于心理正常范围，而远离中间的两端则被视为"异常"。因此，一个人的心理正常或异常，就以其偏离平均值的程度来决定。显然这里"心理异常"是相对的，它是一连续的变量。偏离平均值的程度越大，则越不正常。以统计数据为依据，确定正常与异常的界限。这种判定方法多以心理测验法为工具。

3. 内省经验标准。这里的内省经验涵盖了两个方面：一是指病人的内省经验，病人自己感觉不适，自己觉得不能控制自己的行为等。二是观察者的内省经验。这种判断有很大的主观性，不同的人有各自的经验，所以评定行为的标准也就各不相同了。

4. 社会适应标准。在正常情况下，人能够维持生理和心理活动的稳定状态，能依照社会生活的需要，适应环境和改造环境。因此，正常人的行为符合社会的准则，能根据社会要求和道德规范行事，这时，我们说他的行为是一种社会适应性行为。如果由于器质的或功能的缺陷，使得某个人的社会行为能力受损，不能按照社会认可的方式行事，那么，我们就认为此人有心理障碍。这一判断，是将此人的行为与社会行为常模相比较之后得出的。

（四）心理学的区分

郭念锋（1986～1995）根据心理学对心理活动的定义，提出了三个原则，作为确定心理正常与异常的依据：

1. 主观世界与客观世界的统一性原则。因为心理是客观现实的反映，所以任何正常心理活动或行为，必须就形式和内容上与客观环境保持一致性。如果一个人看到或听到了什么，而在客观现实中，当时并不存在引起他这种知觉的刺激物，那么，我们必须肯定，这个人的精神活动不正常，他产生了幻觉。另外，一个人的思维内容脱离现实，或思维逻辑背离客观事物的规定性，这时，我们也说，他产生了妄想。这些都是我们观察和评价人的精神与行为的关键，我们称它为统一性标准。

2. 心理活动的内在协调性原则。人类的精神活动虽然可以被分为认知、情绪情感、意志行为等部分，但它自身却是一个完整的统一体，各种心理过程之间具有协调一致的关系，这种协调一致性，保证人在反映客观世界过程中的高度准确和有效。一个人遇到愉快的事，会产生愉快的情绪，欢快地向他人述说自己内心的体验。这样，我们就可以说他有正常的精神与行为。如果不是这样，我们就可以说他的心理过程失去了协调一致性，我们称它为异常状态。

3. 人格的相对稳定性原则。每个人在长期的生活道路上，都会形成自己独特的人格心理特征。这种人格特征一旦形成，便有相对的稳定性；在没有重大外界变革的情况下，一般是不会改变的。如果在没有明显外部原因的情况下，一个人的个性相对稳定性出现了问题，我们也要怀疑这个人的心理活动出现了异常。这就是说，我们可以把人格的相对稳定性作为区分心理活动正常与异常的标准之一。

📖 知识链接

心理异常的表现

一、神经症

(一) 概念和特点

神经症又称"神经官能症",是一组主要表现为焦虑、抑郁、恐惧、强迫、疑病症状或神经衰弱症状的非精神病性功能性障碍。神经症的主要特点有以下五个:

1. 这组障碍是在一定人格因素的基础上,受心理、社会因素的影响而产生的,但非应激障碍。

2. 具有这组障碍的人,是一组机能性障碍,没有器质性的病变,生理组织没有异常变化。

3. 具有这组障碍的人,了解自己存在的问题,有自知力,感到自己的心理与所处的现实环境不相符,对存在的症状感到痛苦,但是自己却无能为力。他们虽然感到自己的心理和行为不恰当,但是不知道应当如何解决。患者保持部分或全部的社交、生活和工作能力。

4. 症状多种多样,难以进行分类和概括。

5. 这组障碍是可逆的,外因压力大时加重,反之症状减轻或消失,但是该组障碍的病程迁延,往往久治不愈。

(二) 神经症的诊断标准

1. 症状标准。至少有下列一项:恐惧;强迫症状;惊恐发作;焦虑;躯体形式症状;疑病症状;神经衰弱症状。

2. 严重标准。社会功能受损或无法摆脱的精神痛苦,促使其主动求医。

3. 病程标准。符合症状标准至少已 3 个月 (惊恐发作另有规定)。

4. 排除标准。排除器质性精神障碍、精神活性物质与非成瘾物质所致精神障碍、各种精神病性障碍。

由于神经症是一组心理障碍,这些神经症的病因、症状表现形式、诊断标准、结局和预后等多个方面都不一致,因此,在处置方法方面也不完全相同。总的来说,对各种神经症的主要处置方法应该是以心理治疗方法为主,其他治疗方法为辅。或者说,心理治疗方法是神经症的最主要的治疗方法。

（三）神经症的类型

1. 恐惧症。恐惧症是一类以过分和不合理地惧怕外界客体或处境为主的神经症。病人明知没有必要，但仍不能防止恐惧发作，恐惧发作时往往伴有显著的焦虑和自主神经症状。病人极力回避所害怕的客体或处境，或是带着畏惧去忍受。恐惧症的表现形式有三种：

（1）社交恐惧症，又称为"社会焦虑恐惧症"。患者害怕的对象主要为社交场合和人际接触，不仅如此，患者还常常伴有自我评价低和害怕批评等。

（2）场所恐惧症。患者害怕的对象主要为某些特定的环境，如广场、拥挤的场所、交通工具等，其关键的临床特征之一是过分担心处于上述情境时没有即刻能用的出口。

（3）特定的恐惧症。患者害怕的对象是场所恐惧症和社交恐惧症未包括的特定物体或情景，如动物、高处、打针、鲜血等。

2. 焦虑症。这是以广泛和持续焦虑情绪或反复发作的惊恐不安为突出表现的。焦虑情绪并非由实际存在的威胁或危险引起，紧张不安与恐慌的程度与现实处境不相称。除焦虑心情外，还常伴有显著的植物神经症状和肌肉紧张，及运动性不安。焦虑症有两种较常见的表现形式：

（1）惊恐发作，又称为急性焦虑发作。典型表现为：在没有明显诱因的情况下，突然出现强烈的恐惧、害怕和担心，症状陡然出现，情绪越来越紧张；胸闷，感到胸前压迫，感到心悸，心跳加速，感觉心脏要从胸中跳出来；呼吸急促，感觉喉头堵塞难以呼吸，感到即将窒息死亡；体会到大祸将至，灾难临头；或感到末日来临，濒临死亡；担心自己即将失去理智、变疯变傻而惊恐万状；头昏，步态不稳，晕倒虚脱；伴有植物神经系统症状；有的出现人格解体和现实解体。由于有明显的植物神经系统症状，表现很像是心脏病发作。每次发作持续数分钟到数十分钟，一般不超过一小时。多可自行缓解。发作期间意识清晰，发作过后仍然心有余悸，除担心再次发作而有所紧张外，发作缓解期的其他表现一般正常。

（2）广泛性焦虑，又称慢性焦虑发作，是以经常性或持续性的、无明确对象或固定内容的提心吊胆、紧张不安，或以对现实生活中的某些问题过分担心、烦恼等为主要症状。表现为搓手顿足、来回走动、坐立不宁，整日心烦意乱，害怕会有不利的事情会降临到自己头上，并且伴有心慌、心跳加速、气急、头晕、多汗、口干、恶心、腹痛、腹胀、腹泻、尿频等显著的植物神经系统功能紊乱症状，以及肌肉紧张、失眠、神经过敏、运动性不安和过分警惕等症状；常因难以忍受又无法解脱而感到内心万分痛苦。这些表现和内心体验与现实情况很不相称。

3. 强迫症。强迫症是一组以反复出现强迫症状为基本特征的神经症性障碍。其特点是有意识的自我强迫和有意识的自我反强迫同时存在，二者的强烈冲突使病人感到焦虑和痛苦；病人体验到观念或冲动系来源于自我，但违反自己的意愿，虽极力抵抗，却无法控制；病人也意识到强迫症状的异常性，但无法摆脱。病程迁延者可以仪式动作为主而精神痛苦减轻，但其社会功能会严重受损。

强迫症的表现多种多样、相互重叠，且随时间而改变。主要表现为强迫观念和强迫行为这两组症状。其共同特点为：

（1）患者能明确意识到这种强迫观念或冲动是自己的。

（2）强迫观念或冲动常伴有明显的焦虑、厌恶或害怕情绪，从而使患者常采用一些相反的措施去抵抗这种原发的观念和冲动。

（3）患者体验到这种观念和行为绝不是自己心理所愿意想的或喜欢做的。

（4）无论强迫观念或行为多么鲜明生动或难以控制，多数患者都能意识到这是非理性的，并有一种强迫抵抗的欲望。

4. 神经衰弱。这是一类以脑和躯体功能衰弱为主要特征的神经症，其特征为心理活动容易兴奋而又容易疲劳，常表现为情绪紧张、烦恼、易激惹等情感症状，以及肌肉紧张性疼痛和睡眠障碍等生理功能紊乱。多数缓慢起病，起病前常有可能导致其长期情绪紧张、心理压力与冲突及心身疲劳等应激因素，同时，人格因素在发病中也起着不可忽视的作用。神经衰弱的主要表现有三组，而且这三组症状之间常常是相互影响的。

（1）脑功能衰弱症状。其表现特点是与脑功能活动容易兴奋相联系的脑功能活动容易疲劳。兴奋的表现是：联想和回忆增多且杂乱无章，无论做什么事情，都感到脑子乱，又控制不住；注意力不集中，容易被偶然出现的无关刺激或变动吸引，不能将注意专注于某件事情；感觉过敏，即对日常生活中司空见惯的刺激都感到非常强烈或难以忍受。疲劳的特点是：具有弥散性；情绪性；没有欲望与动机的减退。

（2）情绪症状。它也有三方面表现：莫名的烦恼，易激惹和持续而过度的心情紧张感。

（3）心理生理症状。它主要有睡眠障碍、头部不适感和内脏功能的轻度或中度异常等。

5. 躯体形式障碍。这是一类以持久地担心或相信各种躯体症状的优势观念为特征的神经症。病人因这些症状反复就医，各种医学检查呈阴性结果和医生的解释，均不能打消其疑虑。即使有时存在某种躯体障碍，也不能解释所诉症状的性质、程度或其痛苦与优势观念。经常伴有焦虑或抑郁情绪。尽管症状的发生和持续与不愉快的生活事件、困难或冲突密切相关，但病人常否认心理因素的存在。这种障碍男女都有，为慢性波动性病程。主要包括四种类型：

（1）躯体化障碍。这是一组反复陈述躯体症状，相应的器质性检查均为阴性，并缺乏充分的生理机制，对症状的说明、解释只能从心理因素或无意识中的冲突来推测的神经症。以多种多样、经常变化的躯体症状为主的神经症。症状可涉及身体的任何系统或器官。最常见的是胃肠道不适、异常的皮肤感觉、皮肤斑点，性及月经方面的主诉也很常见，存在明显的抑郁和焦虑。常伴有社会、人际及家庭行为方面长期存在的严重障碍。女性多于男性，多在成年早期发病。病程至少已2年。

（2）疑病症。疑病症是一类以担心或相信自己患有严重躯体疾病的持久性、病理性的优势观念为主要特点的躯体形式障碍，可伴有焦虑、抑郁情绪。患者对自身健康或躯体疾病过分担心，害怕或相信自己罹患了某种严重疾病，或认为自己已经罹患了严重疾病，并为此感到苦恼和痛苦。他们对自身的变化特别警觉和敏锐，在警觉水平提高的基础上，身体上任何微小的变动如心跳、腹胀等都会引起其过分注意，不自觉地夸大或曲解这些在正常人看来是微不足道的细微变化，并引起明显的不适或严重不安，他们对此感到难以忍受，并将这些难受当作自己罹病的证据。并因此而反复就医，正常检查结论和医生耐心正确的解释均不能打消疑虑。病程至少已3个月。

（3）躯体形式的植物功能紊乱，也叫自主神经紊乱，是一种主要由自主神经支配器官系统发生躯体障碍所致的神经症样综合征。病人在自主神经兴奋症状基础上，又发生了非特异性的，但更有个体特征和主观性的症状，经检查这些症状都不能证明有关器官和系统发生了躯体障碍。因此，本障碍的特征在于明显的自主神经受累，非特异性的症状附加了主观的主诉，以及坚持将症状归咎于某一特定的器官或系统。

（4）躯体形式的疼痛障碍。这是一种不能用生理过程或躯体障碍予以合理解释的持续、严重的疼痛。精神性疼痛、心因性背痛或头痛以及其他与情绪冲突有关的躯体形式的疼痛可归入此类。此类障碍病程迁延，常持续6个月以上，并使社会功能受损或使患者因难以摆脱的精神痛苦而主动求治。病程至少已6个月。

二、人格障碍及性心理障碍

(一) 概述

人格障碍是指人格特征明显偏离正常，形成了一贯的反映个人生活风格和人际关系的异常行为模式。这种模式明显影响其社会功能和职业功能，可造成对社会环境的适应不良，病人为此感到很痛苦。

根据中华医学会精神科分会《中国精神障碍分类与诊断标准》(第三版，CCMD－3) 的论述，人格障碍的症状标准是：个人的内心体验与行为特征在整体上与其文化所期望和所接受的范围明显偏离。这种偏离是广泛的、稳定的和长期的，并且至少有下列一项：①认知的异常偏离；②情感的异常偏离；③控制冲动及对满足个人需要的异常偏离；④人际关系的异常偏离。

根据 CCMD－3 的论述，人格障碍的严重标准是：特殊行为模式的异常偏离，使病人或其他人感到痛苦或者社会适应不良。人格障碍的病程标准是：开始于童年、青少年时期，现年 18 岁以上，至少已经持续 2 年。人格障碍的排除标准是：人格特征的异常偏离并非躯体疾病或精神障碍的表现或后果。

在监狱中长期服刑的服刑人员所出现的监狱化人格现象，由于并非是开始于童年或青少年时期，而是发生于成年之后，是受到长期监禁因素的影响所致。所以监狱化人格应该属于一种"人格改变"，而不是人格障碍。但由于人格障碍导致犯罪的服刑人员，其人格障碍仍会在监狱中延续。

(二) 人格障碍类型

根据人格障碍的表现和特点，可以将其划分为不同的类型。CCMD－3 列举了八种明确的人格障碍：

1. 偏执性人格障碍。以猜疑和偏执为特点，始于成年早期，男性多于女性。诊断标准为：

(1) 符合人格障碍的诊断标准；

(2) 以猜疑和偏执为特点，并至少有下列三项：①对挫折和遭遇过度敏感；②对侮辱和伤害不能宽容，长期耿耿于怀；③多疑，容易将别人的中性或友好行为误解为敌意或轻视；④明显超过实际情况所需的好斗，对个人权力执意追求；⑤易有病理性嫉妒，过分怀疑恋人有新欢或伴侣不忠，但不是妄想；⑥过分自负和自我中心的倾向，总感觉受压制、被迫害，甚至上告、上访，不达目的不肯罢休；⑦具有将其周围或外界事件解释为"阴谋"等的非现实性优势观念，并因此过分警惕和抱有敌意。

2. 分裂样人格障碍。以观念、行为和外貌装饰的奇特、情感冷漠、人际关系明显缺陷为特点。男性略多于女性。诊断标准为：

（1）符合人格障碍的诊断标准；

（2）以观念、行为和外貌装饰的奇特、情感冷漠、人际关系明显缺陷为特点，并至少有下列三项：①性格明显内向，与家庭和社会疏远，除生活或工作中必须接触的人外，基本不与他人主动交往，缺少知心朋友，过分沉湎于幻想和内省中；②表情呆板、情感冷淡，甚至不通人情，不能表达对他人的关心、体贴、愤怒等；③对赞扬和批评反应差或无动于衷；④缺乏愉快感；⑤缺乏亲密、信任的人际关系；⑥在遵循社会规范方面存在困难，导致行为怪异；⑦对与他人之间的性活动不感兴趣。

3. 反社会性人格障碍。以行为不符合社会规范，经常违法乱纪，对人冷酷无情为特点，男性多于女性。本组病人往往在童年或少年期就出现品行问题。成年后习性不改，主要表现在行为不符合社会规范，甚至违法乱纪。诊断标准为：

（1）符合人格障碍的诊断标准，并至少有下列三项：①严重和长期不负责任，无视社会常规、准则、义务等，如不能维持长久的工作、经常旷工、多次无计划地变换工作；有违反社会规范的行为，且这些行为已构成拘捕的理由；②行动无计划或有冲动性，如进行事先未计划的旅行；③不尊重事实，如经常撒谎、欺骗他人，以获得个人利益；④对他人漠不关心，如经常不承担经济义务、拖欠债务、不抚养子女或赡养父母；⑤不能维持与他人长久的关系，如不能维持长久的夫妻关系；⑥很容易责怪他人，或对其与社会相冲突的行为进行无理辩解；⑦对挫折的耐受性低，微小刺激便可引起冲动，甚至暴力行为；⑧易激惹，并有暴力行为，如反复斗殴或攻击别人，包括无故殴打配偶或子女；⑨危害别人时缺少内疚感，不能从经验，特别是在受到惩罚的经验中获益。

（2）在18岁前有品行障碍的证据，至少有下列三项：①反复违反家规或校规；②反复说谎；③习惯性吸烟、喝酒；④虐待动物或弱小同伴；⑤反复偷窃；⑥经常逃学；⑦至少有2次未向家人说明外出过夜；⑧过早发生性行为；⑨多次参与破坏公共财物活动；⑩反复挑起或参与斗殴；⑪被学校开除过，或因行为不轨而至少停学一次；⑫被拘留或被公安机关管教过。

4. 冲动性人格障碍，又称为攻击性人格障碍。以情感爆发、伴有明显行为冲动为特征，男性明显多于女性。诊断标准为：

（1）符合人格障碍的诊断标准；

（2）以情感爆发和明显的冲动行为作为主要表现，并至少有下列三项：

①易与他人发生争吵和冲突，特别是在冲动行为受阻或受到批评时；②有突发的愤怒和暴力倾向，对导致的冲动行为不能自控；③对事物的计划和预见能力明显受损；④不能坚持任何没有即刻奖励的行为；⑤不稳定的和反复无常的心境；⑥自我形象、目的及内在偏好的紊乱和不确定；⑦容易产生人际关系的紧张或不稳定，时常导致情感危机；⑧经常出现自杀、自伤行为。

5. 表演性人格障碍，又称为癔症性人格障碍。以过分的感情用事或夸张言行吸引他人的注意为特点。诊断标准为：

（1）符合人格障碍的诊断标准；

（2）以过分的感情用事或夸张言行，吸引他人的注意为特点，并至少有下列三项：①富于自我表演性、戏剧性、夸张性地表达情感；②肤浅和易变的情感；③自我中心、自我放纵和不为他人着想；④追求刺激和以自己为注意中心的活动；⑤不断渴望受到赞赏，情感易受伤害；⑥过分关心躯体的性感，以满足自己的需要；⑦暗示性高，易受他人影响。

6. 强迫性人格障碍。以过分的谨小慎微、严格要求与完美无缺及内心的不安全感为特征。男性多于女性2倍，约70%的强迫症病人有强迫性人格障碍。诊断标准为：

（1）符合人格障碍的诊断标准；

（2）以过分的谨小慎微、严格要求与完善主义，及内心的不安全感为特征，并至少有下列三项：①因个人内心深处的不安全感导致优柔寡断、怀疑及过分谨慎；②需在很早以前就对所有的活动作出计划并不厌其烦；③凡事需反复核对，因对细节的过分注意，以致忽视全局；④经常被讨厌的思想或冲动所困扰，但尚未达到强迫症的程度；⑤过分谨慎多虑，过分专注于工作成效而不顾个人消遣及人际关系；⑥刻板和固执，要求别人按其规矩办事；⑦因循守旧、缺乏表达温情的能力。

7. 焦虑性人格障碍。以一贯感到紧张、提心吊胆、不安全及自卑为特征，总是需要被人喜欢和接纳，对拒绝和批评过分敏感，因习惯性地夸大日常处境中的潜在危险，而有回避某些活动的倾向。诊断标准为：

（1）符合人格障碍的诊断标准；

（2）以持久和广泛的内心紧张及忧虑体验为特征，并至少有下列三项：①一贯的自我敏感、不安全感及自卑感；②对遭排斥和批评过分敏感；③不断追求被人接受和受到欢迎；④除非得到保证被他人所接受和不会受到批评，否则拒绝与他人建立人际关系；⑤惯于夸大生活中潜在的危险因素，达到回避某种活动的程度，但无恐惧性回避；⑥因"稳定"和"安全"的需要，生活方式受到限制。

8. 依赖性人格障碍。特征是依赖、不能独立解决问题，怕被人遗弃，常感到自己无助、无能或缺乏精力。诊断标准为：

（1）符合人格障碍的诊断标准；

（2）以过分依赖为特征，并至少有下列三项：①要求或让他人为自己生活的重要方面承担责任；②将自己的需要附属于所依赖的人，过分地服从他人的意志；③不愿意对所依赖的人提出即使是合理的要求；④感到自己无助、无能或缺乏精力；⑤沉湎于被遗忘的恐惧之中，不断要求别人对此提出保证，独处时感到很难受；⑥当与他人的亲密关系结束时，有被毁灭和无助的体验；⑦经常把责任推给别人，以应对逆境。

此外，CCMD－3中还指出了三种其他或待分类的人格障碍：被动攻击性人格障碍、抑郁性人格障碍和自恋性人格障碍。

（三）性心理障碍

性心理障碍又叫性变态，泛指个体对两性行为的心理和行为明显偏离正常，并以这类性偏离作为性兴奋、性满足的主要或唯一方式为主要特征的一组心理障碍。正常的异性恋受到全部或者某种程度的破坏、干扰和影响。一般的心理活动并无其他明显的异常。根据中华医学会精神科分会《中国精神障碍分类与诊断标准》（第三版，CCMD－3）的论述，性变态或者性心理障碍大体上可以分为三类：

1. 性身份障碍。这是指有变换自身性别的性变态形式，主要包括易性症等。

2. 性偏好障碍。这是指采用与正常人不同的异常性行为满足性欲的性变态形式，主要包括恋物癖、异装癖、露阴癖、窥淫癖、摩擦癖、性施虐癖和性受虐癖等。

3. 性指向障碍。这是指与性发育和性指向有关的性变态形式，主要包括同性恋、双性恋等。

由于大多数服刑人员处于一种性别隔离的状态中，即在服刑生活中难以接触到异性，因此，对于监狱中的服刑人员来说，最普遍、最严重的性变态形式，可能就是同性恋。监狱服刑人员中的同性恋行为又叫境遇性同性恋，服刑人员中的同性恋现象和同性间性行为，也是性变态服刑人员心理矫治工作的重点。

同时，由于某些性变态形式与犯罪行为的实施有关，这些性变态形式在犯罪人被判刑入监之后，在他们服刑期间仍然有可能存在，因此，也需要在心理矫治过程中给予必要的关注。

三、精神障碍

（一）精神分裂症

1. 概念。精神分裂是一组病因未明的常见精神疾病，具有感知、思维、情感、意志和行为等多方面的障碍，以精神活动的不协调或脱离现实为特征。通常意识清晰、智能完好，可出现某些认知功能损害。自然病程迁延，反复加重或恶化，但部分患者可保持缓解或基本缓解状态。多发病于青壮年，常缓慢起病，患者自知力基本丧失。据国内调查，监狱服刑人员精神分裂症的患病率明显高于全国的平均水平。

2. 精神分裂症的症状特点：

（1）认知过程障碍。主要表现为感知觉障碍、思维障碍、智力障碍等。

（2）情绪情感过程障碍。主要表现为情感淡漠、情感倒错等症状。

（3）意志行为过程障碍。意志增强、意志减退、意志缺乏是精神分裂症的常见表现。

（4）缺乏自知力。绝大多数精神分裂症患者发病期间缺乏自知力，即不认为自己的精神活动已经失去了正常，并且没有任何治疗的欲望和要求。

3. 精神分裂症的分型。

（1）偏执型。以妄想和幻觉为主。这是最常见的一种类型，违法犯罪者也最多。一般在青壮年或中年起病，起病缓慢，早期表现为敏感多疑，逐渐形成各种妄想。但妄想结构不严密，内容脱离现实，荒谬离奇。妄想内容有逐渐泛化趋势，常伴有幻觉。由于情感、意志、言语、行为障碍表现不突出，所以不容易早期发现。

（2）紧张型。以精神运动性抑制障碍、紧张性木僵和紧张性兴奋交替出现为主。这种不常见。多在青年期发病，起病较急，呈发作性。

（3）单纯型。以起病缓慢，持续发展意向逐渐减退、退缩、懒散为特征，以阴性症状为主，病前无诱因，早期症状不明显，人格改变，治疗有困难，预后不良。

（4）青春型。以联想障碍、精神活动全面紊乱、思维松散破裂、行为愚蠢、恶作剧以及性轻浮为多见。此类较常见，首次发病多在青春期，呈急性或亚急性起病，病情进展快。

（5）未定型。存在上述不止一个类型的表现，难以判断究竟是以哪一个临床相为主。

（二）心境障碍

1. 概述。心境障碍又叫情感性精神障碍，是以明显而持久的心境高涨或心境低落为主的一组精神障碍。伴有相应的认知、思维和行为改变，严重的可有精神病性症状。首次发病多在青壮年期，多数有反复发作的倾向，缓解期可完全恢复正常，一般预后良好，但部分患者有残留症状或转为慢性。

心境障碍的病因，目前尚不明确，据研究我们认为其与遗传、生化以及社会心理因素有关。

2. 心境障碍的表现。

（1）躁狂发作。躁狂发作的典型表现是"三高"症状，其特点为：情绪高涨，思维奔逸，精神运动性兴奋。其发作形式主要有轻型躁狂，无精神病症状躁狂，有精神病症状躁狂和复发性躁狂。

（2）抑郁发作。抑郁发作的典型表现是"三低"症状，其特点为：情绪低落，思维缓慢，语言动作减少和迟缓。其发作形式主要有轻型抑郁症，无精神病症状抑郁症，有精神病症状抑郁症，复发性抑郁症。

（3）双相障碍。躁狂发作和抑郁发作的表现反复、交替出现。反复、交替过程中可有时间长短不同的缓解期。缓解期的表现可完全正常。

（4）持续性心境障碍。其特点为：持续性并常有起伏的心境障碍，每次发作极少严重到足以描述为轻躁狂，甚至不足以达到轻度抑郁。其发作形式主要有环性心境障碍（反复出现心境高涨或低落）、恶劣心境（持续出现心境低落）、混合状态（躁狂和抑郁症状在一次发作中同时出现）。

示例

服刑人员心理评估与诊断

一、主诉

情绪低落，紧张焦虑，注意力不集中，心慌头痛，食欲差，伴睡眠障碍三月余。

二、个人陈述

10岁时父母离异，是母亲抚养我长大。4年前，我开始吸毒，花光了母亲买断工龄的钱6万元人民币。从小就记得母亲有胃病，三个多月前，得知母亲患胃癌去世的消息，想到母亲含辛茹苦将自己抚养长大，母亲对我的关爱历历在目，是我吸毒而花光了母亲的钱，导致母亲无钱治病，母亲死时我也没能给她送终，我对不起母亲，是一个无用的人，是个有罪的人，现在很后悔我怎么去吸毒！如果我不吸毒，母亲有钱治病，母亲就不会这么早去世！从我吸毒这几年来，母亲就没有过过一天好日子，我想戒毒，戒毒后多挣钱让母亲过点好日子，可现在母亲不在了，我连尽孝心的机会都没有了。现在只要看到别的学员接见，我就会想起母亲来看我的情景，我就心慌、紧张、出汗，十分痛苦，注意力不能集中，整天胡思乱想，劳动时也老是出错，因损坏劳动工具还被惩罚。三个多月来，我紧张、痛苦、对什么事都提不起兴趣，晚上睡不着觉，白天又没有精神，不想吃饭，有时还头痛，觉得自己是活不下去了。同组学员、老乡和中队长干部不断安慰我，当时心情会好些，可是一段时间后，我又回到痛苦之中。我想是心理出问题了，所以前来咨询。（在中队民警的陪同下前来咨询）

三、中队民警补充资料

来访者姚某，性格内向，做事认真，2006 年 3 月到中队改造以来，遵守纪律，劳动积极，学习认真，共获减期 32 天。2007 年 5 月得知母亲去世的消息后，姚某整天忧心忡忡、焦虑不安、不能参加正常的学习和劳动；7 月中旬以来姚某表现更为突出，整天无精打采，晚上两三点钟查班时，常发现他在过道上走来走去，难以入睡，行为失常；在习艺劳动中不按操作规程劳动，加工的产品合格率低，还损坏生产工具四次，中队民警、民管会成员、班组长找他谈过多次，效果不佳，现在不能正常参加日常的教育学习和习艺劳动。

四、咨询师观察了解的情况

来访者衣着整洁，面容消瘦、憔悴，一直低着头，目光有些呆滞，不能正视别人的目光；来访者身体健康，未发现患有其他疾病，性格内向，最近很少与其他学员交往；中队民警评价他做事认真，业余爱好较少，极少主动参加大队组织的文娱活动。自从三个多月前得知母亲去世的消息后，来访者一直处于痛苦、后悔自责、焦虑不安之中，对生活失去了信心。无家族精神病史。

五、心理测验结果

90 项症状清单（SCL-90）：人际关系敏感 2.5，焦虑 3.2，抑郁 2.4。

焦虑自评量表（SAS）：粗分 53 分，标准分 66 分。

抑郁自评量表（SDS）：粗分 48 分，标准分 60 分。

六、评估与诊断

本案例资料来源可靠，情况属实。

（一）据临床资料分析，来访者目前精神、身体、社会功能状态评估

1. 精神状态：情绪低落，注意力不集中，胡思乱想、自责、紧张、焦虑。

2. 生理状态：睡眠障碍、食欲差、头痛、心慌、出汗。

3. 社会功能状态：与学员交往少，不能参加正常的教育改造活动，习艺劳动效率明显下降。

4. 心理状态评估：根据心理健康水平评估的十项指标，该来访者意识水平降低，心理自控力下降，自信心估计过低，社会交往降低。总体心理健康状态偏差。

（二）诊断依据

1. 根据病与非病三原则，该来访者知、情、意是统一、一致的，对自己的心理问题有自知力，主动求医，无逻辑思维混乱，无感知觉异常，无幻觉、妄想等精神病症状，因此，可以排除精神病。

2. 根据来访者情绪低落、紧张、焦虑、注意力不集中，胡思乱想，睡眠障碍等心理问题持续时间为三个多月的症状分析，其已经出现了泛化、回避、影响社会功能的情况，已经不属于一般心理问题的范畴。

3. 根据来访者的内心受到较强烈的现实刺激，内心冲突具有现实意义，具有道德色彩，且没有器质性病变作基础，所以考虑诊断为严重心理问题。

4. 心理测验结果支持本诊断。

5. 最终诊断严重心理问题。

（三）病因分析

1. 生物学原因：来访者男性，29岁，有3年的吸毒史。

2. 社会原因：

（1）父母离异，处于单亲家庭，儿童、少年期间缺乏父爱；

（2）有3年有吸毒史；

（3）社会交往少；

（4）母亲的病逝形成较强烈的道德观念因素，对心理问题的形成构成直接的影响。

3. 心理与行为方面的认知原因：

（1）错误的认知：自己因吸毒花光母亲的钱，导致母亲死亡，对不起母亲。

（2）错误的评价：我是个无用的人，有罪的人，活不下去了。

（3）情绪方面的原因：受情绪低落、焦虑、紧张、自卑自责的困扰，自己不能解决。

（4）在行为模式上缺乏解决问题的策略和技巧。

（四）鉴别诊断

1. 与精神病相鉴别。根据正常心理异常心理三原则，该来访者知、情、意是统一的、一致的，对自己心理问题有自知力，能主动求医；无逻辑思维混乱，无感知觉异常，无幻觉妄想等精神病症状；人格相对稳定；可以排除精神病。

2. 与神经症相鉴别。来访者的心理冲突有两点：一是与现实处境直接相联系，涉及大家公认的重要生活事件；二是带有明显的道德性质，即心理冲突没有变形，可以排除神经症。

学习单元三　服刑人员心理咨询

学习目标

● 通过这部分内容的学习，学生应该对心理咨询有一个整体的印象和把握，重点掌握心理咨询的一般程序、咨询方法和咨询技术。在实训的基础上能够进行初诊接待和比较简单的心理问题的一对一咨询，同时能够对团体咨询当中的部分技术加以运用。

学习任务八　服刑人员心理咨询的方法与技术

导入案例

赵某，男，45 岁，初中文化，因故意伤害罪被判处有期徒刑 10 年。入狱后能认罪服法，改造表现一般，日常少言寡语，不善交际，没有任何特殊爱好。从小在青岛市长大，父母为退休教师，弟妹 6 人都在青岛市，本人原是青岛国棉厂工人，入狱后，与妻子离婚，儿子随母亲生活，不曾来狱探视。

赵某自诉：我原本是个性格开朗的人，自从妻子患病，特别是入狱 6 年多来觉得自己像变了个人。按理说，刑期过了一半应该是个高兴的事，但自己却感觉刑期越短越不安，精神恍恍惚惚，不想见人。我不但失去了工作，也失去了家庭，更对不起我那年迈多病的父母。释放后去哪儿工作？老年生活将怎样安排？脑子里一片空白。我曾几次想到过死，内心充满了矛盾，我很苦恼。心理咨询能解除我的痛苦吗？

该犯常常焦急、紧张、担忧、郁郁不乐、忧心忡忡，遇到刺激可能会有强烈反应，甚至有不理智的行为。入狱初期，妻子常来探视，但两年后，妻子提出了离婚，离婚的事，他从来没有跟别人提起过，最近家信中告知父亲身体极差，不能在父亲身边尽孝，担心见不到面了，心中的痛苦无法摆脱。

诊断分析：综合对赵某的犯罪原因及他本人的自述和现实表现，初步诊断其为抑郁性神经症。

◉ 任务要求

假如你在心理矫治的工作实践中遇到上述个案，该如何进行心理咨询呢？完成这一学习任务的目的就在于有针对性地运用咨询方法和技术。

✒ 任务分析

一、服刑人员心理咨询的基本方法和技术的应用

（一）服刑人员心理咨询的方法

心理咨询的方法有很多，不同的理论学派都有自己创造的一些咨询方法，在对服刑人员进行心理咨询时，在选择和应用心理咨询方法时，要考虑以下四个原则：

1. 不同的问题选择不同的方法。根据来访服刑人员存在问题的性质和程度来考虑使用不同的咨询方法。由于每一种方法都有它的适应症，所以，咨询人员应了解什么样的方法最适合什么心理问题。

2. 咨询的不同阶段实施不同的方法。来访服刑人员在咨询的不同阶段，其心理行为会有所不同，故应实施不同的方法。

3. 根据不同对象采用不同的方法。对文化程度较高、思辨能力较强、其问题的原因又与思维方式有关的来访服刑人员，可考虑选择认知情绪疗法；对文化程度较低、领悟能力不强的来访服刑人员，可考虑使用行为主义疗法；对相信某一理论的来访服刑人员，可采用相应的咨询方法。

4. 综合使用各种方法。在实际心理咨询工作中，有针对性的综合方法往往比单一的方法更有效，当然这些方法应是相互配合、相互促进的。在咨询人员选用自己擅长的方法时，更应注意各种方法的综合使用。

（二）服刑人员心理咨询的技术

无论使用何种方法对服刑人员进行心理咨询，都要用到相关的咨询技术，心理咨询的技术主要有以下内容：

1. 倾听技术。作为心理咨询人员，在采取任何行动之前，先要仔细地倾听来访服刑人员的叙述。这既是为了深入了解情况，也是表示对来访服刑人员的关注和兴趣，它是建立良好咨询关系的重要条件，也是咨询成功的基础之一。倾听意味着咨询者要认真地、不带偏见且设身处地地听，并适当地表示理解。倾听时，要听懂来访服刑人员表达的意思，还要听出弦外之音、潜台词或隐含

的意思，甚至是来访服刑人员自己都不知道的心理倾向性。咨询人员对来访服刑人员讲的任何内容不能表现出惊讶、厌恶、奇怪或非常激动、气愤等神态，而是应予以无条件的尊重和接纳，但可以适当地呼应，这种呼应可以是言语的，也可以非言语的。倾听时要学会运用以下技术：

（1）鼓励技术。鼓励是指对来访服刑人员所说的话简短地重复或仅以某些词语，如"后来呢?"、"接着发生了什么?"等，来强化来访服刑人员叙述的内容并鼓励其进一步讲下去。鼓励除促进会谈继续以外，还可表明咨询者对来访服刑人员所说的话中关键词语的注意。通过这样的鼓励，可以引导来访服刑人员的谈话向某一方向的纵深部位进行。在运用鼓励语句的同时，咨询人员还要注意自己身体语言的应用。

（2）反应技术。主要包括两个方面：一是内容反应，指的是咨询人员把来访服刑人员在谈话中所讲的重要内容及其思想加以综合整理后，再反馈给来访服刑人员。二是情感反应，指的是咨询人员对来访服刑人员情绪的反应及反馈。情绪往往是思想的外露，经由对来访服刑人员情绪的了解可进而推测出来访服刑人员的思想、态度等。

（3）表达技术。主要包括两个方面：一是内容表达，指的是咨询人员表达自己的意见，直接对来访服刑人员施加影响，它不同于内容反应。内容表达常用于反馈、提供忠告与信息等。二是情感表达，指的是咨询人员对来访服刑人员表明自己的情绪、情感，它不同于情感反应。咨询人员的情感表达可以针对来访服刑人员，也可以针对自己，正确使用情感表达，能体现对来访服刑人员的理解，还能传达自己的感受，使来访服刑人员感受到一个活生生的咨询者的形象。同时，也为来访服刑人员做出了示范，促进其自我表达。

2. 提问技术。提问是让来访服刑人员澄清一些问题的最为直接的方法，通常包括开放式提问和封闭式提问两种形式。

（1）开放式提问，指的是咨询人员事先没有固定的假设，希望来访服刑人员能对有关问题、事件给予较为详细的叙述。常常运用由"什么"、"怎么"等词语构成的问句进行发问。这种提问往往能够就有关问题，让来访服刑人员作出较为详细和具体的陈述，具有让咨询人员更多了解对方情况的优点。开放式提问能给来访服刑人员的回答以较大的空间，而且其目标始终是趋向于来访服刑人员问题的特殊性。通过开放式提问，咨询人员可以更多地了解来访服刑人员的情况。

但运用这种发问方式，咨询人员需要特别注意自己的语气、表情和声调。同样的提问，不同的语气、声调，有时会产生截然不同的结果。所以开放式提问的运用要注意在恰当的时机，用恰当的语气进行，否则会影响甚至破坏咨询效果。另外，还有一个需要注意的方面，就是在运用开放式提问时，不宜一次问多个问题，这样会使来访服刑人员不知该回答哪个而感到焦虑。

（2）封闭式提问，是指咨询人员心中有某个假设，想通过来访者的回答加以证实而运用的提问方式。常常运用"是与不是"、"好不好"、"对不对"等词语组成的问句进行提问，这种提问简洁明了，具有澄清事实、缩小讨论范围、引导对方陈述不偏离主题等积极作用。但来访服刑人员来求助，一般都希望咨询人员能够理解自己的情感，实践表明，过多地运用封闭式提问，来访服刑人员会产生被动回答，对咨询人员产生反感情绪，从而影响互动关系，甚至妨碍来访服刑人员敞开心扉进行深入沟通。

3. 自我开放技术。自我开放是指咨询人员把自己个人有关信息讲出来，使来访服刑人员知道的过程。这一过程有助于与来访服刑人员建立相互信任和开诚布公的良好关系，也有助于来访服刑人员更多的自我开放。自我开放有两种形式：一种是咨询者把自己对来访服刑人员言行问题的体验告诉来访服刑人员，另一种是咨询者暴露与来访服刑人员所谈内容有关的个人经验。

4. 指导技术。指导是指咨询人员让来访服刑人员干某些事或说某些话，或以某种方式行动。指导是最有影响力的技巧。在使用指导技术时，要注意在与来访服刑人员建立良好咨询关系的基础上进行，否则会事倍功半、收效甚微。同时，要把指导的内容叙述清楚，务必让来访服刑人员明白。另外，不能以权威的身份出现，强迫来访服刑人员执行，以免引起反感。

5. 解释技术。解释是指咨询人员给予来访服刑人员认识问题或认识自己的一种新的方法，并借助于新的系统化的思想来加深了解自身的行为、思想和情感，产生领悟，提高认识，促进变化。来访服刑人员的心理问题，之所以其自己难以解决，一个很重要的原因是他们受知识的局限、不良个性的影响，容易"认死理"、"钻牛角尖"。咨询人员在咨询过程中，运用解释技术可以帮助他们换一个角度去认识自己和周围的事物，从而促进他们认知和行为的改变。咨询人员可以根据心理咨询理论作出解释，也可以依据他的学识、经验、实践和观察等进行解释。

6. 共情技术。共情，简单地说就是设身处地，指咨询人员能够体验他人的精神世界，就好像是自己的精神世界一样。共情需要深入到来访服刑人员的精神世界，理解和分担他们的各种精神负荷。共情是心理咨询中咨访关系建立的首要因素，是心理咨询的基本技术之一。共情有三方面的内容：一是咨询人员借助于来访服刑人员的言谈举止，深入服刑人员内心去体验他的情感、思维；

二是咨询人员借助于知识和经验，把握来访服刑人员的体验与他的经历和人格间的联系，以便更好地理解问题的实质；三是咨询人员运用咨询技巧，把自己的共情传达给服刑人员，影响他并取得反馈。

7. 面质技术。面质又叫质疑、对立、对质、正视现实，是指咨询人员指出来访服刑人员身上存在的矛盾。这种矛盾主要有言行不一、理想与现实不一致、前后言语不一致、咨访意见不一致等。在实际咨询中，咨询人员需根据具体情境，尤其是咨访关系程度，而选择适当的用词、语气、态度来指出这种矛盾，面质具有一定的威胁性。因此，在咨询中使用面质应注意以下几点：其一，面质要有事实根据。在事实不充分、不明显时，一般不宜采用面质。其二，避免个人发泄。面质的目的是为了澄清问题，促进来访服刑人员的成长，故应以来访服刑人员的利益为重，不可将面质变成咨询人员发泄情绪乃至攻击对方的工具。其三，避免无情攻击。咨询人员应在诚恳、理解、关怀的基础上应用面质，不能不考虑来访服刑人员的感情，一味地、无情地使用面质而使其陷入尴尬、痛苦状态。其四，面质应建立在良好的咨访关系基础上。其五，可用尝试性面质。一般来说，咨访关系没建立好，应尽量避免面质。若不得不用，也应使用一些尝试性的面质。

8. 移情处理技术。移情指的是来访者把对亲人或过去生活中某个重要人物的情感、态度和属性转移到了咨询人员身上，并相应地对咨询人员作出反应的过程。在心理咨询过程中，随着心理咨询的深入，有些来访者会产生移情现象。在服刑人员心理咨询中，咨询人员成了来访服刑人员某种情绪体验的替代对象，这也是常见的。这种移情有两种情况：一种是负移情，即来访服刑人员把咨询人员当成过去经历中某个给他造成挫折、不快、痛苦或压抑情绪的对象，在咨询情境中，将原有的情绪转移到咨询人员身上，从而在行动上表现出不满、敌对、拒绝或不配合等。另一种是正移情，即来访服刑人员把咨询人员当作以往生活中某个重要人物，他们逐渐对咨询人员产生浓厚的兴趣和强烈的感情，表现出友好、敬仰、爱慕，对咨询人员依恋、顺从。在咨询中的表现是虽然心理症状有所好转，但咨询次数更加频繁，特别是对咨询人员的依赖与过度的信任。

移情的出现在心理咨询过程中是很常见的现象，咨询人员在咨询中可以有效地利用来访服刑人员的移情来认识来访服刑人员，并运用移情现象来宣泄他们的情绪，引导其领悟。在这个过程中，咨询人员可以通过反移情，把自己当成移情的对象，让来访者表达自己的情感和内心活动，进一步深入分析来访服刑人员的深层的心理活动。特别注意的一点是在反移情后，咨询人员要学会从反移情中走出来，不能在反移情中失去了自己。

9. 阻抗的处理技术。阻抗，是来访者对某种焦虑情绪的回避或对某种痛苦经历的否认。心理咨询中，阻抗的表现有四种形式：一是讲话程度上的阻抗，主要有沉默、少言和赘言三种，尤其以沉默最为突出；二是讲话内容上的阻抗，主要有理论交谈、情绪发泄、谈论小事和假提问等；三是讲话方式上的阻抗，主要有心理外归因、健忘、顺从、控制谈话和最终暴露等；四是咨询关系上的阻抗，主要是不认真履行心理咨询的安排、诱惑咨询人员等。无论是哪种形式的阻抗，都表现了来访服刑人员对某种行为变化的抵触或对咨询人员的某种敌对情绪，都是对其自身的自我保护及对其痛苦的防御。

因此，咨询人员首先要会识别阻抗，通过上述的表现进行识别，及时发现阻抗并妥善处理，是建立良好咨访关系、强化来访服刑人员自我暴露与自我变化的关键，在很多情况下，对阻抗的认识是心理咨询突破的开端。其次，分析产生阻抗的原因。阻抗产生的原因大致有三个方面：一是来自成长的痛苦；二是来自功能性行为失调；三是来自对抗咨询或咨询人员的心理动机。最后，应对阻抗。在心理咨询的过程中，出现了阻抗，可以采取以下的策略：①要解除戒备心理，对阻抗要有平常心，即咨询人员对阻抗既不能忽略它的存在，也不能太过于看重它，咨询人员应尽量做到通情达理，创造良好的气氛，以有效避免阻抗的产生；②以诚恳助人的态度对待阻抗；③对来自成长的痛苦的阻抗，咨询人员应通过耐心解释，使来访服刑人员产生领悟而消除阻力；④对由功能性行为失调引起的阻抗，咨询人员应有足够的认识，在消除原有的不适行为时，一定要帮助来访服刑人员形成新的适当行为，同时对由阻力所暴露出的深层心理问题，必须采取相应的对策予以解决；⑤对由对抗咨询或咨询人员的心理动机所引起的阻抗，咨询人员不需要努力去改变这种不利于咨询的动机，只需以循序渐进的方式使来访服刑人员认识其内心的想法，并认识这种动机可能带来的消极结果。如果努力失败，最好同意停止咨询，但要告诉来访服刑人员，如果愿意，随时可以再来咨询。

应付阻抗的主要目的在于解释阻力，了解阻力产生的原因，以便最终超越这种阻力，使咨询取得进展。心理咨询的过程，从某种意义上讲，其实是一个冲破阻抗的过程。

二、开展服刑人员心理咨询的基本条件

开展服刑人员心理咨询，是要具备一定的条件的，比如，人员、环境、设备、制度等都需要满足必要的条件才能进行服刑人员心理咨询，具体来讲服刑

人员心理咨询的条件有以下五个方面:

1. 人员条件。心理咨询人员是开展服刑人员心理咨询工作的先决条件。根据 2008 年 10 月司法部副部长陈训秋在《教育改造工作会》上的讲话,监狱的咨询人员应占监狱押犯总数的 1% 左右。这些咨询人员可以是专职的也可以是兼职的,但不论是哪一种,心理咨询师必须取得《中华人民共和国职业资格证书》方可上岗开展工作。

作为心理咨询人员,除了必备的专业知识外,在个人素质方面应具有正确的观点和态度,具体来讲就是要坚持唯物主义观点,普遍联系观点,限制性观点,历史、逻辑、现实相统一的发展观,并保持中立性的态度。同时,对心理咨询人员在品格、自我平衡能力、善于容纳他人、有强烈的责任心、有自知之明等方面也有一定的要求。

作为监狱内的心理咨询人员,除了掌握与心理咨询有关的必要知识和个人素质条件外,还应掌握较丰富的法律知识和监狱科学中的有关知识,以适应服刑人员心理咨询的特殊需要。

2. 环境条件。在进行服刑人员心理咨询时,环境条件起着不可忽视的作用。具体来讲,开展服刑人员心理咨询需要以下几方面的环境支持:

(1) 门诊接待室。对服刑人员开展心理咨询的起始环节,就是接待前来求助的服刑人员,并对其进行初步了解,所以门诊接待室是所有前来咨询的服刑人员都要进入的场所。在门诊接待室需要配备必要的桌椅和接待用品,同时应明亮、洁净,让人进入后有一种舒适的感觉。在门诊接待室内挂上关于咨询的相关制度和规定也是必要的。

(2) 心理咨询室。心理咨询室是开展心理咨询的场所。一般来讲至少有两个房间,一个是个体咨询用的,一个是团体咨询用的。个体咨询的房间,要求安静、相对封闭,整洁,安放必要的沙发、座椅等。团体咨询室,要是能容纳 20 ~ 30 人进行活动的大房间,房间内要有可以移动的桌椅,地板要求干净或铺地毯。

3. 设备条件。开展服刑人员心理咨询离不开必要的设备,这些设备主要有以下几种:

(1) 电脑和必要的心理测验软件。在进行服刑人员心理咨询前,有时要对其进行心理测验,当前电脑的广泛应用,可以提高对服刑人员心理测验的效率。同时电脑在整个心理咨询中,还便于建立心理档案,制作心理测验结果。为心理咨询的开展提供了便捷。

(2) 电话。这里所说的电话,是指在从事心理咨询工作中使用的电话。目前来看，我国的许多监狱中，都安装了可以供服刑人员进行咨询使用的电话，通过电话设备对服刑人员提供心理和其他方面的咨询，电话咨询的重要作用在于，可以避免面对面咨询时服刑人员可能产生的心理顾虑，使服刑人员在"匿名"状态下进行心理咨询。

有的监狱还设立了可视电话进行咨询，这可以面对面地与服刑人员进行交流，有其积极意义，但是也可能产生消极影响。所以在使用可视电话进行咨询时，电话的可视功能一般由服刑人员进行控制较好。

（3）音像设备。大量的研究发现，音乐具有明显的陶冶情操、调节情绪、调整行为的功能。心理咨询室内可以配备一些音响设备，主要用来播放开展心理咨询时所需要的功能音乐。在对服刑人员进行咨询时，还可以通过播放一些影视作品来调节他们的情绪，这就需要配备影视设备。除此之外，有条件的监狱还可配备包括录音机、投影仪、放松椅、生物反馈仪等设备。

4. 制度条件。对服刑人员进行心理咨询工作，要制定严格的工作制度，明确工作纪律及职业道德。因此，要制定《服刑人员心理咨询门诊规定》、《咨询人员工作守则》、《咨询人员道德规范》等规章制度。

5. 保障条件。要在监狱中顺利地开展服刑人员心理咨询工作，必须有相应的保障才能进行。主要有三个方面的有求：

（1）时间保障。对服刑人员来说，监狱要保证他们有时间到服刑人员心理咨询机构寻求心理帮助。同时，对服刑人员心理咨询人员来说，要想有效地进行服刑人员心理咨询，也必须有充分的时间保证。

（2）支持保障。在监狱中从事服刑人员心理咨询工作，需要得到监狱内有关部门的支持和监管人员的配合。

（3）安全保障。在监狱中从事心理咨询工作的咨询人员有相当一部分是女干警，在对男服刑人员进行心理咨询与治疗时，要保障女干警的人身安全。

三、服刑人员心理咨询档案的建立

（一）服刑人员心理咨询个案的记录与整理

对服刑人员心理咨询中的每一次谈话的记录是心理咨询过程中不可缺少的，它是咨询关系专业性的保证，每次咨询之后，咨询人员要及时详细地做好咨询记录并反思咨询过程中的策略。这也是为以后建立服刑人员心理咨询档案所做的前期工作。

心理咨询的记录分为三种，即每次的咨询记录、阶段性小结记录和咨询终结时或中断时的总结记录。

1. 每次的咨询记录。它主要记录来访服刑人员来访时的特征、谈话的关键性内容（用第一人称写）、对咨询中的印象总结。如果在咨询当时不便记录，可以事后通过回忆进行记录。

2. 阶段性小结记录。咨询人员在做了一段时间的心理咨询之后，应将几次的咨询经过联系在一起详细地记录下来。通过这种阶段性的总结，可以发现许多新的事实，也可以发现问题的实质，从而把握关键，促进心理咨询的深入发展。

3. 咨询终结时或中断时的总结记录。心理咨询已经达到预期的咨询目标，或心理咨询因故中断的时候，咨询者应及时做出总结记录。

（二）服刑人员心理咨询档案的建立

服刑人员心理咨询档案是服刑人员心理档案的重要组成部分。建立服刑人员心理咨询档案，一方面可以记录服刑人员不良心理的转化过程，为教育转化服刑人员提供依据；另一方面，为理论研究提供实际例证，并可为以后的咨询工作提供有益的经验。服刑人员心理档案主要有以下内容：

1. 咨询日期、咨询人员姓名及咨询形式。

2. 来访服刑人员的基本情况。主要包括服刑人员的姓名、性别、年龄、民族、文化程度、婚姻状况、籍贯、家庭所在地和家庭成员情况、所在监区、犯罪案由、刑期、余刑、是否累犯及犯罪次数、原职业身份等。

3. 来访服刑人员主诉内容，包括所咨询的问题发生的时间、发展过程及当前的表现等。

4. 来访服刑人员成长的环境与过程，即对其心理问题产生的原因用历史性探究。主要指有无人际关系纠纷或生活事件刺激、家庭背景、监狱内生活环境及改造状况等。

5. 咨询人员的分析与诊断。根据服刑人员的具体情况及心理测验的结果进行分析并作出诊断，确定服刑人员心理问题的性质、程度。

6. 咨询目标及咨询过程。根据诊断结果制定咨询目标，并确定咨询如何实施，这包括咨询方法的选择、咨访关系的建立、接受咨询之后来访服刑人员的反应等。

7. 咨询结果。它主要记录来访服刑人员通过咨询产生的心理和行为上的变化。根据咨询结果可对所用咨询方法的适宜性、有效性进行评价，并为以后的工作提供有益的经验。

8. 对监区的反馈与跟踪。

知识链接

一、心理咨询的对象和任务

（一）心理咨询的对象

心理咨询的对象主要可分为三大类：

1. 精神正常，但是遇到了与心理有关的现实问题并请求帮助的人群。精神正常的人群，在现实生活中会面对许多问题，如婚姻家庭问题、择业求学问题、社会适应问题。他们面对这些自我发展问题时，需要做出理想的选择，以便顺利地度过人生的各个阶段，此时，心理咨询师可以从心理学的角度，向他们提供心理学帮助，这类咨询叫发展性咨询。

2. 精神正常，但心理健康出现问题并请求帮助的人群。这类人群，长期处于困惑、内心冲突之中，或者遭遇到比较严重的心理创伤而失去心理平衡，心理健康遭到不同程度的破坏，尽管他们精神仍然正常，但是心理健康水平却下降了许多，出现了严重程度不同的心理问题，甚至达到"可疑神经症"的状态。这时，心理咨询师提供的帮助叫心理健康咨询。

3. 特殊对象，即临床治愈的精神病患者。精神病人经过临床治愈后，心理活动基本恢复了正常，他们已经基本转为心理正常的人，这时，心理咨询和治疗具备介入和干预的条件。而且此时心理咨询和治疗的介入才有真正的价值。心理咨询可以帮助他们康复社会功能、防止疾病的复发。但是，对于临床治愈后的精神病人进行心理咨询和治疗时，必须严格限制在一定条件之内。

（二）心理咨询的任务

心理咨询的任务，总的来说是帮助正常人群在生活中化解各类心理问题，克服种种心理障碍，矫治不良行为，理顺人格结构，纠正不合理的认知模式和非逻辑思维，学会调整人际关系，深化自我认知，端正处事态度，构建健康的生活方式，强化适应能力，愉快、有意义地生活下去。可以从以下六个方面来理解：

1. 认识自己的内、外世界。我们每一个人都生存在身外的客观世界中，但却有各自的内部世界。这两个世界，被人的认知与实践活动连接在一起。所以，两者总是处在既一致又矛盾的状态中。我们的内部世界，基本是由以往积累的经验构成，而我们的外部世界，却是由活生生的、不断变化的现实构成。我们的内部世界，可以按我们的意志来编排，而我们的外部世界，却是不随我们的意志而改变的。这两类世界之间的差异，其本身就是矛盾的。当我们对这种矛盾缺乏明确认识，采取了错误应对方式的时候，我们都会在心灵深处产生困惑不解、烦躁不安，它们甚至使我们对自己的生存价值产生怀疑，对自己固有的信仰发生动摇。这些是我们产生各种心理问题的前提。

在认知心理学中，把合理认知模式当作心理健康的前提条件，确立合理认知模式的重要前提又是必须真切地了解自己的内、外世界。一个心理咨询师，当你面对一位求助者，企图通过改善他的认知去帮助他的时候，心理咨询的第一任务，就应当是帮助他认清自己的内、外世界。

2. 纠正不合理的欲望和错误观念。求助者经常确信自己的动机和需要是正确的、合理的，认为自己十分清楚需要什么，但实际上并非如此。他们的心理问题往往是由这种盲目自信造成的。还有些人以为自己对事物的观察和理解是正确的，从不怀疑自己的思想观念和理解的准确性，但事实上，他们是错误的，正是他们自己的错误观念，将他们引入无法摆脱的困境。

心理咨询的任务之一，就是协助求助者纠正自己的错误思维和观念，对于某些求助者来说，帮助他们总结自己的经验教训，学会评估自己的思维、观念是否合理，这不仅能够解决他们当前的心理问题，而且能够使他们看清未来的方向，从而为他们加速自我成长奠定可靠的基础。

3. 学会面对现实和应对现实。首先是要面对现实，前来咨询的某些求助者，他们的心理问题，可能是由于不敢面对现实造成的。有的人由于在现实中遭遇了失败或严重挫折，很可能走上逃避现实的道路。他们可能沉溺于过去的痛苦回忆，或者固执地坠入未来的想象。他们在回忆和想象中生存，久而久之，对想象和回忆形成依赖，越依赖回忆和想象，越脱离现实，越脱离现实，就越依赖回忆和想象，最后形成恶性循环。人们面对现实需要勇气，而逃避现实并不困难。他们只要用全部时间回味过去、计划未来，现实问题就可以被排挤出局。为此，心理咨询师的重要任务之一，就是帮助求助者回到现实中来。其次是应对现实。有勇气面对现实，只是学会生存的第一步。更重要的是以什么方式、方法去正确地应对现实。人对现实事件的反应，大致有三类，即：

（1）感性反应，是对外部事物的情绪化应对，应当说是一种儿童式的应对行为。因为儿童的理念系统尚未最后完善，所以面对外界事物，其反应方式包含着更多的情绪成分。

（2）理性反应，是用概念和事物之间的客观逻辑去反映外部事物，这是一个人心理发展成熟的表现。同时，这种反应方式，在心理健康人群中表现得最广泛。它能使人最准确地判断形势，最完善地形成决策、最有效地应对事件。

（3）悟性反应，是另一类超现实的反应形式。面对无常理可循的事件，面对超出个人能力的事件，面对烦乱无序、短期无法明朗化以及个人无法承受的事件，人们往往以一种超脱的态度，站在更高的位置上，用哲理把事物看穿。将外界事物，从自身剥离出去，把它置于可有可无的地位，以此摆脱种种不必要的烦恼。

三种反应方式，各有各的用途，在现实的人生中，没有感性反应，生活质量必然低下，没有理性，会变成无头苍蝇，没有悟性，必然婆婆妈妈，最后连自己都会讨厌自己。所以三者必备，但各有轻重，人的一生应该坐在理性上，左手握感性，右手握悟性。

4. 使求助者学会理解他人。任何个体，都有发自人性的依附本能。彼此理解，是满足此类本能的必要条件。无奈，现实世界里的冲突，打破了人性内在平衡，使依附本能被淹没在这些冲突之中。这种状况使人的心理产生扭曲，体验到孤独、嫉妒、怨恨，甚至产生严重心理问题。一个人一旦把自己溶解于群体之中，一旦理解到自己与他人的这层关系，那么，这种理解，就可以成为缓解、甚至平复人际道德冲突、恢复人性平静的关键。心理咨询师的任务之一，就是协助求助者唤起自己的依附本能，让他们能自觉地理解他人以及理解群体对自己的重要性。

5. 使求助者增强自知之明。个人的片面经验、扭曲的社会需求以及不合理的生物需求，都可以产生片面的自我认知。使自己自觉、不自觉地对自己做出错误评估。这时，一个人就会处于"无自知之明"的状态。心理咨询师的任务之一，就是使求助者有自知之明，且不断增强。

6. 协助求助者构建合理的行为模式。受不合理行为模式困扰的求助者，要想改变自己的现状，必须在心理咨询师的协助下，建立一种新的、合理的行为模式。只有按这种合理的行为模式生活，他的行为才可以变成"新的有效行为"。"新"就是过去从未尝试过，"有效"就是这种行为可以满足他自身发展的需要。

有时，求助者的确形成了合理的想法，可是他仍然不能行动起来。当他为此而深感苦恼时，这是协助他建立合理有效行为模式的最佳时机。然而，合理有效行为模式是由若干具体的有效行动组成的，所以心理咨询师应当按计划行事，逐个地协助求助者实施每个有效行动。解除心理问题的要害，不在于求助者能否控制自己的思想和欲望，而在于求助者能否将合理的思想和欲望付诸行动。

二、服刑人员心理咨询的作用

服刑人员心理咨询是服刑人员心理矫治的重要内容，也是开展服刑人员心理矫治的重要方式，服刑人员心理咨询可以帮助来访服刑人员解决很多的问题。根据研究，服刑人员心理咨询对解决服刑人员中的下列问题，可以发挥重要的作用：

1. 改造生活中的情感障碍。对服刑人员常见的抑郁、焦虑、恐惧、紧张等，通过咨询帮助来访服刑人员分析原因、辅导对策、消除危机、解除忧虑、端正态度。

2. 帮助弄清生理疾病的性质，指导来访服刑人员制定有效的保健方案，帮助来访服刑人员摆脱因疾病带来的心理困惑，尽早恢复身心健康。

3. 婚姻、家庭问题指导。例如，如何处理离婚问题、家庭成员如何更和谐地相处等。

4. 指导来访服刑人员更有效地提高改造成绩。例如，怎样处理改造中的人际关系、如何消除疲劳与厌倦等。

5. 学习方面的问题。例如，注意力不集中问题、记忆力减退问题等，从而帮助来访服刑人员掌握学习方法，提高学习效果，克服学习障碍。

6. 介绍生理卫生知识。主要包括睡眠、饮食、休息的合理性，科学用脑，提高对新环境的适应性等。

7. 如何争取政府和家庭的理解与支持，创造良好的条件和环境，心情舒畅地投入改造，以便提高改造质量的问题。

三、服刑人员心理咨询的原则

1. 咨询双方平等相处原则。这一原则要求咨询师和来访服刑人员之间是一种平等的关系，这是咨询工作顺利开展并富有成效的重要保证。在监狱中的服刑人员，很难摆脱自己的服刑人员角色，来咨询时，对咨访关系很关注，往往有一定的咨询障碍，因此，当来访服刑人员前来咨询时，作为咨询人员一定要表现出热情，就服刑人员提出的心理问题，在双方平等的地位上进行交谈与探讨。在这里，作为监狱民警的咨询人员，实现角色转换是非常必要的。

2. 诚恳、理解与尊重的原则。咨询人员对来访的服刑人员要以诚相待，对来访服刑人员提出的问题不能漫不经心，要沉着冷静对待，做到不鄙视也不奉承，让服刑人员感到你的真诚。理解对于服刑人员来讲是很重要的，前来咨询的服刑人员总怕自己的苦衷不被人理解，咨询时顾虑重重，咨询人员在咨询时对来访服刑人员的心理问题给予一定的理解是必不可少的。对服刑人员进行心理咨询时，无论其改造表现如何，咨询人员对他们都不能厚此薄彼，要一视同仁。

3. 促进成长的非指示原则。这一原则是指咨询人员对来访服刑人员不能只进行外部指导或灌输，而应把重点放在启发和促进来访者内部成长上。这一原则是由人本主义心理学家罗杰斯提出来的，他认为，咨访关系是一种启发或促进内部成长的关系。在咨询过程中，心理咨询师是不为来访人员做出决定的，他们同来访人员一起分析、商讨，最后由来访者自己做出选择。

4. 中立原则。有人也称其为非批判原则，在心理咨询的全部过程中，咨询师对来访服刑人员咨询中涉及的各类事件均应保持客观、中立的立场，只有这样，咨询师才能对来访者的情况进行客观的分析，对其存在的问题才能有正确的了解，并有可能提出适宜的处理办法。中立的态度可以保证咨询师不把自己的情绪和价值观等带入咨询中，也可以增强来访者对咨询师的信任感，对建立和维持良好的咨访关系是很有作用的。

5. 整体性原则。在咨询过程中，咨询师对来访服刑人员提出的心理问题，要从不同的角度去考虑，对心理的、生理的、社会的等方面都要关注；在咨询中，要考虑到心理咨询的规律和特点，同时还不能够忽略来访者的个体差异性；在咨询中要善于发现服刑人员可能存在着的其他问题，对此要及时进行处理；在咨询中发现有需要进行心理治疗的适应症时，也要开展必要的心理治疗。

6. 保密原则。在心理咨询的过程中，会涉及来访者的隐私，作为心理咨询师，要坚持保密的原则，这是心理咨询的一个重要原则，同时也是心理咨询师职业道德的要求，还是咨访双方建立信任关系的基础。对于服刑人员心理咨询来讲，鉴于监狱工作的特殊性，当出现妨碍监狱安全的特殊情况时，要及时与有关部门进行沟通，并采取相应的防范措施，以确保安全。所以在监狱对服刑人员进行咨询时，在不妨碍监管安全的情况下，要保守来访服刑人员的谈话内容秘密，尊重来访服刑人员的个人隐私。

7. 预防性原则。这一原则指的是咨询人员在明确来访服刑人员心理问题的同时，应提醒他们预防心理问题的加深和可能出现的心理障碍或行为问题。因为心理咨询本身就有预防的作用，同时，通过心理咨询可以传播一定的心理健康知识，也可起到预防作用。还有，在咨询中，有些服刑人员可能流露出不良行为倾向，通过及时与有关部门联系与沟通，可以预防狱内突发事件的发生。

四、服刑人员心理咨询的内容

心理咨询的内容包括生活的方方面面，作为专门为服刑人员提供的心理咨询与常人的心理咨询有所差异，服刑人员心理咨询的内容主要集中在服刑人员服刑期间的生活方面，概括起来有以下五个方面：

1. 刑事政策和法律知识方面。它主要指的是服刑人员认罪服判，刑期长短，减刑假释，狱内的权利和义务，犯罪原因的探究，刑满释放后的前途等。

2. 狱内生活方面。它主要包括监狱生活适应，狱内人际关系的协调，对监规纪律的认识，服刑中的学习、劳动和生活中的问题及困难的克服等。

3. 家庭、社会关系方面。它主要包括婚姻恋爱问题，同家庭其他成员的关系问题，子女抚养、教育问题，意外灾祸的打击，家庭破裂后财产分割及继承权问题等。

4. 心理健康方面。它主要包括自我意识、生活习惯、道德观念、轻度心理障碍等的调整与消除。

5. 回归社会方面。它主要是帮助即将刑满释放的服刑人员做好由服刑人员变为普通公民的身份转变的准备，提高其心理适应能力、心理应变能力和应激能力，以便其释放后能尽快适应社会生活。

五、服刑人员心理咨询的形式

心理咨询的形式多种多样，我们可以从不同的角度进行划分，根据咨询的性质，可分为发展咨询和健康咨询；根据咨询的规模，可分为个体咨询与团体咨询；根据咨询的时间，可分为短期、中期和长期心理咨询；根据咨询的心理学理论依据可以分为精神分析的、行为主义的、认知心理学的、人本心理学的咨询；根据咨询的方式，可分为门诊咨询、电话咨询、网络咨询等。

在监狱内对服刑人员进行心理咨询，由于监狱的一些特殊性，对服刑人员进行心理咨询常用的形式有以下几种：

1. 面谈咨询。面谈咨询是个体咨询中最常见和最主要的形式。它是一种以面对面谈话为主要形式的咨询。面谈咨询在解决心理问题中有很多优越性，首先，咨询师与来访者可以面对面，对来访者的问题可以及时发现、及时处理。其次，面谈咨询可以看到来访者的整体面貌，不仅能听其言，还能观其颜和察其情，尤其是对其肢体语言的观察，很有利于心理咨询的开展。最后，面谈咨询是咨询师与来访者的近距离接触，这有利于建立良好的咨访关系。

2. 电话咨询。电话咨询是利用电话给求助服刑人员进行支持性咨询。最早时主要用于危机干预防止恶性事件发生。而现在电话咨询比较普遍了，这一方式有它的好处：一是不与咨询师见面，可以消除求助的思想顾虑，对心理问题可以大胆陈述。二是这种方式是一种较为方便又迅速的咨询方式。

我国有很多监狱已开设了心理咨询热线，由心理咨询师定时或 24 小时轮流值班，帮助服刑人员处理心理危机、解除情绪困扰，并可提供心理保健知识，或能通过倾听服刑人员倾诉内心苦闷，使其恢复心理平衡。

3. 书信咨询。书信咨询是通过书信往来进行咨询的形式。它也是心理咨询中一种常用的方式。书信咨询的优点是：简单易行、运用方便、涉及面广、能使服刑人员畅所欲言，并能打破时空限制，还可以为存在某种心理障碍的服刑人员避免当面交谈带来的尴尬局面等。但书信咨询也有不足之处：由于咨访双方不能直接见面和对话，因而不易深入了解情况并详细询问心理问题产生的原因，所以只能提出一些原则性的疏导意见，很难给予深入具体的指导；有时受服刑人员表达能力限制，有的来信存在表达不清、陈述不详等情况，致使咨询人员无法对其心理进行分析、帮助和指导；此外，还可能出现地址不详、邮编不对、署名不清等无法复函。

4. 宣传咨询。宣传咨询是通过报刊、广播电视等宣传工具，对读者、听众或观众提出的典型心理问题进行解答的一种咨询形式。宣传咨询只是普及心理健康知识及其他心理学知识的一种宣传形式，并非严格意义上的心理咨询，其科普性强而针对性差。对监狱而言，在开展心理咨询工作的初期，可利用宣传咨询扩大心理咨询的影响，使服刑人员能较快地接受这一新事物。同时，也可以运用监狱举办的服刑人员小报，针对服刑人员中共性的心理问题，撰写言简意赅的短文进行心理疏导，作为一种辅助性的心理咨询形式。

5. 团体咨询。团体咨询又叫集体咨询、小组咨询，是同时对多个来访者展开心理咨询的形式。团体咨询一般有两类：一是由有共同问题的来访服刑人员自愿组织为两三人以上的小团体，前来心理咨询机构询问或磋商一些共同关心的问题；二是由咨询人员把存在共同问题的来访服刑人员组织在一起，和他们一起讨论问题，并给予切实的指导。团体咨询的人数没有固定的标准，从两三人到十几人均可。人数太多不利于讨论，如果人数超过二十人，则可分成几个小组进行。对来访服刑人员中普遍存在的共同问题，可组织心理卫生讲座。

团体咨询是一种多项性的交流。由于来访服刑人员的问题比较接近，都具有解决问题的迫切性，这会促使他们积极地讨论问题，集思广益、相得益彰。

当来访服刑人员了解到其他人也有与自己类似的苦闷时，就会在一定程度上减轻原有的心理负担，消除孤独感，其紧张的情绪会得到松弛。另外，从共同讨论中还可以得到启发与帮助，从而实现解除重负和心理治疗的目的。团体咨询本身就是一种社交活动，通过来访服刑人员之间的相互观察和沟通，就可以起到示范、模仿和练习的作用，从而使来访服刑人员的社交障碍得到一定程度的克服。

团体咨询也有不足之处：由于人数多，咨询人员难以顾及每一个组员的特殊问题，保密性差使得有些组员产生顾虑而不愿暴露自己，有些组员还可能受到其他组员的伤害等。因此，团体咨询只能解决一些共同存在的表层心理问题，深层心理问题则需要通过个别咨询单独加以解决。

在监狱中，专题咨询和现场咨询属于团体咨询的范畴。专题咨询是就部分服刑人员提出的某一共同问题进行磋商、讨论和分析，寻求该种心态产生的根源和解决办法。也可由咨询员结合有关的心理学知识进行中心发言，加以帮助和开导。现场咨询在监狱内也叫基层咨询，是咨询员深入到监区、分监区，配合教育或生产活动，对服刑人员存在的共同问题和疑虑给予帮助的一种形式。现场咨询能对发生心理问题的背景作较深入的了解，对解决一些相对集中的问题有较好的效果。通过现场咨询，也可以使服刑人员对心理咨询师加深了解，消除对心理咨询的疑虑，增加对心理咨询的接受程度。

6. 网络咨询。网络心理咨询是指真实身份的专业人士通过网络和虚拟身份的来访者进行的有关心理咨询的信息互动过程。"网络心理咨询"最基本的要求或特点是：网络心理咨询员（后面简称咨询员）必须公开真实身份，而来访者可以隐藏真实身份。咨询员是对求助的信息进行解答，而不是对人。对于来访者来说，它是真正的人对人的心理咨询。这种区别维护了来访者的利益，对咨询员有了更高的要求，但也有利于免责咨询从而扩大受益面。"网络心理咨询"的最大特点是平等自由的"信息互动"，其效果和来访者的主动性关系更大。

但是在监狱中进行的网络咨询，由于服刑人员的特殊身份，是否需要隐藏真实身份是一个值得探讨的问题。目前来讲，有些监狱在开展网络视频咨询时，咨询师与服刑人员均公开身份。

示例

赵某，男，45 岁，初中文化，因故意伤害罪被判处有期徒刑 10 年。入狱后能认罪服法，改造表现一般，日常少言寡语、不善交际，没有任何特殊爱好。

从小在青岛市长大，父母为退休教师，弟妹6人都在青岛市，本人原是青岛国棉厂工人，入狱后，与妻子离婚，儿子随母亲生活，不曾来狱探视。

赵某自诉：我原本是个性格开朗的人，自从妻子患病，特别是入狱6年多来觉得自己像变了个人。按理说，刑期过了一半应该是个高兴的事，但自己却感觉刑期越短越不安，精神恍恍惚惚，不想见人。我不但失去了工作，也失去了家庭，更对不起我那年迈多病的父母。释放后去哪儿工作？老年生活将怎样安排？脑子里一片空白。我曾几次想到过死，内心充满了矛盾，我很苦恼。心理咨询能解除我的痛苦吗？

该犯常常焦急、紧张、担忧、郁郁不乐、忧心忡忡，遇到刺激可能会有强烈反应，甚至有不理智的行为。入狱初期，妻子常来探视，但两年后，妻子提出了离婚，离婚的事，他从来没有跟别人提起过，最近家信中告知父亲身体极差，不能在父亲身边尽孝，担心见不到面了，心中的痛苦无法摆脱。

诊断分析：综合对赵某的犯罪原因及他本人的自述和现实表现，初步诊断其为抑郁性神经症。

治疗过程：

第一步：帮助该犯分析抑郁感产生的原因。一个人处于抑郁状态后，由于扭曲了对自我与现实环境的认识，往往对自己有不恰当的关注，总是向消极的、坏的方向去想。该犯称自己的一生是失败的一生，挫折和灾难随时都会降临到自己头上。恨自己一事无成，恨自己事事不如人，恨自己家庭不幸福。这种自卑感、自责感始终支配着他的思想和行为，也是他产生抑郁症状的主要根源。弗洛伊德认为：人的意识是个体能够知觉的精神生活，正常成人的思维和行为属意识系统，潜意识是个体不能知觉的精神生活，它不仅仅是人的正常活动的内驱力，对人的心理活动起到制约作用，而且也是一切心理疾病产生的深层基础。咨询师帮助该犯分析了其家庭的不幸及做经济担保人失败的情况，认为这其实是因个性和认知的偏离及法律观念淡薄造成的。该犯入狱后，离婚也好，不探视也好都是可以理解的。但他认为是妻子抛弃自己，是落井下石，显然是不合理的。该犯思虑最多的还是刑满后的就业问题，并向咨询人员提出了许多疑问。经过上述反复分析、讨论，该犯有所领悟。

第二步：人生疏导。咨询人员提出了以下建议，要求该犯努力去做。

1. 寻找和肯定自己的优点和长处，了解自己的缺点和短处，自己要有自知之明，要树立自尊、自重、自爱的信心，确定自己的努力方向。

2. 要承认现实，面对现实。

3. 要开发自己的爱好和兴趣。

4. 要关心他人的疾苦。

5. 要主动寻求心理帮助。

6. 对生活中遇到或出现的矛盾、问题的原因，要正确分析认识。

经过两个多月的咨询与指导，该犯终于走出了心理困境，愈后考察较好。

学习任务九　一对一心理咨询的程序

导入案例

来访者赵某，男，27岁，小学文化程度，二次犯罪，系累犯，未婚，自幼在农村长大，与家人关系尚好，父亲工人，母亲务农，家中收入较少，经济紧张，兄弟三人均未接受很好的学校教育，失学后帮助家人做一些农活儿，由于长期无合适职业，沾染赌博恶习后铤而走险，1998年犯抢劫罪，判有期徒刑3年，在Z监狱服刑改造。出狱后，有一年半从业经历，后因对工作不满意，流落社会，2004年再次因抢劫、诈骗罪被判处有期徒刑15年，同年被分配到X监狱服刑改造，后因监狱布局调整，该监狱编制被撤销，该服刑人员被调到Y监狱。现在Y监狱服刑改造。

半个月前，从X监狱调到现在Y监狱服刑改造的赵某，自调监以来，感到自己在心理上发生了一些变化，一想到漫长的刑期和家里的一些事情，自己就感到心烦意乱，晚上睡不好觉，白天身体倦乏，一着急就出冷汗，平时不想吃饭，有时有抑制不住的冲动，想要动怒发火，动手伤人，但基本能克制。

第二次入狱前，家人正在为自己准备婚事，结婚的日子都已经定了，就在这时，自己被捕入狱，感到对不起家人。后被分配到X监狱改造，在那里改造的两年多时间里，自己逐步地适应了那里的改造环境。今年调到Y监狱，虽然自己也知道是统一的安排，但内心还是说不出来的心烦意乱，一个人时经常胡思乱想，家中父母年龄大了，自己也帮不上忙，好好的一个家，未婚妻也跑了，刑期15年，等到出去了自己年龄也大了，还没有成家，也不知该如何去生存。在现实改造中，本来自己已经是一个老犯人了，可是在新的环境下，面对新的人群，还得要从头开始，接下来监狱还要统一安排到井下从事煤矿生产劳动，自己身体也比较单薄，在安排生产时，不知领导能否给予一定的照顾，减刑也可能会受到影响，越想越多，越想越麻烦。有时自己也想努力克制，不去多考虑它，可就是心静不下来，不能安心改造。

◉ **任务要求**

作为一名监狱心理咨询师，假如上述服刑人员的问题要找你通过心理咨询来解决，你准备怎样为服刑人员提供心理上的帮助，请制定出一个咨询方案。

任务分析

一、初诊接待的步骤

1. 做好咨询前的准备工作，表现出咨询人员应有的仪态。服装整齐、坐姿端正、表情平和。与来访者谈话时，保持正常社交距离（1.5 米左右），保持正常的咨询位置，按我们的民族习俗，谈话时不可直视对方的眼睛，可扫视对方的眼神或表情。

2. 礼貌的接待方式和礼貌语言。

（1）必须起立迎接来访者，单手示意指定座位，平和地说"请进"，"请坐"。

（2）"非常欢迎你前来咨询，谢谢你的信任。"

（3）"我很愿意给你提供心理学帮助。"

（4）"如果你同意的话，请你填写这张表格。"（登记表或简单问卷表）

3. 间接询问求助者希望得到哪方面的帮助，不可直接逼问。例如可以："您希望在哪方面得到我们的帮助？"

4. 询问结束后，明确表明态度，是否能向求助者提供帮助。

5. 在向求助者表明可以对他提供心理学帮助后，应立即简约地向求助者说明心理咨询的性质。确保求助者了解什么是心理咨询，心理咨询如何进行，心理咨询主要解决什么问题，而不能解决什么问题等。

6. 应与求助者协商，确定使用哪种咨询方式。

7. 对求助者的问题进行归类。对求助者的问题进行初步归类，有利于继续深入分析了解相关资料。不同类别的心理问题，往往各有其特点。而这些类别特点，是咨询工作针对性的依据。

二、服刑人员心理咨询的一般程序

在监狱中对服刑人员的个体咨询主要包括七个过程：

1. 咨询前的准备。由于监狱环境的特殊性，监狱中的心理咨询是从来访服刑人员的选定开始的。首先，服刑人员提出咨询申请；其次，监区民警对服刑人员的申请进行审批，并与监狱心理咨询机构约定时间安排咨询；最后，服刑人员按照约定好的时间在其主管监狱民警带领下，到咨询室进行心理咨询。

2. 资料的搜集。来访人员的临床资料，是我们进行心理咨询工作的基本依据，没有它，或者资料不完整，心理咨询就会盲目或无从下手，所以，不管进行哪种咨询，第一步必须先搜集临床资料。搜集资料的途径有：摄入性会谈与记录，观察与记录，访谈与记录，心理测量，问卷调查，实验室记录。所搜集的资料内容主要有：人口学资料，个人成长史，个人健康状况，家庭健康状况，个人生活方式，个人受教育情况，对自己家庭及成员的看法，社会交往状况，目前生活、学习、服刑情况，自我心理评估，近期生活中的遭遇，求助目的与愿望，求助者言谈、举止、情绪状态、理解能力等，有无精神症状，自知力如何，自身心理问题发生的时间、痛苦程度以及对服刑与生活的影响，心理冲突的性质和强烈程度，与心理问题相应的测量、实验结果。

3. 资料的分析。在全面收集来访服刑人员相关情况资料的基础上，对资料进行排序（按出现时间，将所有资料排序）、筛选（按可能的因果关系，将那些与症状无关的资料剔除）、比较（将所有症状按时间排序，再按因果关系确定主症状和派生症状），将与症状有关的资料进行分析，找出造成问题的主因和诱因。

4. 综合评估与诊断。将来访服刑人员陈述的情况，临床直接或间接获得的资料进行比较与分析，将主因、诱因与临床症状的因果关系进行解释，确定心理问题的由来、性质、严重程度，确定其在症状分类中的位置。依据综合评估的结果，对来访服刑人员是否是心理咨询的对象及其心理异常的性质作出确切的诊断结论。为了防止误诊，有必要进行鉴别诊断，主要从症状定性、症状区分、确定鉴别诊断的关键症状和特征、按现行的症状诊断标准等方面进行鉴别诊断。

5. 咨询方案的制定。咨询方案是心理咨询实施的完整计划，它是心理咨询进入实施阶段时必备的文件。方案的制定，必须按着心理问题的性质、采用的咨询方法、咨询的期限、咨询的步骤、计划中要达到的目的等具体情况来制定。所以每一次的方案，很可能是有一定区别的，但是，无论具体咨询方案有怎样的区别，其一般原则和基本程序是一致的。它必须包含以下内容：来访服刑人员的概况、诊断和鉴别诊断，与来访服刑人员协商制定咨询协议，确定使用的咨询方法，确定咨询的步骤和阶段，确定阶段性咨询预期目标及评估方法，确定最终预期目标及评估方法，确定咨询意外和失败的对策及措施，确定本方案允许意外修改的可能范围，确定双方各自的特定责任、权利与义务。

6. 方案的具体实施。当解决心理问题的最后方案确定下来以后，就要根据方案具体实施。方案的实施过程，就是咨询人员运用特定的心理咨询方法和技巧给予来访服刑人员帮助、充分挖掘他们的潜能、促进他们成长、并最终使其自己解决自己问题的过程。

7. 结束巩固。这是心理咨询的总结与提高阶段。这里的结束有两种可能：一种是一次咨询的结束，主要是作好此次咨询的小结和下次咨询的准备；另一种是整个咨询的结束，主要是作好回顾总结，巩固咨询成果，使来访服刑人员把学到的东西运用于今后的生活中，同时还要作好必要的追踪研究，对咨询效果予以评估以及咨询案例的记录与整理等。

三、初诊接待的注意事项

1. 社会交往中第一印象的重要性。心理咨询人员与求助者之间良好咨询关系的建立对临床资料的收集和后来的咨询效果有重要影响，而咨询人员在初诊接待时留给求助者的第一印象，对确立咨询关系又起关键作用。如果咨询人员在初诊时留给求助者的第一印象不良，咨询者在收集资料时就会遇到困难。因为求助者绝不情愿把自己的内心世界向一位他不信任的人敞开。关于社会交往中形成第一印象的知识，请参阅第二章"社会心理学"中有关部分。

2. 心理咨询保密原则的重要性。心理咨询中的保密原则，不仅涉及咨询内容，同样也涉及心理诊断。在心理诊断中，咨询人员收集到的所有有关求助者的资料，包括个人生活、思想状况、个人成长过程、个人恋爱、婚姻、交友、工作等情况，均在保密之列，咨询人员未经求助者同意，绝不可将这些个人资料泄露给别人。另外，对求助者的心理测量结果和诊断也属保密范围之内，都要受职业道德中保密原则的制约。

3. 避免紧张情绪。刚刚从事心理咨询的工作人员，由于缺乏临床经验，加之对求助者一无所知，初诊接待时难免有紧张情绪产生。而紧张情绪会扰乱思路和破坏工作程序，所以要切实避免。为了能将紧张情绪降至最低点，在接诊之前，可按初诊接待的操作步骤进行练习，直到熟练自如为止。条件允许的情况下，可增加见习时间。

4. 语言表达。语速把握适中，吐字清楚，避免使用方言，每句话必须使求助者听清楚，必要时，可将提问或解释性语句重复一遍，直到求助者表示听清楚并完全理解为止。谈话中若使用专业术语，应向求助者说明专业术语的内涵和外延。

5. 咨询时的仪态。不许吸烟，不许做多余的"下意识"动作（如玩弄铅笔、轻敲桌面、抖动身体等）。接待来访者之前，绝对不能饮酒或服用兴奋、镇静等药物。交谈中不能东张西望，应注意力集中。

　　知识链接

一、心理咨询师的基本素质要求

从事任何职业的人都需要具备一定的条件。心理咨询被认为是一种特殊的助人工作。从事这个工作的心理咨询师不但要用他的知识和技术为咨客服务，还要了解咨客的内心世界，洞悉咨客的生活隐私，帮助他们认识心理困难的真正原因并改正适应不良的行为，促进心理的成长。因此，心理咨询师必须具备一些特殊的条件。

（一）人格素养基础

许多学者都提到心理咨询师的人格条件是做好心理咨询工作的最重要因素，也是心理咨询师应当具备的首要条件。心理咨询师的人格是心理咨询工作的支柱，也是咨询关系中最关键的因素。如果一个心理咨询师不具备助人的人格条件，他的知识和技术就不会有效地发挥作用，而且可能有害；心理咨询师如果仅仅具有广博的理论知识和咨询技巧，但缺乏同情人、关心人的品格，不能坦诚待人，不能赢得信任，缺乏对人际关系的敏感性，他就只能是一个技术工匠。

所谓人格是指一个人的整个精神面貌，是具有一定倾向性的、稳定的心理特点的总和，包括气质、性格、兴趣、信念和能力等。心理咨询师应当具备的人格条件包括以下内容：

1. 心理相对健康。心理咨询师的健康水平至少要高于他的咨客。心理咨询师本人也是人，也有许多欲望，如希望得到爱，希望被接受、被承认、被肯定，希望有安全感。但他有能力在咨询关系以外来求得这些欲望的满足，以保证有效地完成心理咨询师这一社会角色的任务，不致引起角色紧张。心理咨询师也生活在和他的大多数咨客相同的社会环境里，也会有各种生活难题，也会出现心理矛盾和冲突，但他可以保持相对的心理平衡，而且能在咨询关系以外来解决他的心理矛盾和冲突，不至于因为个人的问题干扰咨询工作。一个合格的心理咨询师应当是一个愉快的、热爱生活、有良好适应能力的人。那些情绪不稳定的人，经常处于心理冲突状态而不能自我平衡的人，是不能胜任心理咨询工作的。

2. 乐于助人。只有乐于助人的人才能在咨询关系中给咨客以温暖，才能创造一个安全、自由的气氛，才能接受咨客各种正性和负性的情绪，才能进入咨客的内心世界。"乐于助人"这个条件说起来容易，但并非任何人都具有这种品质。一个外科医生尽管他手术技巧很高明，可以治好病人的外科疾病。但他不一定在心理上乐于帮助他的病人。那些只关心自己事情的人，那些性格孤僻、寡言少语、缺乏热情的人，是难以胜任心理咨询工作的。

3. 责任心强。能耐心地倾听咨客的叙述，精力集中不分心，使咨客感到咨询师对他们的困难表示关心。能诚恳坦率地和咨客谈心，使他们愿意暴露内心的隐私和秘密，值得他们信任。那些工作马虎，不能专心致志的人，那些办事拖拉、不负责任，又不能和咨客谈心的人，是做不好心理咨询工作的。

以上这些人格条件是在先天素质基础上和环境的长期影响下形成的，是相对稳定的心理特点，不是仅靠学习理论知识可以得到的。因此，从事心理咨询工作的人，要想很好地胜任这项工作，应考虑自己的人格条件。

（二）知识条件基础

做好心理咨询工作要有必备的理论知识。心理咨询不是仅靠良好的愿望、热情和一般常识来安慰、劝说那些处于困境的咨客或鼓励心理病人向疾病斗争。有时，廉价的安慰反而引起咨客的不解、反感和阻抗。心理咨询和心理治疗是科学工作，要用科学的助人知识来帮助咨客，使他们认识困扰着他们的真正原因，改正或放弃适应不良的行为，使心理成熟起来。

心理咨询师必须有普通心理学、儿童心理学、人格心理学、社会心理学、心理卫生学、变态心理学、心理测量学、临床心理学等方面的基本理论知识，并掌握心理助人技能、家庭治疗、行为矫正方法、音乐治疗、认知疗法等咨询治疗的方法与技巧。

只有将理论知识与实践能力有力结合起来，才能理解咨客的困难是怎样形成的？矛盾和冲突的根源在哪里？他们的心理症状的真正意义是什么？又是用什么防御手段来对付内心冲突的？然后才谈得上有针对性地协助咨客分析问题，并引导咨客走出困境，促进人格的成长。

（三）技巧条件

心理咨询师要有熟练的助人技巧。其中包括怎样能在最短时间内了解咨客的有关情况，如使他困惑的处境或事件，症状出现的时间及其发展变化等；怎样适时地、机敏地提出问题？怎样发现咨客不自觉的掩饰和阻抗？怎样引导他们逐步认识内心深处的症结；怎样设计一些相应的方法来矫正某些不良行为，尤其是儿童神经症病人；怎样适时地向咨客进行某些解释、解释什么，等等。

心理咨询的理论知识和技巧是可以学到的。除了从书本上学习以外，更重要的是在实际工作中不断地向咨客学习、不断地总结经验。上面所说的人格条件、知识条件和技巧条件都很重要，不能互相代替。

二、不同学者对心理咨询人员的条件的阐述

1. 张小乔教授在《心理咨询的理论与操作》一书中提出，咨询人员必须具备精湛的业务能力、高尚的职业道德和健康的心理素质，才能承担心理咨询师神圣使命。

心理咨询是一项重要而又复杂的工作。咨询人员面对的是在心灵上需要帮助的人。人们前来咨询是为了能调整好自己的心态，更有效地学习和工作，更积极地面对生活中的各种问题，从而提高生活质量，充实而愉快地生活。咨询人员的任务就是要提高他们的这种能力。因而，咨询人员的责任是重要而又艰巨的。什么人能承担这种任务呢？是合格的心理咨询人员。他们必须具备以下的条件：

（1）精湛的业务能力。心理咨询是一门专业，它有自己的理论、方法与技术。从事心理咨询工作的人，必须经过专门的培养与训练，取得合格证书后方能上岗工作。咨询人员必须潜心钻研心理咨询的理论，掌握心理咨询的方法和技术，同时要积极参加心理咨询的实践活动，不断提高自己的业务水平，才能成为一名合格的咨询人员。

第一，掌握心理咨询的专业理论。心理咨询工作在国际上已有半个多世纪的历史，积累了不少经验，并进行了专业理论研究，形成了咨询心理学这一心理学分支学科。学校心理咨询与心理健康教育，在亚洲一些地区称为心理辅导，我国香港、台湾地区的心理学对辅导与心理治疗问题进行了不少研究，并出版了有关的学术著作。我国内地的心理咨询起步于20世纪80年代，此项工作在高校尤为活跃。结合心理咨询的实践，学者们进行了心理咨询治疗与心理健康教育方面的理论研究，有关的理论著作也陆续问世。咨询心理学的研究在我国已有了一定的基础。设有心理学系的高校曾组织了系统的培训工作，为心理咨询培养了专业人才。这些都为心理咨询人员提高自身的业务水平提供了条件。

心理咨询与心理治疗、心理测验是不可分割的。心理咨询人员应有扎实的心理学理论功底，对于普通心理学、人格心理学、教育心理学、医学心理学、心理测量学等学科的基本知识都应掌握，才能将咨询辅导工作建立在科学理论指导的基础之上。

第二，发展多方面的知识结构。在心理咨询过程中会遇到多方面的问题。如青年的人生观、世界观、价值观问题，人际关系问题，人格发展与社会适应问题，青年学生的专业思想和学习方法问题，青春期生理、心理问题，恋爱婚姻问题，等等。这就需要咨询人员有全面的知识结构。心理咨询人员不仅要有心理学专业知识，同时还要以辩证唯物主义和历史唯物主义的世界观和方法论作为思想指导，坚决抵制一切违背科学的迷信思想的侵袭。此外还应有教育学、社会学以及基础医学方面的知识。只有从多方面发展自己的知识结构，才有条件给来询者以正确的启发、教育和指导。

第三，积极参加心理咨询的实践活动。实践出真知，在心理咨询中可能遇到各种不同心态的来询者，遇到种种事先意想不到的问题。要丰富自己的心理咨询经验，提高业务能力，除了向书本学习以外，还要向实践学习。在咨询实践中总结经验，学习和发展前人的理论，提高分析问题、解决问题的能力，形成自己的独特风格。

（2）高尚的职业道德。心理咨询所遵循的基本模式是教育和医疗，因而心理咨询人员应兼有师德和医德两方面的品格。

第一，热爱咨询事业，有助人为乐的高尚品格。心理咨询是一项助人的工作，从事这项工作需要付出时间和精力，需要有对来询者的理解、同情、关怀及耐心。来询者一般是在心理不痛快的时候，遇到麻烦的时候才来找咨询人员，咨询人员需要耐心地倾听他的诉说，分担他的忧愁和烦恼，需要有一颗乐于助人的爱心。在一些发达国家，心理医生的收入颇丰，但在我国这项工作还没有完全被社会认可和接受，有时还要作出无偿的奉献。以营利为目标的人，很难通过这项工作达到目的。高校心理咨询面对的是在学校接受教育的青年，他们是祖国和社会的希望，他们的身心发展关系着国家的前途和命运。因此，在高校从事心理咨询工作的人，要以强烈的社会责任感和满腔的热情对待来询青年，为他们的健康成长倾注自己的心血。

第二，保护来询者的切身利益，尊重他们的人格和意愿。咨询人员要以自己的态度和行为，使来询者确信他们的自我暴露不会使你感到震惊，而且保密是绝对的。尊重隐私、保守秘密是保护来询者利益的重要内容。绝不能拿来询者所谈的隐私与咨访关系以外的人随意议论取乐，这是咨询人员的起码道德。

对待来询者要一视同仁，不管他们的性格气质如何，是否有生理缺陷或某种怪癖，都不得歧视和嫌弃，而要以诚相见、平等待人，尊重来询者的人格。咨询人员要善于倾听来询者的意见，了解他们的需求，在可能的情况下尽量满足他们的合理需要。如遇到对咨询人员的分析与治疗意见不一致的情况，也要耐心劝告，顺其自然，尊重来询者的意愿，不可强令执行。要维护来询者对其生命和健康的自主权利。

第三，咨询人员不得在咨访关系中寻求个人需要的满足。心理咨询是帮助来询者摆脱精神上的烦恼和困惑，咨询人员绝不允许在咨访关系中寻求自身在爱憎、依恋、欲求等方面的需求和满足。心理咨询是在利他的意义上给人以帮助，在来询者的感情纠葛中，自己是局外人。咨询人员不能把个人的情绪带进咨访过程，不能向来询者宣泄自己的烦恼和不幸，也不得对来询者在情感上寄托爱憎和依恋，他对来询者的关怀和帮助是无私的，不求回报的。此外，咨询人员亦不应向来询者索求物质回报。即便是来询者自愿奉送，亦应谢绝。在正规的咨询机构中，如实行收费，也只能严格遵守规定，不能在规定之外另收金钱或物质馈赠。

第四，以良好的伦理道德观念指导来询者。排除心理障碍，恢复心理平衡是心理咨询的重要任务之一。但恢复心理平衡不能以损害他人利益为代价，也不能在咨询过程中通过对他人的贬低、诽谤来达到发泄自己怨气的目的。在帮助来询者克服心理障碍的时候，应以良好的伦理道德观念加以引导。这对帮助来询者品德和人格的健全发展有重要意义。

（3）健康的心理素质。咨询人员本身，应当是心理健康的人。因为咨询人员的心理健康对来询者的理解和技术指导方面起着支撑作用。咨询人员的心理健康水平越好，在咨访关系中所能提供的帮助也就越大。相反，如果咨询人员本身的心理不健康，他们扭曲的价值观和刁钻古怪的心态就会造成咨询中的混乱、冲突，甚至可能诱发出来询者的某些病症。胜任工作的咨询人员应当具有下列心理品质：

第一，人格与心态是积极健康的。心理健康的人在精神上是积极向上的。胜任工作的咨询人员在咨访关系以外的工作和生活中是奋进、乐观和充满生机的。这种人能把他们热爱生活的乐观心态带进咨询工作，他们在进行咨询时，一方面能使心灰意懒的人重新唤起生活的勇气；而另一方面又不耗尽自己的能量。他们不会把咨询工作看作是一种负担，因而能给咨询工作带来热情和活力。心理咨询人员，不仅要以高超的技术治愈人们的心灵创伤，还要以自己高尚健全的人格力量给来询者以积极的感染和影响。

第二，善解人意，能建立和谐的人际关系。心理健康的人能从客观实际出发去理解他人，能同各种不同气质、不同性格的人交往，能体谅人们的处境和困难并恰当地给予同情、支持和帮助。常言说，"智者知人"。理解别人是一个人智慧之所在，同时也和他自身具有宽广的胸怀分不开。试想，一个心胸狭窄处处苛求别人的人，怎么能有良好的人际关系呢？心理咨询工作是和人打交道，并且要在处好人际关系的问题上给人以指导，每一次面谈都是一堂紧张的行为辅导课，如果咨询人员自身心理健康欠缺、人际关系紧张，那他又怎么能给予来询者以正确的指导呢？

第三，情绪稳定，没有明显的心理障碍。每个人都有喜怒哀乐、七情六欲，咨询人员也和正常人一样有自己的欢乐和忧伤。但是，他们善于排遣，有较高的挫折承受能力。他们在咨询工作中避而不谈自己过去和目前所遇到的个人问题，不背负沉重的精神负担来会见来询者。他们自己爱憎、喜怒、欲求等方面需要的满足是在咨访关系以外进行的。他们自身不能有明显的心理疾病，他们同情来询者，但又不使这种同情陷得太深，在整个咨询过程中，他们始终保持自己的头脑冷静和心理上的独立性。

第四，头脑敏锐、感情真挚，有良好的心理素质。敏锐的头脑可以使咨询人员在咨询过程中通过来询者的言语和表情洞察他们的内心世界，从细微的表现中发现一般人不易发现或容易忽略的东西。有的来询者对心理咨询的性质、原则等问题了解不多，所以开始阶段很容易兜圈子，谈些枝节的问题，而对自己的真正问题有所掩饰。敏锐的咨询者能及时发现问题，将谈话引向深入。

一个好的咨询人员，其感情必须是深沉、真挚的。咨询人员与来询者的谈话，应当是坦率的、认真的和真诚的。只有真诚，才能缩短人与人之间的距离，使来询者产生信赖感，从而毫无保留地敞开自己的心扉。咨询人员的情绪应当是轻松、愉快、自信和富于幽默感的，这样才能缓解来询者的紧张情绪，在宽松的环境中讲述自己的问题。

咨询人员良好的心理素质，还表现在他们高度集中的注意力、良好的记忆力、流畅的言语表达能力和处理各种意外事件的应变能力。此外，还需要有足够的耐心、灵活和机敏。

总之，一个能胜任工作的咨询人员，其优良品质是多方面的。他是一个有高尚道德品质、丰富专业知识和具有健康心理素质的人。

2. 张日升教授在《咨询心理学》一书中提出，作为一名优秀心理咨询者，需具备以下素质特征：

（1）心理反应敏感。出色的咨询者，对他人的心理活动特别敏感。无论是语言的还是非语言的（如表情、动作、服饰、发型、肌肉抽动、眼睛等）都反映了一个人的心理活动。对此，咨询者应从整体上予以观察并作出敏感的反应。

心理咨询是咨访双方所构成的一种特殊的人际关系，这一关系过程是通过咨访双方的相互作用最终得以实现的。既然是相互作用，当然除对对方的心理作出敏感反应之外，对自己的心理也总是特别敏感。不仅如此，对于由自己的心理影响所造成的对方心理的活动、变化，也应该敏感地作出反应。可以说，对人际关系敏感本身，是咨询者所需具备的重要的素质和特性。

（2）能认真倾听。对于因为与己有关的重要问题所烦恼、焦躁不安而出现在心理咨询室的来访者来说，能够有人认真倾听，本身就是一种莫大的欣慰和信赖，这将成为他（她）生活的动力和支柱。

"认真倾听"说起来很简单，可做起来就绝非易事，也不是一朝一夕可以学会的。例如有来访者来到咨询室，因为心理重负而不知所措并处于极度的不安之中。咨询者认真、耐心地倾听来访者的诉说，并加以适当的应答，如简单的复述、首肯和插话，就可以帮助来访者理出问题的头绪，从而感到如释重负，获得一种安慰。

（3）人格要求。心理咨询人员除必须具备以上所述作为优秀的咨询者所应具备的素质特性之外，还需要有良好的人格品质，满足一些具体的要求。

第一，情绪稳定。咨询师应该具有能够解决自己个人问题的能力，能自我接纳、自我调节，自我防卫机制不能过强。

第二，健全的、乐观的人生观。咨询人员无论遇到什么困难，都应该能积极地、开朗地对待生活，只有这种人才能相信来访者自身的力量，才能承担起帮助来访者解决问题的责任。

第三，民主的人际关系。咨询人员对人际关系应该有深刻的理解，尊重他人的价值、生活方式，无论何时都信任他人。

第四，真诚地关心来访者。咨询人员应该理解来访者，热情地关心他们、爱护他们，真心愿意提供帮助。这样才能得到来访者的信任，使来访者有安全感，感到放心。

第五，不断地改善自我。咨询人员应该有自知之明，了解自己的长处和短处，不断地提高、改善自我。谦虚、正直、诚实、坦荡，不断进取，不断拓宽自己的知识面，提高教养水平，永不停滞，永不满足。

第六，为理解人的本质而不懈努力。咨询人员应该不断地去探索人的本质。理解人的本质是一种难事，也许一生的探索和努力也达不到完全理解的程度。咨询是一种新的人际关系的建立、新的人性体验的过程。这就要求咨询人员不断扩展自己有限的对人的认识，努力探究人的本质。

第七，与人协作配合的能力。咨询人员应该善于与他人建立良好的合作关系，这不仅是咨询过程必需的基本能力，而且也是开展咨询活动必不可少的能力。因为咨询者常常需要和其他人员相配合才能有效地解决问题，优越感和自卑感对于咨询人员应承担责任的完成是不利的。

第八，亲切、和蔼、平易近人。咨询人员应该是这样一种人，无论谁都觉得他容易接近，都感到他诚实、可亲、可敬、宽容。

3. 心理咨询师的基本素质要求。国家劳动和社会保障制定的《心理咨询师国家职业标准》要求心理咨询师必须具有下述几项基本素质：

（1）道德素质。各国对职业心理咨询师都规定了相应的道德规范，如美国咨询与发展协会（AACD）的会员伦理守则（1981），日本临床心理会的伦理纲领（1990），中国心理咨询师国家职业标准中的职业道德要求（2001）等。心理咨询师的道德要求非常重要，因为心理咨询对象大多是受害者，处于心理弱势。倘若咨询者不遵守道德规范，受害者不仅不会得到适当的帮助和解脱，而且还可能受到更大的利益损伤。

心理咨询师的道德规范要求咨询师做到：①保护受害者的利益。在大多数情况下，咨询师都应在理智和情感上采取"求助者利益优先"的原则。②为求助者保密。除非事先得到求助者的书面许可，咨询师不能泄露求助者的资料。③满足求助者知情选择权。咨询师开始时就应该讨论咨询目标和程序，咨询师的资格和实践经验，提供其他自助小组等资源。

（2）自我反省能力。没有一个人是完美无瑕、不曾受到过心理创伤的，心理咨询师也是如此。咨询师必须要了解自己的创伤，以及这些创伤对自己潜在的影响。比如由于过分的自我保护，而不愿意与求助者分享；由于情绪的波动，而将咨询当作宣泄自己情绪的场所；由于自己的"脆弱"，而将咨询成为自我肯定的过程；由于求助者对自己的"阻抗"，而忽视求助者的情感表达，采取疏远和冷漠行为，或者变得傲慢、强加于人，等等。

总之，面对心理弱势而敏感的求助者，心理咨询师必须能够把握住自己。自我反省能力要经过较长时间的专业训练，包括反复被有经验的咨询者进行心理督导。非心理咨询专业的咨询者，如政工干部、危机志愿者等，是很难达到此一能力"境界"的。

（3）诚实品质。咨询师要摆正自己的位置，保持诚实的态度。"言行不一"是职业咨询师之大忌。他们不仅要在咨询中诚实，在日常生活中也要做到诚实，保持情感体验和情感表达的和谐一致，努力做到所感与所言、所行与所为的和谐一致；要能够真诚地袒露自我内心想法，允许他人了解自己，言语与非言语表达不刻板拘束，不被理论或技能的原则和条条框框所束缚。

三、中国心理学会临床与咨询心理学工作伦理守则

中国心理学会（以下简称"本学会"）制定的临床与咨询工作伦理守则（以下简称"本守则"），是本学会根据中华人民共和国民政部《社会团体登记管理条例》和其他国家相关法律、法规，授权中国心理学会临床与咨询心理学专业机构与专业人员注册标准制定工作组（以下简称"制定工作组"）在广泛征集有关专业人士的意见后制定的。制定本守则的目的是让心理师、寻求专业服务者以及广大民众了解心理治疗与心理咨询工作专业伦理的核心理念和专业责任，并借此保证和提升心理治疗与心理咨询专业服务的水准，保障寻求专业服务者和心理师的权益，增进民众的心理健康、幸福和安宁，促进和谐社会的发展。本守则亦作为本学会临床与咨询心理学注册心理师的专业伦理规范以及本学会处理有关临床与咨询心理学专业伦理申诉的主要依据和工作基础。

1. 总则。

（1）善行：心理师的工作目的是使寻求专业服务者从其提供的专业服务中获益。心理师应保障寻求专业服务者的权利，努力使其得到适当的服务并避免伤害。

（2）责任：心理师在工作中应保持其专业服务的最高水准，对自己的行为承担责任。认清自己专业的伦理及法律的责任，维护专业信誉。

（3）诚信：心理师在临床实践活动、研究和教学工作中，应努力保持其行为的诚实性和真实性。

（4）公正：心理师应公平、公正地对待自己的专业工作及其他人员。心理师应采取谨慎的态度防止自己潜在的偏见、能力局限、技术的限制等导致的不适当行为。

（5）尊重：心理师应尊重每一个人，尊重个人的隐私权、保密性和自我决定的权利。

2. 专业关系。

（1）心理师应尊重寻求专业服务者，按照专业的伦理规范与寻求专业服务者建立良好的专业工作关系，这种工作关系应以促进寻求服务者的成长和发展，从而增进其自身的利益和福祉为目的。

（2）心理师不得因寻求专业服务者的年龄、性别、种族、性取向、宗教和政治信仰、文化、身体状况、社会经济状况等任何方面的因素歧视对方。

（3）心理师应尊重寻求专业服务者的知情同意权。在临床服务工作开始时

和工作过程中，心理师应首先让对方了解专业服务工作的目的、专业关系、相关技术、工作过程、专业工作可能的局限性、工作中可能涉及的第三方的权益、隐私权、可能的危害以及专业服务可能带来的利益等相关信息。

（4）心理师应依照当地政府要求或本单位的规定恰当收取专业服务的费用。心理师在进入专业性工作关系之前，要对寻求专业服务者清楚地介绍和解释其服务收费的情况。不允许心理师以收受实物、获得劳务服务或其他方式作为其专业服务的回报，因为它们有引起冲突、剥削、破坏专业关系等潜在的危险。

（5）心理师要明了自己对寻求专业帮助者的影响力，尽可能防止损害信任和引起依赖的情况发生。

（6）心理师应尊重寻求专业帮助者的价值观，不代替对方作出重要决定，或强制其接受自己的价值观。

（7）心理师应清楚地认识自身所处位置对寻求专业服务者的潜在影响，不得利用对方对自己的信任或依赖利用对方，或者借此为自己或第三方谋取利益。

（8）心理师要清楚地了解双重关系（例如与寻求专业帮助者发展家庭的、社交的、经济的、商业的或者亲密的个人关系）对专业判断力的不利影响及其伤害对寻求专业服务者的潜在危险性，避免与寻求专业服务者发生双重关系。在双重关系不可避免时，应采取一些专业上的预防措施，例如签署正式的知情同意书、寻求专业督导、做好相关文件的记录，以确保双重关系不会损害自己的判断并且不会对寻求专业帮助者造成危害。

（9）心理师不得与当前寻求专业服务者发生任何形式的性和亲密关系，也不得给有过性和亲密关系的人做心理咨询或治疗。一旦业已建立的专业关系超越了专业界限（例如发展了性关系或恋爱关系），应立即终止专业关系并采取适当措施（例如寻求督导或同行的建议）。

（10）心理师在与某个寻求专业服务者结束心理咨询或治疗关系后，至少3年内不得与该寻求专业服务者发生任何亲密或性关系。在3年后如果发生此类关系，要仔细考察关系的性质，确保此关系不存在任何剥削的可能性，同时要有合法的书面记录备案。

（11）心理师在进行心理咨询与治疗工作中不得随意中断工作。在心理师出差、休假或临时离开工作地点外出时，要对已经开始的心理咨询或治疗工作进行适当的安排。

（12）心理师认为自己已不适合对某个寻求专业服务者进行工作时，应向对方明确说明，并本着为对方负责的态度将其转介给另一位合适的心理师或医师。

（13）在专业工作中，心理师应相互了解和相互尊重，应与同行建立一种积极合作的工作关系，以提高对寻求专业服务者的服务水平。

（14）心理师应尊重其他专业人员，应与相关专业人员建立一种积极合作的工作关系，以提高对寻求专业服务者的服务水平。

3. 隐私权与保密性。心理师有责任保护寻求专业服务者的隐私权，同时认识到隐私权在内容和范围上受到国家法律和专业伦理规范的保护和约束。

（1）心理师在心理咨询与治疗工作中，有责任向寻求专业服务者说明工作的保密原则，以及这一原则应用的限度。在家庭治疗、团体咨询或治疗开始时，应首先在咨询或治疗团体中确立保密原则。

（2）心理师应清楚地了解保密原则的应用有其限度，下列情况为保密原则的例外：①心理师发现寻求专业服务者有伤害自身或伤害他人的严重危险时；②寻求专业服务者有致命的传染性疾病等且可能危及他人时；③未成年人在受到性侵犯或虐待时；④法律规定需要披露时。

（3）在遇到（2）中的①、②和③的情况时，心理师有向对方合法监护人或可确认的第三者预警的责任；在遇到（2）中④的情况时，心理师有遵循法律规定的义务，但须要求法庭及相关人员出示合法的书面要求，并要求法庭及相关人员确保此种披露不会对临床专业关系带来直接损害或潜在危害。

（4）心理师只有在得到寻求专业服务者书面同意的情况下，才能对心理咨询或治疗过程进行录音、录像或演示。

（5）心理师专业服务工作的有关信息包括个案记录、测验资料、信件、录音、录像和其他资料，均属于专业信息，应在严格保密的情况下进行保存，仅经过授权的心理师可以接触这类资料。

（6）心理师因专业工作需要对心理咨询或治疗的案例进行讨论，或采用案例进行教学、科研、写作等工作时，应隐去那些可能会据此辨认出寻求专业服务者的有关信息（得到寻求专业服务者书面许可的情况例外）。

（7）心理师在演示寻求专业服务者的录音或录像，或发表其完整的案例前，需得到对方的书面同意。

4. 职业责任。心理师应遵守国家的法律法规，遵守专业伦理规范。同时，努力以开放、诚实和准确的沟通方式进行工作。心理师所从事的专业工作应基于科学的研究和发现，在专业界限和个人能力范围之内，以负责任的态度进行工作。心理师应不断更新并发展专业知识、积极参与自我保健的活动，促进个人在生理上、社会适应上和心理上的健康以更好地满足专业责任的需要。

（1）心理师应在自己专业能力范围内，根据自己所接受的教育、培训和督导的经历和工作经验，为不同人群提供适宜而有效的专业服务。

（2）心理师应充分认识到继续教育的意义，在专业工作领域内保持对当前学科和专业信息的了解，保持对所用技能的掌握和对新知识的开放态度。

（3）心理师应保持对自身职业能力的关注，在必要时采取适当步骤寻求专业督导的帮助。在缺乏专业督导时，应尽量寻求同行的专业帮助。

（4）心理师应关注自我保健，当意识到个人的生理或心理问题可能会对寻求专业服务者造成伤害时，应寻求督导或其他专业人员的帮助。心理师应警惕自己的问题对服务对象造成伤害的可能性，必要时应限制、中断或终止临床专业服务。

（5）心理师在工作中需要介绍自己情况时，应实事求是地说明自己的专业资历、学位、专业资格证书等情况，在需要进行广告宣传或描述其服务内容时，应以确切的方式表述其专业资格。心理师不得贬低其他专业人员，不得以虚假、误导、欺瞒的方式对自己或自己的工作部门进行宣传，更不能进行诈骗。

（6）心理师不得利用专业地位获取私利，如个人或所属家庭成员的利益、性利益、不平等交易财物和服务等。也不得利用心理咨询与治疗、教学、培训、督导的关系为自己获取合理报酬之外的私利。

（7）当心理师需要向第三方（例如法庭、保险公司等）报告自己的专业工作时，应采取诚实、客观的态度准确地描述自己的工作。

（8）当心理师通过公众媒体（如讲座、演示、电台、电视、报纸、印刷物品、网络等）从事专业活动，或以专业身份提供劝导和评论时，应注意自己的言论要基于恰当的专业文献和实践，尊重事实，注意自己的言行应遵循专业伦理规范。

5. 心理测量与评估。心理师应正确理解心理测量与评估手段在临床服务工作中的意义和作用，并恰当使用。心理师在使用心理测量与评估过程中应考虑被测量者或被评估者的个人和文化背景。心理师应通过发展和使用恰当的教育、心理和职业测量工具来促进寻求专业服务者的福祉。

（1）心理测量与评估的目的在于促进寻求专业服务者的福祉，心理师不得滥用测量或评估手段以牟利。

（2）心理师应在接受过心理测量的相关培训，对某特定测量和评估方法有适当的专业知识和技能之后，方可实施该测量或评估工作。

（3）心理师应尊重寻求专业服务者对测量与评估结果进行了解和获得解释的权利，在实施测量或评估之后，应对测量或评估结果给予准确、客观、可以被对方理解的解释，努力避免其对测量或评估结果的误解。

（4）心理师在利用某测验或使用测量工具进行记分、解释时，或使用评估技术、访谈或其他测量工具时，须采用已经建立并证实了信度、效度的测量工具，如果没有可靠的信、效度数据，需要对测验结果及解释的说服力和局限性作出说明。心理师不能仅仅依据心理测量的结果作出心理诊断。

（5）心理师有责任维护心理测验材料（指测验手册、测量工具、协议和测验项目）和其他测量工具的完整性和安全性，不得向非专业人员泄漏相关测验的内容。

（6）心理师应运用科学程序与专业知识进行测验的编制、标准化、信度和效度检验，力求避免偏差，并提供完善的使用说明。

6. 教学、培训和督导。心理师应努力发展有意义的和值得尊重的专业关系，对教学、培训和督导持真诚、认真、负责的态度。

（1）心理师从事教学、培训和督导工作的目的是：促进学生、被培训者或被督导者的个人及专业的成长和发展，以增进其福祉。

（2）从事教学、培训和督导工作的心理师应熟悉本专业的伦理规范，并提醒学生及被督导者注意自己应负的专业伦理责任。

（3）负责教学及培训的心理师应在课程设置和计划上采取适当的措施，确保教学及培训能够提供适当的知识和实践训练，满足教学目标的要求或颁发合格证书等的要求。

（4）担任督导师的心理师应向被督导者说明督导的目的、过程、评估方式及标准。告知督导过程中出现紧急情况、中断、终止督导关系等情况的处理方法。注意在督导过程中给予被督导者定期的反馈，避免因督导疏忽而出现被督导者伤害寻求专业服务者的情况。

（5）任培训师、督导师的心理师对其培训的学生、被督导者进行专业能力评估时，应采取实事求是的态度，诚实、公平而公正地给出评估意见。

（6）担任培训师、督导师的心理师应清楚地界定与自己的学生及被督导者的专业及伦理关系，不得与学生或被督导者卷入心理咨询或治疗关系，不得与其发生亲密关系或性关系。不得与有亲属关系或亲密关系的专业人员建立督导关系或心理咨询及治疗关系。

（7）担任培训师、督导师的心理师应对自己与被督导者（或学生）的关系中存在的优势有清楚的认识，不得以工作之便利用对方为自己或第三方谋取私利。

7. 研究和发表。提倡心理师进行专业研究以便对专业学科领域有所贡献，并促进对专业领域中相关现象的了解和改善。心理师在实施研究时应尊重参与者，并且关注参与者的福祉。遵守以人类为研究对象的科学研究规范和伦理准则。

（1）心理师在从事研究工作时若以人作为研究对象，应尊重人的基本权益。遵守伦理、法律、服务机构的相关规定以及人类科学研究的标准。应对研究对象的安全负责，特别注意防范研究对象的权益受到损害。

（2）心理师在从事研究工作时，应事先告知或征求研究对象的知情同意。应向研究对象（或其监护人）说明研究的性质、目的、过程、方法与技术的运用、可能遇到的困扰、保密原则及限制，以及研究者和研究对象双方的权利和义务等。

（3）研究对象有拒绝或退出研究的权利，心理师不得以任何方式强制对方参与研究。只有当确信研究对参与者无害而又必须进行该项研究时，才能使用非自愿参与者。

（4）心理师不得用隐瞒或欺骗手段对待研究对象，除非这种方法对预期的研究结果是必要的，且无其他方法可以代替，但事后必须向研究对象作出适当的说明。

（5）当干预或实验研究需要控制组或对照组时，在研究结束后，应对控制组或对照组成员给予适当的处理。

（6）心理师在撰写研究报告时，应将研究设计、研究过程、研究结果及研究的局限性等作客观和准确的说明和讨论，不得采用虚假不实的信息或资料，不得隐瞒与自己研究预期或理论观点不一致的结果，对研究结果的讨论应避免偏见或成见。

（7）心理师在撰写研究报告时，应注意为研究对象的身份保密（除非得到研究对象的书面授权），同时注意对相关研究资料予以保密并妥善保管。

（8）心理师在发表论文或著作时不能剽窃他人的成果。心理师在发表论文或著作中引用其他研究者或作者的言论或资料时，应注明原著者及资料的来源。

（9）当研究工作由心理师与其他同事或同行一起完成时，发表论文或著作应以适当的方式注明其他作者，不得以自己个人的名义发表或出版。对所发表的研究论文或著作有特殊贡献者，应以适当的方式给予郑重而明确的声明。若所发表的文章或著作的主要内容来自于学生的研究报告或论文，该学生应列为主要作者之一。

8. 伦理问题处理。心理师在专业工作中应遵守有关法律和伦理。心理师应努力解决伦理困境，和相关人员进行直接而开放的沟通，在必要时向同行及督导寻求建议或帮助。心理师应将伦理规范整合到他们的日常专业工作之中。

（1）心理师可以从本学会、有关认证或注册机构获得本学会的伦理规范，缺乏相关知识或对伦理条款有误解都不能成为违反伦理规范的辩解理由。

（2）心理师一旦觉察到自己在工作中有失职行为或对职责存在着误解，应采取合理的措施加以改正。

（3）如果本学会的专业伦理规范与法律法规之间存在冲突，心理师必须让他人了解自己的行为是符合专业伦理的，并努力解决冲突。如果这种冲突无法解决，心理师应该以法律和法规作为其行动指南。

（4）如果心理师所在机构的要求与本学会的伦理规范有矛盾之处，心理师需要澄清矛盾的实质，表明自己具有按照专业伦理规范行事的责任。应在坚持伦理规范的前提下，合理地解决伦理规范与机构要求的冲突。

（5）心理师若发现同行或同事违反了伦理规范，应予以规劝。若规劝无效，应通过适当渠道反映其问题。如果对方违反伦理的行为非常明显，而且已经造成严重危害，或违反伦理的行为无合适的非正式的途径解决，或根本无法解决，心理师应当向本学会的伦理工作组或其他适合的权威机构举报，以维护行业声誉，保护寻求专业服务者的权益。如果心理师不能确定某种特定情形或特定的行为是否违反伦理规范，可向本学会的伦理工作组或其他合适的权威机构寻求建议。

（6）心理师有责任配合本学会的伦理工作组对可能违反伦理规范的行为进行调查和采取行动。心理师应熟悉对违反伦理规范的处理进行申诉的相关程序和规定。

（7）本伦理规范反对以不公正的态度或报复的方式提出有关伦理问题的申诉。

（8）本学会设有伦理工作组，以贯彻执行伦理守则，接受伦理问题的申诉，提供与本伦理守则有关的解释，并处理违反专业伦理守则的案例。

9. 附：本守则所包含的专业名词定义。

（1）临床心理学（clinical psychology）：是心理学的分支学科之一，它既提供心理学知识，也运用这些知识去理解和促进个体或群体的心理健康、身体健康和社会适应。临床心理学更注重对个体和群体心理问题的研究，以及严重心理障碍的治疗。

（2）咨询心理学（counseling psychology）：是心理学的分支学科之一，它运用心理学的知识去理解和促进个体或群体的心理健康、身体健康和社会适应。咨询心理学更关注个体日常生活中的一般性问题，以增进个体良好的适应和应对。

（3）心理师（clinical and counseling Psychologist）：指系统学习过临床或咨

询心理学的专业知识、接受过系统的心理治疗与咨询专业技能培训和实践督导，正在从事心理咨询和心理治疗工作，且达到中国心理学会关于心理师的有关注册条件要求，并在中国心理学会有效注册，这些专业人员在本守则中统称为心理师。心理师包括临床心理师（Clinical Psychologist）和咨询心理师（Counseling Psychologist）。对临床心理师或咨询心理师的界定依赖于申请者所接受的学位培养方案中的名称界定。

（4）寻求专业服务者：即来访者（client）或心理障碍患者（patient），或其他需要心理咨询或心理治疗专业服务的求助者。

（5）督导师（supervisor）：指正在从事临床与咨询心理学相关教学、培训、督导等心理师培养工作，且达到中国心理学会关于督导师的有关注册条件要求，并在中国心理学会有效注册的资深心理师。

（6）心理咨询（counseling）：指在良好的咨询关系基础上，由经过专业训练的心理师运用咨询心理学的有关理论和技术，对有一般心理问题的求助者进行帮助的过程，以消除或缓解求助者的心理问题，促进其个体的良好适应和协调发展。

（7）心理治疗（psychotherapy）：指在良好的治疗关系基础上，由经过专业训练的心理师运用临床心理学的有关理论和技术，对心理障碍患者进行帮助的过程，以消除或缓解患者的心理障碍或问题，促进其人格向健康、协调的方向发展。

（8）剥削（exploitation）：在本守则中指个体或团体在违背他人意愿或不知情的情况下，无偿占有他人的劳动成果，或不当利用他人所拥有的各种物质的、经济的和心理上的资源谋取各种形式的利益或得到心理满足。

（9）福祉（welfare）：在本守则中指寻求专业服务者的健康、心理成长和幸福。

（10）双重关系（dual relationships）：指心理师与寻求专业服务者之间除治疗关系之外，还存在或发展出其他具有利益和亲密情感等特点的人际关系的状况，称为双重关系。如果除专业关系以外，还存在两种或两种以上的社会关系，就称为多重关系（multiplerelationships）。

示例

对调监引发服刑人员焦虑情绪的咨询

一、一般资料

来访者赵某，男，27 岁，小学文化程度，二次犯罪，系累犯，未婚，自幼在农村长大，与家人关系尚好，父亲工人，母亲务农，家中收入较少，经济紧张，兄弟三人均未接受很好的学校教育，失学后帮助家人做一些农活儿，由于长期无合适职业，沾染赌博恶习后铤而走险，1998 年犯抢劫罪，判有期徒刑 3 年，在 Z 监狱服刑改造。出狱后，有一年半从业经历，后因对工作不满意，流落社会，2004 年再次因抢劫、诈骗罪被判处有期徒刑 15 年，同年被分配到 X 监狱服刑改造，后因监狱布局调整，该监狱编制被撤销，该服刑人员被调到 Y 监狱。现在 Y 监狱服刑改造。本人无重大躯体疾病史，家族无精神病史。

心理测验结果：

1. EPQ：E45；P50；N60；L50；显示该求助者 N 分较高，情绪稳定性稍差，其余性格特征不明显。

2. SCL - 90：躯体化 1.67；强迫症状 1.2；人际敏感 1.33；抑郁 1.77；焦虑 2.5；敌对 2.17；恐怖 1.6；偏执 1.5；精神病性 1.9；其他 2.57；总分 165；阳性项目数 43 个。

焦虑、敌对、其他因子分高于常模。

3. SAS：标准分 76 分，为重度焦虑。

二、主诉与个人陈述

1. 主诉。半个月前，从 X 监狱调到现在 Y 监狱服刑改造，自调监以来，感到自己在心理上发生了一些变化，一想到漫长的刑期和家里的一些事情，自己就感到心烦意乱，晚上睡不好觉，白天身体倦乏，一着急就出冷汗，平时不想吃饭，有时有抑制不住的冲动，想要动怒发火，动手伤人，但基本能克制。

2. 个人陈述。第二次入狱前，家人正在为自己准备婚事，结婚的日子都已经定了，就在这时，自己被捕入狱，感到对不起家人。后被分配到 X 监狱改造，在那里改造的两年多时间里，自己逐步地适应了那里的改造环境。今年调到 Y 监狱，虽然自己也知道是统一的安排，但内心还是说不出来的心烦意乱，一个人时经常胡思乱想，家中父母年龄大了，自己也帮不上忙，好好的一个家，未婚妻也跑了，刑期 15 年，等到出去了自己年龄也大了，还没有成家，也不知该如何去生存。在现实改造中，本来自己已经是一个老犯人了，可是在新的环境下，面对新的人群，还得要从头开始，接下来监狱还要统一安排到井下从事煤矿生产劳动，自己身体也比较单薄，在安排生产时，不知领导能否给予一定的照顾，减刑也可能会受到影响，越想越多，越想越麻烦。有时自己也想努力克制，不去多考虑它，可就是心静不下来，不能安心改造。

三、咨询师观察及他人反映

咨询师观察到求助者进入咨询室时，神色紧张，行为拘谨，面容略显倦乏，在经过一段会谈后，神情逐步放松。

据直管民警反映，调监后一段时间话少，干什么事情都心不在焉。

据同监房服刑人员反映，近一段时间情绪不好，有时易激惹，但大家在一起相处还能彼此接纳。

四、评估与诊断

根据对来访者赵某临床资料的收集，综合其相关因素，家庭中无精神病史，本人无重大疾病史，本人对症状自知，有主动求医行为，主观世界与客观世界相统一，无幻觉、妄想等症状，知、情、意等心理活动内在协调一致，人格相对稳定，可排除赵某有重性精神病。

根据赵某的症状结合心理测验的结果，可诊断为焦虑情绪。从病程时间上来看，是近期发生的，只有半个月；从引发因素来看，其内心的冲突是由调监这一事件直接引起的，由于环境调整后，自己在原有监狱的既得利益受到一定的影响，从而引发了一系列的负性情绪，产生了一种广泛性的焦虑，其问题的产生与现实处境直接相关，且带有明显的道德性质，属于心理冲突的常形；从内容上来看，虽然有一定的泛化倾向，但考虑到其身处监禁环境的特殊情况，以及犯罪亚文化的影响，再加上犯罪给自己和家人所带来的长久的痛苦，在一定情况下也是可以理解的。从情绪反应上来看，负性情绪虽然表现较强烈，但求助者尚能理智控制；从社会功能上来看，虽然效率已经下降，但未受到太大的影响；据此，可初步判断符合一般心理问题的诊断，但如不能及时化解，将有可能使问题升级。

五、咨询目标的确定

根据以上的评估与诊断，经与求助者协商，初步确定如下咨询目标：

1. 具体目标与近期目标。

（1）帮助求助者接受调监的事实，降低情绪反应及紧张度，改善饮食及睡眠状况；

（2）帮助求助者理清思路，明确今后改造中的取舍。

2. 最终目标与长期目标：完善求助者的个性，消除犯罪亚文化的影响，增强其社会适应能力。

六、咨询方案的制定

（一）主要咨询方法与适用原理：认知疗法

认知疗法是认知行为疗法的一种。该疗法认为错误的认知和观念是导致情绪和行为问题的根源。从而强调改变认知，进而产生情感与行为方面的改变。该疗法在操作过程中，要求咨询师扮演好诊断者和教育者的双重角色，一方面要对求助者的问题及其背后的认知过程要有全面的认识，以便于对求助者的问题进行诊断；另一方面又不能简单机械地向求助者灌输某种理论，而应引导求助者对他的问题及认识过程有一定的认识，并安排特定的学习过程来帮助求助者改变其不适应的认知方式。在咨询过程中使用的技术主要包括：确定问题，提问和自我审查技术；检验表层错误观念，建议、演示和模仿；纠正核心错误观念，语义分析技术；进一步改变认知，行为矫正技术；巩固新观念，认知复习。

本案例求助者的心理问题表面上似乎是由于环境调整、调监改造受挫后引起的心理问题，实际上，真正原因可能是来自于深层的价值观冲突，或是来自求助者本身对事情的错误的认知和观念。比如，从表层上来看，求助者可能存在："新犯人来了总是要被老犯人欺生的，而且民警也会另眼看待"，"直管民警换了，以前在 X 监狱打的基础也就白改造了，一切还得要从头开始"等一些"主观推断"、"选择性概括"、"过度概括"，从而使他对服刑事件"夸大和缩小"，对服刑挫折产生"极端思维"反应过分强烈，导致了他的自我挫败感。而从深层上来看，由于求助者长期以来，接受了一种犯罪亚文化的刺激，并由此形成了一系列的歪曲价值形态，以及长期积压下来的负性行为和情绪，在改造受到挫折之后，产生剧烈的心理冲突。因此，运用认知疗法，通过特定的学习过程——"提问和自我审查"，"建议、演示和模仿"，"语义分析"，"行为矫正"，"认知复习"，引导求助者了解他的认识过程及所具有的观念，可以使其意识到自身存在的错误，进而帮助求助者减少或消除情绪困扰及行为障碍，得到心灵上的净化。

（二）双方各自的特定责任、权利与义务

1. 求助者的责任、权利和义务。

第一，责任。向咨询师提供与心理问题有关的真实资料；积极主动地与咨询师一起探索解决问题的方法；完成双方商定的作业。

第二，权利。有权利了解咨询师的受训背景和执业资格；有权利了解咨询的具体方法、过程和原理；有权利选择或更换合适的咨询师；有权利提出转介或中止咨询；对咨询方案的内容有知情权、协商权和选择权。

第三，义务。遵守咨询机构的相关规定；遵守和执行商定好的咨询方案各方面的内容；尊重咨询师，遵守预约时间，如有特殊情况提前告知咨询师。

2. 咨询师的责任、权利和义务。

第一，责任。遵守职业道德，遵守国家有关的法律法规；帮助求助者解决心理问题；严格遵守保密原则，并说明保密例外的情况。

第二，权利。有权利了解与求助者心理问题有关的个人资料；有权利选择合适的求助者；本着对求助者负责的态度，有权利提出转介或中止咨询。

第三，义务。向求助者介绍自己的受训背景，出示营业执照和执业资格等相关证件；遵守咨询机构的有关规定；遵守和执行商定好的咨询方案各方面的内容；尊重求助者，遵守预约时间，如有特殊情况提前告之求助者。

（三）咨询时间与收费

咨询时间：每周 1 次，每次 45 分钟，咨询次数 4~5 次。

咨询收费：职业行为，要求免费。

心理测验：EPQ、SAS，SCL-90。

七、咨询过程

1. 第一阶段：心理评估和诊断阶段。第一次咨询，时间：2007 年 7 月 5 日。

（1）咨询目的：①了解基本情况；②建立良好的咨询关系；③确定主要问题；④探询改变意愿；⑤进行咨询分析。

方法：摄入性会谈、认知疗法、心理测验。

（2）咨询过程：①填写咨询记录表，询问基本情况，介绍咨询中的有关事项与规则；②做心理测验；③摄入性谈话收集临床资料，探询求助者的心理矛盾及改变意愿；④将心理测验结果反馈给求助者，并作出初步问题分析；⑤确定咨询目标；⑥简单介绍认知疗法基本理论；⑦布置咨询作业：运用"建议"的技术，建议求助者回分监区后，就自己关心的话题，至少找直管民警谈一回话，以检验"直管民警换了，以前在 X 监狱打的基础也就白改造了，一切还得要从头开始"的观念。同时告诉求助者，家庭作业是咨询的重要组成部分，对自己的问题，思考检查的越认真，越全面，咨询的进步就会越快。

2. 第二阶段：咨询阶段（一）。第二次咨询，时间：2007 年 7 月 12 日。

（1）咨询目的。进一步通过关注、共情及理解等技术与求助者建立良好的咨询关系，形成合作氛围，在此基础上，运用提问技术引导求助者自我审查，以期发现求助者的深层错误观念，适时采用语义分析等技术纠正其核心错误观念。

(2) 咨询过程。

第一，反馈咨询作业。求助者找分监区指导员谈了话，分监区指导员对他说，环境的调整或多或少总会要对一个服刑人员产生各种各样的影响，有的人可能影响得多一些，有的人可能影响得少一些，在新的环境下改造，如何弥补这一个损失，关键还得要看自己的努力。从以上的谈话来看，证明了自己的看法不是完全没有道理的。不过也有意外收获，分监区指导员，认真询问了以前的改造经历及特长，当得知以前在井下曾开过溜子，并且有一定的技术时，表现出了很大的兴趣，鼓励他在新的改造环境下，要放下包袱，不要总是怀念自己过去的环境，不论在哪里，只要积极改造都是有希望的，并说，调监过来的服刑人员，在民警的心中不会简单地等同于刚入监的新犯，民警会考虑每一位服刑人员改造的延续性的，但是，不论民警还是服刑人员，都需要有一个彼此进一步熟悉和了解的过程，需要有一个考察期。

第二，要求求助者进一步谈此时的感受。求助者表示，自己以前很少主动找民警谈话，一般都是民警找自己谈话，一谈话就是自己有问题了，自己从心里想的只是怎样的去敷衍过去，这回与民警谈话感到还很亲切，是以前没有体验过的，自己的情绪感到有所缓解，不过，情况虽然不似自己以前想的那样的糟，但也可能是指导员是在安慰他，时间一长，还不知道是什么样的呢？所以，心情还是很沉重，今后的改造道路仍旧任重道远。咨询师表示理解与接纳，但没有正面回答。

第三，要求求助者进一步谈"新犯人来了总是要被老犯人欺生的问题"。求助者表示，服刑人员之间的人际关系复杂，相互之间都不信任，你防着我，我防着你，你骗我，我骗你，软的欺，硬的怕，我来之前就想好了，只要有谁敢欺负我，我就证明给他看，我不是好欺负的。当问入监之后有没有人欺负他，或见到他人欺负新人的现象时，求助者表示，暂时还没见到，也没有人欺负他，不过，时间长了就不好说了，以前自己改造过的两个监狱都有，包括他自己对别人也有这种欺生的心理，所以，这是绝对的真理，不需要证明。同时谈到，他对这种人际关系虽然厌恶，但还能适应，大不了我好不了，你也好不了，大家鱼死网破。咨询师对此没有正面回答。因时间关系，对本次咨询进行了小结，如下：其一，"直管民警换了，以前在某监狱打的基础也就白改造了，一切还得要从头开始"的观念是不完整的，我们可以替换为"调监相对于我们的改造来说，是一个不大不小的挫折和考验"，"直管民警换了，从眼下来看，我们损失了一些，但从长远来看，也可能是一个更好的开始，关键看我们自己如何把握"。其二，"改造是痛苦的，与民警谈话并不都是批评和教育，其实有时候也是十分愉快和必要的"。

求助者对以上小结观念表示接纳。

第四，布置咨询作业：要求求助者就"当你遇到欺生问题时（你欺负他人、他人欺负他人或他人欺负你），你的内心感受是什么？"为题，分别找五名同犯进行交流。

3. 第二阶段：咨询阶段（二）。第三次咨询，时间：2007 年 7 月 19 日。

（1）咨询目的。帮助求助者修正或放弃原有的不合理信念；帮助求助者建立合理信念，减轻或消除情绪困扰。

（2）咨询过程。

第一，反馈咨询作业。求助者分别与五名服刑人员进行了交流，各种各样的说法都有，有的说，人就是贱，你不欺他，他就欺你，还有的说……但是，有一名服刑人员说的对他触动最大，他说，很厌恶这种现象，尤其是在一个新环境，受到他人的欺压，或看到无缘无故有人欺负同自己一批来的新犯时，都有一种受到伤害的感觉。可是也很奇怪，当在一个环境待的时间长了以后，对这一方面的感觉反而弱了，对一些事情也就视而不见了，有时候对那些新来的，也认为那些人没有规矩，也说不准上去"教训"他，好让他守规矩。在反馈完咨询作业后，求助者表示，他以前对这一个问题没有认真考虑过，将心比心是对的，可是在监狱这个环境下怕行不通。谈到此时的感受时，求助者说，感觉挺乱的，还是先把自己的问题解决了吧！咨询师同意求助者的意见，建议求助者以后有时间再考虑这个问题。

第二，想家及出狱后心情烦躁的问题。

答：记得你前面谈到，一想起家人心里说不出来的难过，能具体谈一谈吗？

求：其实，从小到大我一直也没让他们省心过。

答：你的父母对你的犯罪是怎样看待的呢？

求：他们恨我不争气，第一次入狱时，他们常来看我，这一次我的刑期也长，我感受到了人情冷暖，以前社会上的朋友不来看了，父母年龄大了，我不让他们来，可他们还要来。他们越来，我越感到对不起他们。我很矛盾，我很希望他们来，但又不想让他们来。他们不来，我感到他们是对我失望了，他们来了，我心中又很愧疚。我很矛盾。

答：你可以写一写信。

求：我文化程度不高，我不喜欢写信，信上说的一些都是虚的，写文章那些东西，第一行写"你好！"，好什么呀好，过得不好，说好也没用，不如想干什么事直接说，我的一个朋友，以前在社会上也给我写过一封信，巴掌那么大的纸，上面就写了一句话"我结婚呀，给我准备上三千块钱"，我觉得这才是朋友。

咨：人是需要亲情温暖的。如果给你的母亲写信，你考虑他们会怎么想？

求：……如果这个样子，似乎是有些不大合适……呵呵！……我发现一个道理，似乎有些问题并不是很复杂，可是有时确实是没留心过。很多话，除了对你以外，我没有和其他人说过。我感到和你在一起明白了很多东西。

……

求：关于出狱以后的问题，我的确是有一些悲观，这个问题我以前的确考虑得少，也可能和年龄有关，这回调监虽然烦，但也的确让我明白了很多。也可能是近一段时间休息不出工的缘故，越想越感到麻烦。以前管教干部也说，可是自己就是不进耳。

……

现在把心中的话说出来了，感到内心好受了一些。

……

第三，布置咨询作业。要求求助者将几次咨询的收获回去整理一下，并尽可能地在生活中加以应用。

4. 第三阶段：巩固与结束阶段。第四次咨询，时间：2007年7月26日。

（1）咨询目的：进行认知复习，巩固咨询效果，心理测验评估，结束咨询。

（2）咨询过程：

第一，反馈咨询作业。求助者谈了几次咨询的收获，自己有些事情能想得开了，虽然现实的问题还摆在那里，但自己的心态发生一些变化，表示自己也愿意尝试着改变一下自己，但在现实生活中，感到不是很容易做到，求助者自称虽然有时还烦，但是同初始的负性情绪相比，更加容易把控了。

第二，进行认知复习。回顾了咨询前后求助者所走过的心路历程，在对求助者进行正面积极鼓励的基础上，进一步引导求助者将此次的认识转变扩展到生活的其他领域中；同时，为求助者准备了一些相关的认知疗法资料，以备以后能够在日常生活中完成他的自助作业。

第三，做SAS测验，标准分为60分，基本结束咨询。

八、咨询效果评估

1. 求助者的评估。帮助求助者从内心接受了调监的事实，情绪反应及紧张度主观感受已经明显降低，饮食及睡眠状况也得到了明显改善，对今后的改造认识也基本明确。

2. 咨询师的评估。经过回访和跟踪，咨询的近期目标基本已经达到，长远目标还需要一个较长的自我成长过程。

3. 心理测验评估。求助者的 SAS 测验得分从 76 分降到了 60 分，说明焦虑情绪得到了一定的缓解。

学习任务十　团体咨询的运用

导入案例

刘某，男，28 岁，因强奸罪被判处有期徒刑 5 年，服刑期间，因一次竞选省级服刑人员改造积极分子落选，而感到什么都没意思，心情烦躁，经诊断为人际关系紧张，属于一般心理问题。

个人成长史：自小身体健康，家庭无精神病史，性格内向，怕见人，特别爱面子，争强好胜，父母离婚后，感觉低人一等，生活没有乐趣，并与同学很少来往，没有一个好朋友，性格也变得更加内向。没有什么兴趣爱好，有什么想法都闷在心里，不向任何人说，在上高中时，由于学习压力大，觉得与同学关系恶化，想考上外地某大学，离开家乡，换个环境，换个心情，他要到外地读大学的事，同学们都知道，结果没考上，感觉无脸见人，大专毕业后在一家私企工作，从事电脑设计工作，与人沟通较少。因醉酒后强行与已经分手的前女友发生性关系而被判刑 5 年，已经服刑 2 年 6 个月，服刑期间能够遵守监规狱纪和服刑人员改造行为规范，说话声音较弱，低头，不和他人目光对视，很少与其他服刑人员交往。

主诉：由于竞选省级服刑人员改造积极分子落榜，感到什么都没有意思，对减刑失去希望，无脸见人，感觉被人瞧不起，情绪低落，心情烦躁已半月有余，觉得再这样下去自己就完了。自犯罪入狱服刑后，从事监狱报的编辑工作，与其他服刑人员沟通较少，也很少去公共改造场所，不愿与他人交往，近期工作效率明显降低，仍然不愿意与其他服刑人员接触交流。想到自己由于强奸入狱，又竞选落榜，有自卑感觉，着急，心烦，近半个月来不能入睡。

任务要求

对于这样的服刑人员，我们可以用多种咨询方法帮助他处理自己的心理问题，如果现在我们遇到多个这种类型的服刑人员，可以有一种更有效的方法，即团体心理咨询，如何对服刑人员进行团体心理咨询呢？

任务分析

一、团体咨询基本概况

目前个体心理咨询已为大多数人接受，在人们遇到心理困扰不能独自面对解决的时候，都很乐意去寻求专业心理咨询人士的协助。而在国外很受欢迎的团体心理咨询却一直没有什么声音发出来，这一方面是由于人们对心理咨询的了解还处在初级阶段，另一方面，长期大范围开办的心理咨询成长团体也并不多，所以业界对这方面的知识传播就更加少之又少了。

在有些流派的团体咨询里面（比如存在主义团体），一般称呼团体心理咨询的团体为"小组"，而带团咨询师则是"组长"。这强调了带团咨询师需要尽量放下"专家"的身份或头衔，而是作为团体的一分子来全程参与，只是在小组发展需要专业支持的时候，从专业角度以合适的方式对组员进行干预，以协助他们成长。在其他的时刻，带团咨询师也要作为团体的一分子参与其中的任何讨论和活动。

这样一来"小组"对带团咨询师的要求就变得非常高，因为她不仅要作为成员参与其中，还必须能够适时承担"组长"的角色，为组员提供专业上的协助，也就是说她不仅要感性地投入其中，还必须时刻保持理性的头脑——说起来，这和咨询师在个体心理咨询中的状态是非常相似的，所不同的是，个体心理咨询中只需要面对一个来访者即可，而在团体心理咨询里，咨询师要同时面对十个左右的来访者，这个挑战还是很大的。所以带团咨询师，也就是"组长"必须在具备专业心理咨询技术、积极正向的人性观的同时，还具有很强的感召力，后者尤其重要，因为这将是"小组"有持续生命力和动力的决定性因素。

团体心理咨询和个体心理咨询一样，也有各个不同的技术流派，有认知行为、系统治疗、精神分析、人本主义等，这一般取决于带团咨询师的技术背景，但无论是哪一种技术取向的小组，最终所能达到的效果都是差不多的，都是为了促进团体成员的成长，使他们更好地面对自己的生活。

在形式方面，团体心理咨询分为结构化团体、非结构化团体和复合型团体，结构化团体是经过严格设置的，每一次活动都有固定的主题，咨询师在团体中起着重要甚至是突出的作用。而非结构化团体则极大地弱化了咨询师在团体中的地位，更多的时候非结构化团体较少为每次团体活动设定主题，让成员们自己设定小组的主题和发展。

很明显，复合型团体则介于前两种团体之间，我个人较倾向于这种团体。一是我们中国人都是群体动物，从小所受的教育使我们有更多的集体意识和规则感，但缺少一些"我"的感觉。如果在团体成立的最初即采取非结构化团体的方式，容易使一些人难以适应，感到过于松散，因而无所适从。二是太多人为设置的结构化团体，在我个人看来容易束缚团体成员的潜能，使得他们无法发挥自己的创造性，也就限制了他们的成长。

作为现实生活的预演场所，心理咨询为人们提供了自己人际环境中所不能提供的安全的演练场，以有助于人们更好地面对自己的生活。从这个层面来说，团体心理咨询比个体心理咨询更加适合"预演场所"这个名号。

二、团体心理咨询与个体心理咨询的关系

既然团体心理咨询有那么多优势，是不是就可以代替个体心理咨询了呢？当然不是。二者的关系是相辅相成，互相依存的。

由于团体中的成员较多，咨询师不可能就某一个成员的问题花费太多时间和精力，否则就会影响团体的进程，影响其他成员的收获。这就导致团体咨询里的沟通很难深入，如果是一些比较深的问题，比如成员有酗酒、社恐、强迫等情况，而团体的主题却是人际互动，那么该成员就需要在参加团体咨询的同时再去求助于专门的个体咨询，二者相结合才能最终对当事人有实质性的帮助。

所以其实个体咨询比较适合在前，也就是说先进行一段时间的个体咨询，待主要问题解决，在进入现实生活与他人进行人际互动之前，先进入团体心理咨询进行"预演"，是很恰当也非常有益的安排。

相对个体咨询来说，团体咨询有很多优势：人们可以自由地在团体中分享自己的故事、感受及观点，这势必会引起其他组员的共鸣，因为很可能困扰 A 成员的问题，也正是 B 成员所关注的，二者就很容易形成深层的联结，从而得到情感上的支持。

另外，成员们在很少人为限制的团体中进行互动，这使人们不由自主地呈现在自己生活中的人际互动模式，而团体又是一个开放、接纳的安全环境，这使得团体成员可以用不同于现实生活的更加直观的方式回馈给当事人，关于他的表达方式、关于他的行为模式、关于他的思维模式带给别人什么样的影响和印象，尤其是当大多数成员都对某事表现淡然，而只有某一个成员表现得过于激动，这是小组最有张力的时刻——这个时刻将有助于当事人更加全方位地观

察和认识自己，而这种模式，则是在一对一的咨询室里无法提供的。

团体心理咨询和个体心理咨询在疗效方面最大的不同，首先是正面的回馈从其他组员口中说出比咨询师说出，对来访者的影响效果更加好。因为来访者很容易想到咨询师说他勇敢、智慧是因为希望他改变，而其他同等的组员说他勇敢、智慧则是没有什么用意的真诚表达。其次，在一对一的心理咨询里，有些问题如果来访者刻意避开，再有经验的咨询师也可能错过关键点。但在小组活动里，要长期隐瞒某一问题就会带来一定的难度，因为咨询室里的观察者只有咨询师一个人，而小组里则有十人左右，每个人都有自己的独到之处，很可能组员 C 看不到的，组员 D 就会一针见血地提出来，使得刻意隐瞒的问题无所遁形，从而有机会得到解决，让当事人的生活更快地通往幸福安宁。最后，一个好的团体将具备以下几大治疗因素：团体支持、团体学习、团体乐观性、团体赋能感、助人机会（焦点解决短期心理治疗，SFGT），尤其是"助人机会和团体赋能感"，在一对一的咨询室里可以做到的也很有限。在团体里的成员会很容易接受同质性伙伴的分享和建议，尤其当别人的问题就是自己的缩影的时候。而通过帮助别的成员，也可以帮助自己更深刻地反思自己所处的情境，在这个过程中将有助于提升成员的自我价值感，及与他人的联结感，从而为融入自己的现实生活奠定良好的基础。

三、团体咨询的特点

团体心理咨询与个体心理咨询最大的区别在于求询者对自己的问题的认识、解决是在团体中通过成员间的交流、相互作用、相互影响来实现的。具体而言，有以下几个特点：

1. 团体咨询感染力强，影响广泛。这是因为群体的互动作用促进了信息的传递和自主性的激发，也就是团体动力的形成。在团体中，团体动力对团体目标的实现有着很重要的作用，而团体成员也是靠着动力来相互作用、相互影响来解决自己的问题。

2. 团体咨询效率高，省时省力。相对于个体一次只解决一个人的问题，团体在解决问题方面，时间和精力是很有效率的。并且，团体的复杂性，也会给团体成员其他的收获。

3. 团体咨询效果容易巩固。Gerald Corey 指出，"团体咨询的基本原理是它提供了一种生活经验，参加者能将之应用于日常与他人的互动中"，也就是说，团体咨询创造了一个类似真实的社会生活情境，增强了实践作用，也拉近了咨询与生活的距离，使得咨询较易出现成果而成果也较易迁移到日常生活中。

四、制订团体咨询计划

1. 谁带领这个团体？扮演助人、教学、督导角色的人可能会希望带领团体。精神科医生、心理学家、社工人员、咨询员、管理员、教师都可以在其工作中运用团体。对于服刑人员，监狱的管教民警也可以成为团体带领者。

2. 团体规模的大小？通常决定团体规模的因素有：团体性质、团体目标、团体聚会时间、团体活动场所的可运用程度和领导者的经验。一般来说，教育团体为 4～15 人，讨论团体为 5～8 人，自我成长团体和支持团体为 3～12 人。

3. 团体是开放还是封闭？领导者在团体组成时需要考虑团体是开放式还是封闭式的。封闭式团体是指团体开始后不再接受新的成员的团体，这种团体有时间限制并以目标为导向；开放式团体则可以周期性地允许新成员不断加入和成员自愿离开团体。领导者可以根据团体目标、性质以及成员特点来决定。一般来说，封闭式团体是比较有利的，尤其是支持性和治疗性团体更是如此。

4. 每次团体聚会的时间多长？每次团体聚会的时间要足够，以使成员感到能投入团体之中。如果团体聚会时间过短，会让成员感到没有时间和机会做自我分享。一般而言，教育团体中任务团体每次聚会时间为 60～120 分钟；治疗团体、支持团体或自我成长团体为 90～180 分钟；儿童团体每次聚会的时间为 30～40 分钟。

5. 团体活动的场所选择在哪儿？团体聚会的场所要合适，首先，场所要便利，最好做到方便成员且交通便利。其次，聚会房间的隐秘性，尽力保证这个场所在团体聚会时无关人员不能随便入内。

6. 团体要招募哪些成员？明确团体服务的对象，是为一般人而设立的，还是为有特殊需要的人而设立的，即成员从哪儿来。成员可以是医院的病人，监狱的服刑人员，学校的学生，心理卫生中心的个案，社区中对团体感兴趣的人等。

7. 招募成员的方法有哪些？招募成员的方法有三种：一是建议法，咨询师根据日常咨询状况，选择有共同问题的人，建议他们报名参加团体咨询；二是转介法，通过其他渠道，转介过来；三是公告宣传法，利用口头、文字、海报、通知等方法吸引人们自愿报名参加。

8. 团体聚会的次数是多少？许多团体的设立需要有一定长度的时间。确定团体聚会次数时，需要考虑的因素有：成员的需要、领导者的时间、团体目标、团体性质以及团体所要涵盖的教育资讯的多少等。

9. 团体聚会的具体时间安排如何？团体咨询时需要考虑团体在一天中的哪个时间段聚会和聚会的频率。一般来说，团体聚会的时间选择要考虑成员的时间表，最好不要与成员的其他活动冲突。如果团体成立于机构、监狱、学校或医院等组织内，在安排团体聚会时间时必须将团体活动对每天作息的干扰减少到最小。

10. 非自愿性团体成员应对策略是什么？领导者如果必须要带领一个由非自愿成员组成的团体，就需要有计划地应对、调适这些成员的负向态度。当领导者在带领非自愿的成员组成的团体时，在团体进行过程中必须先假设成员会产生负向态度。第一次团体如果进行得很好，一些非自愿的成员将会改变其负向的态度。因此，在团体计划中，领导者需要事先设计好可用的应对策略。

五、团体发展阶段

1. 团体初创阶段（安全感阶段）。由于人们遇到自己不能解决的问题，但是又不想在自己的心理上或者周围人的心目中产生消极的影响，同时，他们进入了一种新的情境。在这种情境中，他们无法预测会发生什么事情，对自己控制他人的能力和搞好与团体关系的能力缺乏信心，因而体验到焦虑、猜疑、抗拒、不适、模棱两可、踌躇等情绪，产生不安全感。所以，这一阶段团体成员最重要的心理需求是获得安全感，团体的领导者的主要任务是使团体成员尽快熟悉，增进彼此了解，澄清团体目标，订立团体规范，建立安全和信任关系，这是团体进行下去的前提条件。

2. 团体过渡阶段（接受阶段和责任阶段）。接受阶段直接与人们对爱和归属感的需要相联系。因此，有许多与这些需要相关的因素影响着咨询过程的发展方向。在这个阶段，人们不再抗拒咨询活动和咨询团体的其他人，而是与他们合作。责任阶段是咨询团体的成员从接受自己和他人转向对自己负责任。接受和负责任是有所不同的：接受的态度有助于个人认识和承认他们遇到的问题，但仍会声称自己没有过错，拒绝对解决问题承担责任；而负责任的态度会使个人认识到自己人的过错，担负起积极解决问题的责任。因此，在团体的过渡阶段，主要任务就是让团体成员对团体产生归属感，并积极寻求解决所遇到的问题。

3. 团体工作阶段（解决阶段）。这是解决问题的阶段。由于在此之前的各个阶段，参与团体咨询的人们产生了信任和自信、接受、负责任的态度，所以他们会认识自己的问题，寻找和评价解决问题的其他方法，计划和实践新的态度或行为，在现实世界中尝试新的态度或者行为。这个阶段的主要任务是咨询人员要给团体成员提供机会，使他们能够没有心理负担或恐惧地检查自己的问题，探索解决问题的其他方法和建议，并且在已经建立起来的、有安全感的环境中尝试新的态度或行为。

4. 团体结束阶段。当参加团体咨询的人们开始将所学到的态度或行为应用到自己的生活中，并且从这种尝试中获得成功感时，就可以结束团体咨询了。成员要面对自己的团体经验作出总结，并向团体告别。在结束团体咨询时，人们不仅认识到他们的问题得到了解决，而且也应当学会解决问题的方法，并对使用这种方法产生了信心，在以后遇到问题时，能够使用这种方法去解决它们。

六、选择团体活动

（一）团体咨询中的团体活动

在团体咨询中，为了吸引团体成员积极投入和参与，引发成员互动与成长，常常需要设计一些活泼有趣的团体活动。一个好的活动常常可以起到促进团体达到成效的作用。但是活动只是一种手段，不是目的，而是为了推动团体的发展。不能为活动而活动，活动的真正意义在于活动结束后的讨论与交流。相互之间的反馈才是最重要的。大量实践经验证明，团体根据团体咨询的目标，选用适当的团体活动形式，有助于成员的参与，有助于达到团体目标。

1. 团体活动的目的。团体活动的目的是：其一，促进团体讨论和成员参与；其二，使团体聚集，注意力集中；其三，使团体的焦点改变、转移；其四，提供一个经验性学习的机会；其五，为团体成员提供有用的资料；其六，增加团体的舒适度；其七，为团体成员提供乐趣和松弛。

团体活动不仅在团体开始时能促进成员的相互交流，而且，在整个团体过程中，可以在不同的阶段，运用不同的活动来推进团体发展，达到团体目标。但是团体活动并不是随手一抓就可以用到团体中的。如果使用不当，一个好的活动也可能产生负效果。一个成功的团体指导者不仅要知道如何引用适当的团体活动，而且也应该知道如何避免不适当的活动。

2. 团体活动的应用原则。为了有效地运用团体活动带动团体发展，应遵循以下几个原则：

（1）充分考虑团体特点。团体咨询开始前，指导者应充分考虑团体的目标、特点、时间、成员的特征，认真思考后，决定要不要运用团体活动？运用哪类团体活动？用多少？一般中老年团体咨询我们采用团体讨论，而少用团体活动。

（2）了解团体活动的后果。团体指导者在组织一个活动前，应该认真想想组织这个活动的目的是什么？这个活动可能引起什么后果？成员的准备够不够？成员对你是否有充分的信任？考虑充分后再运用。

（3）运用自己熟悉的团体活动。团体活动种类很多，选用哪一种更合适呢？一般建议团体指导者自己先找机会实践，对自己尝试过、体验过的活动心中有数，使用时才比较容易把握。贸然使用自己不熟悉的团体活动，对可能出现的问题缺乏准备，往往会适得其反，阻碍团体发展。如果配合自己的人格特点及自我模式选择活动，效果会更好。

（4）避免以活动代替咨询。有些团体指导者一个活动接着一个活动不停地带，他们担心停下来会冷场；有的团体指导者缺乏带领团体的经验，只好依靠团体活动来协助团体动作。这样都会影响团体咨询的发展与效果。团体活动的真正意义在于活动结束后成员之间坦诚的交流和分享，这需要充分的时间讨论。因此，一个指导者必须考虑在什么样的场合才能带活动，带哪几项活动可以促进团体目标达成，活动之间的过渡如何有效运用，使之自然、顺畅。

（二）团体咨询不同阶段的团体活动

1. 团体初期（建立安全感与接纳阶段）。

2. 团体中期（解决问题分阶段）。领导者组织团体；服刑人员参与并提出自己的问题；团体互动解决问题；对于特殊个案通过恰当的方式解决并示范。

3. 团体后期。领导者组织团体，说明团休任务基本结束；团体成员交流在团体咨询过程中的收获；用自己的方式与团体成员道别。

七、进入团体前的注意事项

1. 选择你信任的咨询师所带的团体，并且在进入团体之前尽量对咨询师有多一些了解，他的价值观、他的风格、他的背景如何，以帮助自己作出合适的选择。

2. 团体的时间不见得越长越好，但一定需要相应的时间长度才能让团体成员有更多的收获。因为团体心理咨询最大的优势是成员之间的互动关系所带来的动力，但如果团体持续的时间太短，会导致成员还没有来得及彻底开放自己，团体就已经结束。所以尽量选择团体的持续时间为半年以上，即活动在 20 次以上的团体。

3. 不要和你的朋友一起参加同一个团体。这有两个考虑，一是这可能导致你不能完全开放自己（你会顾及自己在朋友面前的形象，因为离开团体后，你和朋友将继续在生活中进行人际互动），而在团体中不能完全开放自己就会导致你只能得到很少的收获。另外一个原因，由于你与朋友比较熟悉，在团体互动中，你们将更多地进行二人互动，而缺少与其他成员的联结，这也导致你的收获降低。

4. 在团体中跟着自己的节奏开放自己。如果你还没有准备好，不要勉强自己非要讲那些让自己难受的事情——除非你已经准备好让其他人知道。

5. 在团体进行中，不与其他成员进行私底下的社交接触。如果有接触，也要能够拿到团体中敞开讨论，这是为了维护团体成员之间的坦诚、开放的氛围。当然在团体结束后，与其他成员成为亲密朋友是值得鼓励的，因为这将有助于你们在以后的生活中成为互助关系。

6. 其他还有一些根据每个小组的性质所设置的规则，这里就不一一提及了。

八、团体咨询的基本技术

1. 主动倾听：专注于沟通过程中有关语言或非语言行为，且不作判断及评价。

2. 重复：以稍稍不同的措辞，重述团体成员的话，以澄清其意思。

3. 澄清：确定成员所想表达的信息、感受与想法的具体含义。

4. 摘要：将互动过程中的重要信息，简要进行综合归纳。

5. 提问：通过提出问题，引起成员自我探索问题的内容以及解决的方法。

6. 解释：对团体中某些行为、想法、感受提供适当的解释。

7. 面质：对成员在团体中的语言、行动中表现出的困惑或矛盾加以挑战。

8. 情感反应：反应成员的感受。

9. 支持：提供鼓励及增强信任。

10. 同理心：能站在成员的立场，将心比心体谅其感受及想法。

11. 催化：在团体中以开放性或引导性的方法，清楚地协助成员朝向有助于团体的目标方向去探讨。

12. 引发：在团体中引发行动，促使团体参与或介绍团体新的方向。

13. 设定目标：团体过程中，引发团体参与，并具体确定团体特点且有意义的目标。

14. 评估：评估团体进行过程和团体中成员及其相互间的动力。

15. 给予反馈：对于成员专注观察后给予真诚且具体的反馈。

16. 建议：提出团体目标有关行为的信息、方向、意见及报告。

17. 保护：保护成员在团体中不必过早地心理冒险。

18. 开放自我：对于团体发生的事件，个人开放此时此刻的感受或想法。

19. 示范：通过行动，示范对团体适合的行为。

20. 处理沉默：通过对语言与非语言沟通的观察，对团体沉默现象进行干预，促进团体的发展。

21. 阻断：对于团体中无建设性的行为，以适当的方式加以阻止。

22. 结束：以适当的方法，准备团体结束。

知识链接

一、沟通

沟通指人与人之间的信息交流过程。沟通是人与人之间发生相互联系的最主要的形式，语言又是人与人之间沟通的主要方法。沟通的意义：提供人身心发展必需的信息，人凭借沟通交换信息并通过建立与维持相互联系，沟通是自我概念形成的途径。

1. 沟通的结构：发送者、接收者、信息及其编码和解码、通道、反馈、障碍、背景。

2. 沟通的背景：心理背景、物理背景、社会背景、文化背景。

3. 沟通的特点：沟通的发生不以人的意志为转移，沟通信息必须内容与关系相统一，沟通是一个过程。

4. 身体语言沟通。身体语言的含义：身体语言指非语词性的身体信号，包括目光与面部表情，身体运动与触摸，身体姿势与外表，身体之间的空间距离等。其特点有：

（1）广泛性，运用身体语言进行沟通，是人人具有的能力。

（2）连续性，身体语言使人可以保持不间断的沟通。

（3）不受环境的限制。

（4）跨文化沟通，身体语言沟通几乎可以在任何文化背景的人之间发生。

（5）简约性。

身体语言的内容主要有：①目光与表情，在日常生活中，人们很多信息与情感的交流，都是通过目光接触来实现的。首先，目光接触直接表示对对方的注意，使沟通成为完全连续的过程。其次，目光的接触可以实现各种情感的交流。再次，目光接触调整和控制沟通者之间的相互作用水平，目光接触的次数和每次接触所维持的时间，是沟通信息量的重要指标。最后，目光接触可以传达肯定或否定、提醒、监督等信息。表情一般指面部表情。面部表情是另一个可以实现精细信息沟通的身体语言途径。人的面部数十块肌肉，可以作出上百种不同的表情，准确地表达出各种不同的内心情感状态。②身体运动与接触。身体运动是最容易觉察的一种身体语言，因为身体的运动更容易引起人们的注意。触摸被认为是人际交往最有力的方式，每一个人都有被触摸的需要。③姿势与装饰。姿势与装饰是另一种容易觉察的沟通途径。

5. 人际空间与沟通。心理学家发现，任何一个人，都需要在自己的周围有一个自己把握的自我空间。一个人的自我空间只允许已经在心理上建立了安全感，情感上已经接纳的人来分享。

由于人们的关系不同，人际距离因而不同。美国学者霍尔根据对美国白人中产阶级的研究提出四种人际距离。

（1）公众距离 3.657 ~ 7.62 米，在正式场合，演讲或其他公共事物中的人际距离，此时沟通往往是单向的。

（2）社交距离 1.219 ~ 3.657 米，是彼此认识的人们的交往距离，许多商业交往多发生在这个距离上。

（3）个人距离 0.457 ~ 1.219 米，是朋友之间交往的距离。此时，人们说话温柔，接受大量体语信息。

（4）亲密距离 0 ~ 0.457 米。

二、人际交往

人际交往，亦称交往。它包括两个方面的含义：从动态的角度说，当我们提及人际交往或心理交往时，指的是人与人之间的信息沟通和物质的交换。从静态的角度说，人际交往是指人与人之间通过动态的相互作用形成起来的情感联系，也叫人际关系。正常的人际交往和良好的人际关系都是其心理正常发展，个性保持健康和生活具有幸福感的必要前提。通过交往，可以促进个性的发展，可以提高心理健康水平，可以增加人的幸福感。

（一）人际交往需要的形成

人的一生是在别人搀扶下走完人生旅程的。从社会依赖性的角度说，人永远是一个不能独立行走而且离不开别人帮助的婴儿。任何一个人，无论他多么成功、多么强有力，他都离不开别人，都不能不与别人交往，不能没有稳定而良好的人际关系的支持。与人交往并通过交往建立和维持一定的人际关系，是人的一生中最为稳定、最为经常、最为强烈的需要之一。那么，这种需要究竟是怎样形成起来的呢？与人交往是人的本能需要，还是后天学习的结果呢？一般认为，人的心理交往需要是通过三条途径形成起来的，它们分别是印刻、本能需要和条件作用。

1. 印刻。印刻现象最初是由著名的动物心理学家、诺贝尔奖获得者洛伦兹发现的。印刻的作用在于促使人出生后很快地与人建立依恋关系。如果一个人在早期的生命敏感时期没有对同类发生印刻，则同类就不会对其有正常的吸引力。他在以后与人交往以及建立并维持稳定的人际关系方面，就会发生困难。在隔离环境中长大的孩子或由动物收养的孩子，在回到人类社会后都表现出有高度地对他人的拒绝和回避。

2. 本能需要。强调本能作用的心理学家认为，人的交往需要是一种本能，是一种人类祖先早已经很好地形成起来的生存能力，它可以通过遗传直接传递给后代。作为有机体，人一出生就需要周围环境存在某个能为其提供温暖、舒适、食物和安全的对象，以满足其本能的需要。与本能需要有关的经验所影响的是人们以后同别人建立和保持良好人际关系的能力。婴儿在早期得到别人的充分关照，基本需要得到满足，对其以后人际关系的建立和维持有着重要影响。如果婴儿早期不能同一个稳定的对象建立依附关系，并从其身上实现基本需要的满足，则儿童很难确立对人的信任感和安全感，以后也很难成功地同别人建立并维持稳定的良好人际关系。

3. 条件作用。条件作用是人的人际交往需要形成的最主要的途径。人从出生开始，其基本需要的满足，就是与母亲或其他照看者的出现相联系的。通过条件作用过程，儿童先是慢慢学会了与母亲或其他照看者进行交往，然后随着年龄的增长，他们把握周围环境的能力越来越高。条件作用可以使人建立各种适应不同环境要求的交往和人际关系，使人表现出灵活性，一方面可以使人建立新的人际关系，学会与新接触的各种不同的人进行交往和建立联系；另一方面，可以使人改变旧有的人际关系的性质，增加人的适应性。

但人际交往具有有限性。人也有独处的需要，独处和交往要趋于平衡。

（二）良好人际关系的建立

建立良好人际关系的具体方法很多，但在日常生活中，最为主要、同时又可以有效地为每一个人所运用的主要技术有以下几个方面：

1. 建立良好的第一印象。在人际交往中，第一印象对后继信息的理解和组织有着强烈的定向作用。

2. 主动交往。在社交上许多人不是主动始发交往活动，主动去接纳别人，而是被动地等待别人的接纳，甚至处处试图去吸引别人的注意。他们只能做交往的响应者，而不能做始动者。然而，根据人际关系的交互原则，别人是不会无缘无故地对我们感兴趣的。因此，我们要想赢得别人，同别人建立良好的人际关系，要想自己摆脱孤独，建立起一个丰富多彩的人际关系世界，就必须做交往的始动者。

3. 移情。人际关系的本质，是人与人之间情感的联系。情感联系越密切，双方之间相互拥有的心理领域越大，人与人之间的心理距离就越小，人际关系也就越亲密。因此，移情是沟通人们内心世界的情感纽带，是建立人际关系的基础。

4. 帮助别人。任何一个人，只有当一种人际关系对他们来说是值得的，他才愿意并试图去建立，去维持。而通常来说，只有当一种人际关系对人们有帮助时，才是值得的。因此，我们要想同别人建立良好的人际关系，对别人有帮助是十分重要的。

示例

关于团体初期的聚会示例

活动目的：通过活动让服刑人员了解团体初期活动的方式，同时去体验自己的心理感受，达到提升服刑人员心理健康水平的目的。本次活动主要是学会与人交往。

活动的人数和时间：10～15人为宜，时间1～1.5小时。

活动过程：

第一步：在服刑人员中选出适宜的人参加团体（最好互相不认识）。

第二步：进行热身运动，目的是消除陌生感。说一说各位来以前都做了哪些准备活动；团体中每一位成员轮流站到团体中央，做一个动作，大家都来模仿。

第三步：互相认识，目的是尽快准确地记住别人的名字，姓名接力赛，进行两圈。

第四步：加深认识，进一步了解，有身体接触。拉成一个圈，每个人记住自己左手和右手拉着的人是谁，松开手，随便走动，随口令停下来，无论在什么位置都与原来的人拉住手，还是左手拉左手，右手拉右手。打成结后，想办法恢复原状，不能松手。

第五步：团体凝聚力，进一步加深认识：汪洋中的一条船或齐心协力。参加的成员谈感受，领导者进行辅导。

第六步：组织者进行总结，说明活动目的，让服刑人员明白活动的真正意义所在：以游戏为载体，以体验为途径，以提升心理素质为目的。

团体聚会时面对非自愿成员的语言说明示例

1. 我知道你们当中有许多人并不希望参加这个团体，你们可能会认为来这里是在浪费自己的时间。而我想告诉大家的是，我希望你们至少给这个团体一个机会，我认为我有许多的计划是你们可能会喜欢的。

2. 因为你们并不是自愿来参加这个团体的，我想你们对于来这里一定会感到不舒服。等一下有时间可以让你们谈谈这些感受，但在此之前，我要先告诉大家我们在团体内要做什么，你们将会发现这个团体可能是有趣的，而且对你是很有帮助的。

3. 每一次我带领这样的团体时，总有一些成员在开始时非常抗拒。但到最后他们会感谢提供一个可以供他们分享想法和感受的地方。我知道你们当中有些人对于强迫来这里感到愤怒，而我想说的是，这个团体真的能帮助一些人。如果你愿意的话，它也可以帮助你。如果你愿意给团体一些机会，我将尽力使它成为你美好的经验。

学习单元四　服刑人员心理治疗

学习目标

● 通过这部分内容的学习，学生应该掌握心理治疗的适用对象，精神分析、行为主义和认知学派的主要的治疗方法和技术。

学习任务十一　精神分析的治疗方法

导入案例

某服刑人员主诉：我叫吴某，男，今年30岁，因故意伤害罪被判处有期徒刑9年，已服刑一年半。我生长在郑州市郊县的一个农民家庭，父亲流浪到本村，然后就在这里落了户（咨询师注：入赘做了上门女婿），初中毕业后我没有考上高中，只好在家种地，尽管是当了农民，自我认为在村里过得也不差。先是买了辆农用拖拉机，在本市跑跑运输。后来我又开了个榨油作坊，每天收入也有五六十块钱。我和妻子结婚9年，儿子今年已经8岁了，夫妻间非常恩爱，从来没有吵过架。可以说我们的日子在农村是过得很不错的，非常令人羡慕的，然而，天有不测风云，我和同村邻居因宅基地问题发生争吵，一气之下就将对方打成重伤，高位截瘫，我也因此而被关入看守所。我是一失足成千古恨呐！我在看守所已万念俱灰，几次寻死，都被同号犯人发现并加以制止。最终，我因故意伤害罪被人民法院依法判处有期徒刑9年，附带民事诉讼赔偿10万元。入狱后，我一想到漫长的刑期，想到10万元的债务，想到儿子如此小的年纪就要遭受世人歧视，想到爱妻一个人用瘦弱的肩膀背负着、支撑着家业的重担，想到年老的父母亲失去儿子的侍奉……

我简直不敢想下去，我的精神几乎到了崩溃的边缘，作为一个父亲，作为一个丈夫，作为一个儿子，我都不能承担自己的责任，我活着还有什么意义呢？还有什么价值呢？与其这样让绵绵无期的痛苦折磨自己，还不如一死了之，可上天觉得对我的惩罚还不够，它连死的机会都不给我，我现在就如同行尸走肉，真的，如果能选择的话，我宁愿去死。

◉ 任务要求

对于上述服刑人员的情况，如何判断他的心理状况？适用哪种方法对其进行治疗？假如要用精神分析的理论进行治疗，该如何进行呢？

任务分析

一、服刑人员心理治疗的适用范围

1. 神经症。服刑人员中常见的神经症包括抑郁性神经症、神经衰弱、强迫症、焦虑症、恐惧症、癔症等。

2. 人格障碍及性心理障碍。服刑人员中常见的人格障碍包括冲动性人格障碍、反社会人格障碍、分类样人格障碍、偏执性人格障碍、表演性人格障碍等。性心理障碍在监狱中主要表现是同性恋、恋物癖。

3. 心身疾病。对于一些心身疾病，如原发性高血压、消化性溃疡、偏头痛、雷诺氏病等，可使用放松训练、气功训练、生物反馈等心理疗法进行治疗。

4. 不良嗜好和恶习。对嗜烟、嗜酒、药物依赖等不良嗜好和惯骗、惯盗、惯赌等恶习可用厌恶疗法、强化疗法等进行治疗。

5. 其他常见心理障碍。一是拘禁性神经障碍，即被拘禁者在拘禁环境中造成的异常心理反应。心理治疗主要针对拘禁性情绪反应。二是监狱适应困难。主要指那些入狱 1～3 个月以上，仍不能较好地融入监狱生活，表现为主观上的困扰和情绪上的紊乱状态，由此出现适应困难。三是服刑人员的悲观绝望心理。指某些刑期较长或不适应心理强烈的服刑人员，因看不到自己的尊严、价值、前途和希望，悲观绝望、精神颓废，对未来丧失信心。轻者会发生自伤、自残，严重者甚至出现自杀或杀人行为。

二、服刑人员心理治疗的功能

服刑人员在监禁改造环境中，会有不同程度的焦虑、抑郁、敏感等心理失调症状，甚至会有神经症、人格障碍、性心理障碍等心理疾病。及时有效地给服刑人员提供必要的心理治疗可以对上述情况起到一定的积极帮助作用。由此可见，服刑人员心理治疗的功能主要表现于以下几个方面：

1. 缓解或消除症状。心理疾病常常伴有焦虑、抑郁、情绪不稳定等心理症状和头痛、失眠、消化不良等躯体不适。这些症状不仅让服刑人员感到痛苦，而且有时还严重影响他们的正常生活。通过心理治疗，帮助服刑人员缓解或消除这些心理的或躯体的症状，是心理治疗的功能之一。

2. 帮助服刑人员更好地适应监狱环境。服刑人员由社会公民变为进入监狱被强制执行刑罚、失去自由的人，生活上受到约束和管制，往往无法面对现实，少数人会滋生心理疾病。通过心理治疗，可以调节服刑人员的情绪，使服刑人员能正视现实，提高其改造的自觉性，增强其适应能力。

3. 提供心理支持。来访服刑人员特殊的犯罪经历和所处的特殊监管环境，促使他们对生活缺乏信心，对改造没有勇气，以致不敢面对现实，通过心理治疗给予心理支持，帮助其恢复自信，增强挫折耐受力，这有助于减轻服刑人员的焦虑和恐惧，达到维持其日常的服刑改造生活的目的。

4. 改善服刑人员的人格。人格的不完善是服刑人员犯罪的原因之一，改善服刑人员的人格是服刑人员心理治疗的一个功能。通过服刑人员心理治疗，治疗者可以帮助服刑人员检查、识别自己与心理症状有关的不良观念，帮助服刑人员发现其人格中的消极因素，提高服刑人员对由于自己的人格缺陷而导致心理困扰的认识，树立改善其人格的愿望和信心。

5. 使服刑人员对自己的行为负责任。在心理治疗中，会鼓励服刑人员谈内心的冲突，因为这些冲突导致他们产生多种情绪问题，而这些情绪问题又引起了攻击行为或反社会行为。通过心理治疗帮助服刑人员把这些冲突从无意识状态带到意识状态，让服刑人员加以认识并变得对自己的行为负责任，从而实现人格的重建。

三、开展服刑人员心理治疗的基本条件

服刑人员心理治疗是服刑人员心理矫治的重要组成部分，监狱开展服刑人员心理治疗必须具备一定的条件，这些条件主要有：

1. 硬件设施。

（1）用于心理诊断的硬件设施。诊断所用的设施包括：诊断室、心理测验工具、电脑、服刑人员心理诊断系统软件、必要的生理指标诊疗仪器。

（2）用于心理治疗的硬件设施。治疗设备主要有：治疗室、放松椅、生物反馈仪、厌恶疗法设备、音像设备等。

2. 高素质的心理治疗队伍。

（1）正确的政治思想素质。从事服刑人员心理治疗的人员必须具有坚定的政治方向，以科学发展观来指导自己的工作。

（2）高尚的道德素质。首先，必须遵守作为党的监狱事业工作者所应遵循的基本原则和规范。其次，必须遵守作为心理医生的职业道德规范。

（3）精通的业务素质。治疗者的业务素质体现在合理的知识结构和对治疗技术的掌握和运用上。治疗者的知识要全面，人生要丰富；心理治疗的技术多样化，且能融会贯通。

（4）健康的心理素质。心理治疗的过程从某种意义上说是治疗师对患者的影响作用。正确的自我意识，良好的心理状态，健全的个性，取得信任和解决问题的意识都是心理治疗师应有的心理素质。

四、心理治疗的主要理论与方法

心理治疗的方法林林总总，有人经过粗略统计，当今存在的心理疗法总共达250多种，但咨询和治疗者所遵循的理论趋向却相对较为集中，主要体现在四个理论模式中，正是这些理论模式奠定了心理治疗的主要理论基础，从而发展出各种心理治疗方法。其中主要的四种理论趋向为：

（1）以精神分析为理论基础的精神分析疗法，注重对人的深层心理的探讨，目的在于帮助人从领悟中解决心理上的问题；

（2）以行为主义为理论基础的行为疗法，注重学习在异常心理形成中的作用，目的在于帮助人改变生活习惯，以更好地适应环境；

（3）以人本主义心理学为理论基础的人本主义疗法，注重尊重人性，充分发挥人的潜能，目的在于帮助人排除潜能发展的障碍，以达到自我实现的境界；

（4）以认知理论为理论基础的认知疗法，注重人的观念体系在其情绪和行为中的作用，目的在于帮助人改变对人、对己、对事物的错误思想与观念，从而改善个人与其生活环境的关系。

知识链接

一、精神分析理论的创始人的观点

1. 无意识理论。精神分析学说的基本假定是无意识的矛盾冲突。无意识及其矛盾斗争是导致心理异常、精神疾病的根源，但同时也是人格形成与发展的动力。

2. 人格结构理论。弗洛伊德将人格分为"本我"、"自我"、"超我"三个层次。

本我：是最原始的，与生俱来的无意识部分。它受快乐原则所支配。

自我：是从外部世界的现实情况出发决定本我的要求是否允许满足以及用怎样的方式获得满足。它按现实原则行事。

超我：是道德化了的自我，遵循完美原则。

三个"我"之间不能很好协调时，人就会出现心理问题。

3. 焦虑论。人格不同组成部分之间相互冲突的结果是产生"焦虑"。为了避免焦虑，自我无意识地使用了种种"防御机制"：

压抑：压抑是本能欲望与社会习俗相冲突，为了保存自身，将不允许的冲动不知不觉地压抑到无意识中去。每个人都要使用压抑，因为我们所有人的无意识中都有不愿意带入意识的想法，压抑是件痛苦的事情，这些受到压抑的欲望并没有消失，他们仍然留在潜意识中，只不过它不能闯入意识领域。

拒绝：当运用拒绝时，个体只是拒绝某些事实存在。和压抑不同，拒绝是坚持某些事不是真实的，尽管事实上是真实的。

投射：投射是将内心不被允许的冲动归到别人或周围事物上，而不是我们自己的。通过把冲动投射到另一个人身上，可以摆脱这样一个观念：我们自己持有这种想法。

文饰（合理化）：合理化是自我控制可怕东西的一种方法。使用这种方法，个体抹去了意识中的情感内容，用合理化的方式，掩盖无意识中的真实的想法。

反向：自我为了控制或防御某些可怕的想法、欲望或冲动而做出相反方向的举动。原因在于这些想法难以让人接受。

转移：对某一对象的冲动无法对其直接表现时，便转移到其他没有威胁的对象上去，即改换冲动的方向，以另一目标进行替代。

升华：改变原来冲动或欲望的目的和对象，用社会许可的具有创造性和建设性意义和价值的思想和行为方式表现出来。

倒退：成人自我防卫失败时，他可能在某种程度上倒退或回复到早期的较不成熟的发展阶段所有的行为。

4. 本能论。是弗洛伊德的人格动力学的基础，分生本能与死本能。

5. 性欲论。把人格发展分为五个时期：口腔（唇）期，肛门期，性器期，潜伏期和两性期。

6. 梦论。梦是了解潜意识活动的一条最重要的途径。认为梦是被压抑的愿望伪装的满足。

二、精神分析模式的犯罪观

1. 弗洛伊德认为：每个人均具有犯罪或从事偏差行为的本能，弗洛伊德称之为本我。本我是人格最原始的部分，出生时即存在。为了防止本我的自由表现，需要进行社会化教育。

当婴儿大约 5 岁时，其人格结构基本形成，但是本我的反社会性需要通过社会化来消除，主要出现在性欲论的五个时期。

2. 弗洛伊德的后继者描述了导致犯罪行为的三个途径：

（1）偏差行为是一种神经性行为。

（2）偏差行为是缺陷超我的结果。

（3）偏差行为是寻找替代性满足的象征。

具有潜伏性偏差行为的青少年都有以下的人格特点：一是以冲动性方式寻求需要的即刻满足；二是认为满足自我的需要重于他人的需要；三是满足本能的需要不考虑对与错，无罪恶感。

综上所述，具有攻击性、受挫折的犯罪人是受早期不愉快的生活经验所控制。

三、精神分析的治疗模型

弗洛伊德认识到许多障碍的根源是心理的，深藏于内心的某一部位。心理治疗的目的是解开防御机制，将引起心理问题的无意识带入意识，并在意识中用理性的方式对它进行考察，帮助自我重新对冲动和压抑性欲望进行适当控制，并把它纳入新的人格中。常用的方法有：催眠，自由联想，释梦，移情分析，阻抗分析，阐释（认知领悟）。

1. 自由联想。自由联想是指让来访者在毫无拘束的情景下，把所有想到的和感觉到的没有顾忌地说出来，不论这种情绪有多痛苦，也不论这种想法有多荒诞，只要想到就说出来。自由联想的目的是通过在自由、宽松的情况下，让来访者倾诉内心所想到的一切，一方面可以释放或缓解当事人被压抑在内心深处的紧张和压力；另一方面心理治疗人员可以获得大量的资料和信息，了解当事人的无意识心理，为下一步的治疗打基础。

2. 移情分析和阻抗分析。移情和阻抗在心理咨询中已经阐述，在此不再重复。心理治疗人员通过分析移情的性质，了解当事人从前的人际关系和感情经验，及对他目前的人际关系的影响，帮助他从不真实的感情世界走出来。对于阻抗来说，当其来临时，也是触及当事人无意识的冲突和欲望的时机，耐心分析阻抗，可以把治疗向前推进一大步。

3. 释梦。弗洛伊德指出，"把内隐的梦改变为外显的梦的过程"叫做"梦的工作"，即我们通常所说的做梦；"以相反的方向所进行的、从外显的梦到内隐的梦的工作就是我们的'释梦的工作'"，即释梦。分析梦的目的就是根据来访者提供的显梦，按照梦的机制分析了解它的隐梦，以揭示其内心真正的愿望和动机。

4. 解释。解释就是让来访者正视他所回避的东西或尚未意识到的东西，使无意识中的内容变成意识的。解释是心理分析中最常用的技术。通过解释，治疗人员可以在一段时间内不断向来访者指出其行为思想或情感背后潜藏着的本质意义。

四、精神分析理论模型的发展

1. 阿德勒：阿德勒用生活风格，社会兴趣替代无意识和本能。他认为一切人在开始生活的时候都具有自卑感，这种自卑感能够引起自卑情结或自尊情结。这两种人都缺乏社会兴趣，所以他们的生活风格是不正确的。

社会兴趣是指人类和谐生活，相互友好，渴望建立美好生活的天生的要求。生活风格是指每个人试图获得优越的手段，他注重生活的哪些方面以及怎样注重。

阿德勒所提出的心理矫治的方法主要是意识到自己的缺陷，寻找缺陷的根源，寻求一种具有社会兴趣的新的生活风格。

2. 埃里克森：他认为人格的发展或者说个体社会化过程存在于整个人生。他将其分为八个阶段，每个阶段都会遇到危机，自我是通过解决危机而发展起来的。在发展阶段中所获得的结果是可以改变的。他根据个体在不同时期的心理社会危机的特点，将个体人格发展过程划分为八个阶段。每个阶段都有其特定的发展任务，每个阶段都存在着特有的心理危机。他认为个体人格的发展过程是通过自我调节作用及其与周围环境的相互作用而不断整合的过程。人格发展任务完成得成功或不成功，就会产生人格发展的两个极端，属于成功的一端，就形成积极的品质，属于不成功的一端，就形成消极的品质。每个人的人格品

质都处于两极之间的某一点上。如果不能形成积极的品质，就会出现发展的
"危机"。教育的作用就在于发展积极的品质，避免消极的品质。

埃里克森人格发展八个阶段的发展任务和所形成的良好的人格品质分别是：

（1）婴儿前期（0~2岁）：获得信任感，克服怀疑感；

（2）婴儿后期（2~4岁）：获得自主感，克服羞耻感；

（3）幼儿期（4~7岁）：获得主动感，克服内疚感；

（4）童年期（7~12岁）：获得勤奋感，克服自卑感；

（5）青少年期（12~18岁）：形成角色同一性，防止角色混乱；

（6）成年早期（18~25岁）：获得亲密感，避免孤独感；

（7）成年中期（25~50岁）：获得繁衍感，避免停滞感；

（8）成年后期（50岁以后）：获得完善感，避免失望或厌恶感。

学习任务十二　行为主义的治疗方法

导入案例

服刑人员王某，16岁时因抢劫被判有期徒刑10年，在某省未成年犯管理所
服刑期满，出狱后2年，又因盗窃被判15年，现在太原某监狱服刑。

该服刑人员每天不想出工，一出工就说身体不舒服，经过身体检查，并没
有发现什么病，民警怀疑其为抗改表现，经过教育效果不明显。请来心理矫治
人员与其谈话，发现他是害怕下井，判断其为下井恐怖症。

任务要求

对于上述服刑人员的情况，适用哪种方法对其进行治疗？假如要用行为主
义的理论进行治疗，该如何进行呢？

任务分析

一、代币法

代币法又称为代换券制度或标记奖励法。是以自我价值观念为基础，按操
作性条件反射原理设计的一种行为疗法。是用一种标记（如筹码、卡片、红星、
红旗等）代替钱币做阳性强化物，奖励病人作出所希望的良好行为，从而能使

患者所表现的良好行为得到强化，逐渐形成并得到巩固。出现不良行为时则不予奖励，使不良行为得以消退。病人积累若干代币后，可以用它换取某种权利和物资，病人为了获得这些特权或物资，就必须改掉不良行为，以取得若干代币的奖励。

代币法是在监狱系统中使用得最广泛的行为矫正方法，人们在使用中对这种方法进行了不同程度的改造。在监狱中使用代币法的原理是：服刑人员如果希望得到优惠权利和物品，就必须使用分数来"购买或换取"；而分数只能通过良好的行为表现来挣得。因此，服刑人员在获取分数和优惠权利、物品的过程中，逐渐形成能够在更大的社会中应用的行为模式。

在监狱系统中使用代币法的具体步骤是：

1. 确定目标行为；
2. 制定具体标准；
3. 设立强化规则；
4. 评定服刑人员行为；
5. 实际兑现代币。

二、厌恶疗法

厌恶疗法是以一种引起厌恶、不愉快体验的刺激，或是惩罚性的刺激与病人的不良行为反复多次结合，让病人形成一种新的条件反射，使之与原来的不良行为相对抗以至消退的疗法。主要适应症是酗酒、药物瘾、性变态及其他不良的过剩行为。

在监狱中使用厌恶疗法时，一般是用来矫正以下不良行为的：药物瘾癖、酒精成瘾、攻击行为、不合作行为、性变态行为、偷窃狂、纵火狂等。此方法所使用的条件刺激有药物、电击、关禁闭等。痛苦性或惩罚性条件刺激可以是实际的，也可以是想象中的。

在监狱中尝试使用厌恶疗法改变不良行为时，一般都要注意厌恶刺激的选择和使用问题。为了避免使用厌恶疗法带来的法律和伦理问题，一般都要在使用这种方法之前告知服刑人员。

三、放松训练法

放松训练法是通过一定的方式训练学会精神上及躯体上（骨骼肌）放松的

一种行为治疗方法。其核心的理论认为放松所导致的心理改变对应激所引起的心理改变是一种对抗力量。放松可阻断焦虑，副交感支配可阻断交感支配。在所有生理系统中，只有肌肉系统是我们可以直接控制的。当压力事件出现时，紧张不断积累，压力体验逐渐增强。此刻，持续几分钟的完全放松比一小时睡眠效果更好。放松可以通过呼吸放松、想象放松、静坐放松、自律放松等方法。

虽然放松训练的方法和程序可以不一样，但它们有着共同的目的，就是降低交感神经系统的活动水平、减低骨骼肌的紧张及减轻焦虑与紧张的主观状态。本逊（1977）提出几乎在所有的放松技术中都存在的以下四个基本成分：

1. 精神专一。要求自己集中注意于身体感觉、思维或想象。默默地或出声地重复一个音、词、句子或想象，以促进逻辑的继发性过程性思维转变为较少现实依据的原发性过程性思维。

2. 被动态度。当思维或想象发生分心时，教导自己不理睬无关刺激而重新集中注意力于精神专一。

3. 减低肌肉能力。处于一种安适的姿势，减低肌肉紧张。

4. 安静的环境。闭目以减少外来的分心，宁静的环境可减少外来感觉的传入。

实际上还有一个，就是需要有规律地进行训练。

四、系统脱敏法

系统脱敏疗法（systematic desensitization）又称交互抑制法，是由美国学者沃尔普创立和发展的。这种方法主要是诱导求治者缓慢地暴露出导致神经焦虑、恐惧的情境，并通过心理的放松状态来对抗这种焦虑情绪，从而达到消除焦虑或恐惧的目的。系统脱敏法的程序是逐渐加大刺激的程度。当某个刺激不会再引起求治者焦虑和恐怖反应时，施治者便可向处于放松状态的求治者呈现另一个比前一刺激略强一点的刺激。如果一个刺激所引起的焦虑或恐怖状态在求治者所能忍受的范围之内，经过多次反复的呈现，他便不再会对该刺激感到焦虑和恐怖，治疗目标也就达到了。这就是系统脱敏疗法的治疗原理。

采用系统脱敏疗法进行治疗应包括三个步骤：

1. 建立恐怖或焦虑的等级层次。这一步包含两项内容：找出所有使求治者感到恐怖或焦虑的事件；将求治者报告出的恐怖或焦虑事件按等级程度由小到大的顺序排列。

2. 放松训练。一般需要 6～10 次练习，每次历时半小时，每天 1～2 次，达到全身肌肉能够迅速进入松弛状态时为合格。

3. 系统脱敏练习：包括放松、想象脱敏训练、实地适应训练。

系统脱敏法的关键是确定引起过激反应的事件或物体。但有时较容易看到的过激反应事件并不一定是真正引发心理障碍的原因。所以应找到真正的致病因，结合"认知调整法"标本兼治。如有的人异性交往恐惧只是一个表面现象，当求助者不理解致病的真正原因时，系统脱敏的效果并不理想。后来找到了真正的致病原因——身体缺陷导致自卑、逃避、幻想、心理失衡时，对自身身体采用系统脱敏和认知调整法相结合的方法进行治疗立即取得良好的效果。

系统脱敏法适用于焦虑症和恐惧症的治疗。

"系统脱敏法"是通过一系列步骤，按照刺激强度由弱到强，由小到大，逐渐训练心理承受能力、忍耐力，增强适应力，从而达到最后对真实体验不产生"过敏"反应，保持身心的正常状态。

"系统脱敏法"按照训练方式和特点大致可分为：时间—想象式和空间—实物式。前者是以时间为线索，运用想象进行脱敏；后者则以空间为依据，运用实物进行脱敏。

五、满灌疗法

又称为"冲击疗法"和"快速脱敏疗法"。是鼓励患者直接接触引起恐怖焦虑的情景，坚持到紧张感觉消失的一种快速行为疗法。满灌疗法，一开始就应让患者进入最使他恐惧的情境中，一般采用想象的方式，鼓励病人想象最使他恐惧的场面，或者心理医生在旁边反复地、甚至不厌其烦地讲述他最感恐惧情境中的细节，或者使用录像、幻灯片放映最使患者恐惧的情景，以加深患者的焦虑程度，同时不允许患者采取闭眼睛、哭喊、堵耳朵等逃避行为。在反复的恐惧刺激下，即使患者因焦虑紧张而出现心跳加快、呼吸困难、面色发白、四肢发冷等植物性神经系统反应，而患者最担心的可怕灾难却并没有发生，这样焦虑反应也就相应地消退了。或者把患者直接带入他最害怕的情境，经过实际体验，使其觉得也没有导致什么了不起的后果，恐惧症状自然也就慢慢消除了。

"习能镇惊"是满灌疗法治疗的要诀。满灌治疗是一种快速脱敏疗法，如果患者合作，可以在几天或几周内，至多在2个月内可取得明显疗效。

满灌疗法的治疗步骤是：

1. 确立主要治疗目标。认真找出引起患者恐怖焦虑的事物、人物或场景，以便安排系统的主攻方向。

2. 向患者讲明治疗的意义、目的、方法和注意事项，要求高度配合，树立坚强的信心和决心。尤其要求患者暴露在恐怖情景中不能有丝毫回避意向和行为。

3. 治疗期间应不断训练，巩固治疗效果。

4. 心理医生可采用示范法，必要时随患者共同进行治疗训练，鼓励患者建立自信，大胆治疗，促进暴露。

5. 学会系统肌肉放松法等训练方法，在做好充分思想准备的情况下进行满灌治疗。

满灌疗法常被用来治疗焦虑症和恐怖症。但在具体运用时，还要考虑患者的文化水平、需要暗示的程度、发病原因和身体状况等因素。对体质虚弱、心脏病、高血压和承受力低的患者不能应用此法，以防发生意外。

使用满灌疗法时应注意：

第一，要向患者说明满灌疗法带来的焦虑是无害的。只有患者体验到严重紧张，面对害怕，并且忍耐 1～2 小时以上，恐惧焦虑情绪才会逐渐消失。经过一系列先易后难的渐进的满灌暴露作业后，就会起到控制病情的作用。

第二，不允许有回避行为，否则会加重恐怖，导致失败。

第三，使用此法，必须对患者的身心状况有深入的了解。否则不仅会影响疗效，而且有可能发生意外。

知识链接

行为疗法又称行为矫正疗法，是 20 世纪 50 年代迅速发展起来的一种重要的心理学的理论和治疗技术。行为疗法是根据条件反射原理和有关学习的理论，按照一定的程序，采取正负强化的奖惩方式，对个体进行反复训练，以消除或矫正适应不良行为的一种心理疗法。行为治疗的理论基础主要有三个方面：

1. 经典条件反射原理。提到经典的条件反射，必然会首先提到巴甫洛夫的经典性实验。他用狗做实验：狗吃食物时会引起唾液的分泌，这是先天的反射，称无条件反射。给狗听铃声，不会引起唾液分泌，但如果每次给狗吃食物以前出现铃声，这样反复多次之后，铃声一响，狗就会唾液分泌。铃声本来与唾液无关（称为无关刺激），由于多次与食物结合，铃声就具有引起唾液分泌的作用，铃声已成为进食的"信号"了。这时，铃声就转化为信号刺激（即条件刺激），这种反射就是条件反射，也称应答条件作用。形成条件反射的基本条件就是无关刺激与条件刺激在时间上的结合，这个过程被称为强化。若条件刺激多次出现，而没有无条件刺激的强化，这个条件反射就可能消退或弱化。

经典条件反射原理强调刺激的作用。有三个基本现象：一是条件反射形成和建立，这是条件刺激物取代无条件刺激物，形成特定刺激—反应关系的获得过程；二是泛化，就是把学习得到的经验扩展运用到其他类似的情境中去的倾向；三是消退，指条件反射建立以后，不再需要无条件刺激，仅由条件刺激物就可以引起条件反应，但不继续给予条件刺激物时，条件反应的强度就会逐渐下降，直至不再出现条件反应，即产生了消退。

2. 操作性条件反射原理。正当巴甫洛夫进行经典条件反射的研究时，美国的心理学家桑代克提出了操作性条件反射的理论。他把猫关在迷箱之中，猫可以借助拉绳圈、推动杠杆、转动旋钮逃出来。关在迷箱之中的猫开始时挤栅门，抓、咬放在迷箱里的东西，并把爪子伸出来，进行多种尝试以逃出迷箱。后来偶然发现了打开迷箱的机关，以后猫的错误行为渐渐减少，只有成功的反应保存了下来。最后，猫学会了如何逃出迷箱，即学会了"开门"的动作。这种条件反射之所以被称为操作性条件反射，正是强调了该行为的操作会促使某种结果的产生。

操作性条件反射原理与经典条件反射相对，强调在一定的情境中，个体某种反应的强度受其反应结果的控制，即由个体的操作行为而形成的条件反射。在操作条件作用下，强化物只有在条件反应出现以后才出现，强化决定于反应。

以操作条件反射理论为基础的操作条件反射疗法，要求治疗者不断地采用奖励和指导的方式帮助患者学习适当的技能和新的适应行为，消除适应不良行为。虽然必要时采用惩罚的方式，但惩罚不是治疗者的目的，不能作为主要手段而经常采用。

操作条件反射原理认为人类大多数行为都是习得的，包括心理疾病在内，所以，心理治疗可以通过改变其起作用的强化物的方式来达到改变行为的目的。

3. 模仿学习理论。行为治疗中的学习理论认为，学习的产生是通过模仿过程而获得的，即一个人通过观察另一个人的行为反应而学习了某种特殊的反应方式。个体在模仿某些行为的过程中，并未直接进行到强化。班杜拉是模仿学习理论的主要代表人物，他认为个体仅仅通过观察其他人的行为反应就可以达到模仿学习的目的。但班杜拉并未置强化于不顾，他指出，虽然个体可通过简单的观察学会某些行为，但为使个体运用这些行为，就必须运用强化手段。

综上所述，行为主义认为人和动物的行为乃是有机体应对环境的一切活动。学习理论认为学习是在刺激和反应之间建立新的神经联结和神经通络。刺激—反应（S-R）是行为主义的基本公式。人的各种行为，包括适应性行为和非适应性行为都是学习得来的，学习都是条件反射作用。个体的病态行为及临床中的心理疾病，是通过条件作用从社会环境习得的非适应性行为方式，可以运用学习和训练方法加以消除，并使患者重新学习更适合的行为。各种行为矫正技术充分运用了条件反射强化和消退的原理以及学习效果，以发挥其治疗作用。学习是诸行为疗法的基本原则。患者通过学习来改变或消除不良情感和不适应社会的行为，建立顺应社会的新行为和愉快的情感。

此外，各种行为疗法都遵循奖惩的原则。在行为疗法实施的过程中，赏罚制度和措施的制定与贯彻是非常重要的。当一个新行为建立时，能及时给以夸奖和鼓励则越容易成功，并能维持下去。而出现不良行为时，适当的惩罚也是不可缺少的。目的是使患者认识其行为是不对的，从而能有意识地克服，最终达到消除的目的。

学习任务十三　认知理论的治疗方法

导入案例

来访者主诉：

情绪低落，紧张焦虑，注意力不集中，心慌头痛，食欲差，伴睡眠障碍三月有余。

个人陈述：

10 岁时父母离异，是母亲抚养自己长大。4 年前，我开始吸毒，花光了母亲买断工龄的钱 6 万元人民币。从小就记得母亲有胃病，三个多月前，得知母亲患胃癌去世的消息，想到母亲含辛茹苦将自己抚养长大，母亲对我的关爱历历在目，是我吸毒而花光了母亲的钱，导致母亲无钱治病，母亲死时我也没能给她送终，我对不起母亲，是一个无用的人，是个有罪的人，现在很后悔我怎么去吸毒！如果我不吸毒，母亲有钱治病，母亲就不会这么早去世！从我吸毒这几年来，母亲就没有过过一天好日子，我想戒毒，戒毒后多挣钱让母亲过上好日子，可现在母亲不在了，我连尽孝心的机会都没有了。现在只要看到别的学员接见，我就会想起母亲来看我的情景，我就心慌、紧张、出汗，十分痛苦，注意力不能集中，整天胡思乱想，劳动时也老是出错，因损坏劳动工具还被惩罚。三个多月来，我紧张、痛苦、对什么事都提不起兴趣，晚上睡不着觉，白天又没有精神，不想吃饭，有时还头痛，觉得自己是活不下去了。同组学员、老乡和中队长干部不断安慰我，当时心情会好些，可是一段时间后，我又回到

痛苦之中。我想是心理出问题了，所以前来咨询。（在中队民警的陪同下前来咨询）

中队民警补充资料：

来访者姚某，性格内向，做事认真，2005年3月到我中队改造以来，遵守纪律，劳动积极，学习认真，共获减刑2年。2010年5月得知母亲去世的消息后，姚某整天忧心忡忡，焦虑不安，不能参加正常的学习和劳动；7月中旬以来姚某表现更为突出，整天无精打采，晚上两三点钟查班时，常发现他在过道上走来走去，难以入睡，行为失常；在习艺劳动中不按操作规程劳动，加工的产品合格率低，还损坏生产工具四次，中队民警、民管会成员、班组长找他谈过多次，效果不佳，现在不能正常参加日常的教育学习和习艺劳动。

咨询师观察了解的情况：

来访者衣着整洁，面容消瘦、憔悴，一直低着头，目光有些呆滞，不能正视别人的目光；来访者身体健康，未发现患有其他疾病，无家族精神病史。性格内向，最近很少与其他学员交往，中队民警评价他做事认真，业余爱好较少，极少主动参加大队组织的文娱活动。自从三个多月前得知母亲去世的消息后，来访者一直处于痛苦、后悔自责、焦虑不安之中，对生活失去了信心。

心理测验结果：

90项症状清单（SCL-90）：人际关系敏感2.5，焦虑3.2，抑郁2.4。

焦虑自评量表（SAS）：粗分53分，标准分66分，属重度焦虑。

抑郁自评量表（SDS）：粗分48分，标准分60分，属轻度抑郁。

评估与诊断：

一、据临床资料分析来访者目前精神、身体、社会功能状态评估

1. 精神状态：情绪低落，注意力不集中，胡思乱想、自责、紧张、焦虑。

2. 生理状态：睡眠障碍、食欲差，头痛、心慌、出汗。

3. 社会功能状态：与学员交往少，不能参加正常的教育改造活动，习艺劳动效率明显下降。

4. 心理状态评估：根据心理健康水平评估的十项指标，心理问题的关键点，症状的表层是焦虑及睡眠问题，深层的问题是母亲去世而导致的内心冲突及痛苦，使其意识水平降低，心理自控力下降，自信心估计过低，社会交往降低。

二、诊断依据

1. 根据病与非病三原则，该来访者知、情、意是统一、一致的，对自己的心理问题有自知力，主动求医，无逻辑思维混乱、无感知觉异常，无幻觉、妄想等精神病症状，因此可以排除精神病。

2. 根据来访者情绪低落、紧张、焦虑、注意力不集中，胡思乱想，睡眠障碍等心理问题持续时间为三个多月，已经出现了泛化、回避、影响社会功能，已经不属于一般心理问题的范畴。

3. 根据来访者的内心受到较强烈的现实刺激，内心冲突具有现实意义，具有道德色彩，且没有器质性病变作基础，所以考虑诊断为严重心理问题。

4. 心理测验结果支持本诊断。

5. 最终诊断为严重心理问题。

病因分析：

1. 生物学原因：来访者男性，29 岁，有 3 年的吸毒史。

2. 社会原因：

（1）父母离异，处于单亲家庭，儿童、少年期间缺乏父爱；

（2）有 3 年吸毒史；

（3）社会交往少；

（4）母亲的病逝形成较强烈的道德观念因素，对心理问题的形成构成直接的影响。

3. 心理与行为方面的认知原因：

（1）错误的认知：自己因吸毒花光母亲的钱，导致母亲死亡，对不起母亲。

（2）错误的评价：我是个无用的人，有罪的人，活不下去了。

（3）情绪方面的原因：受情绪低落、焦虑、紧张、自卑自责的困扰，自己不能解决。

（4）在行为模式上缺乏解决问题的策略和技巧。

鉴别诊断：

1. 与精神病相鉴别。根据判断正常心理与异常心理活动的三原则，该来访者知、情、意是统一的、一致的，对自己心理问题有自知力，能主动求医；无逻辑思维混乱，无感知觉异常，无幻觉妄想等精神病症状；人格相对稳定；可以排除精神病。

2. 与神经症相鉴别。来访者的心理冲突有两点：一是与现实处境直接相联系，涉及大家公认的重要生活事件；二是带有明显的道德性质，即心理冲突没有变形，可以排除神经症。

◉ **任务要求**

假如上述案例中的劳教人员的情况发生在监狱服刑人员身上，我们现在要对这样的服刑人员进行心理咨询与治疗，如果是你接待这个服刑人员，要求你用认知的理论对其进行心理咨询，你准备怎样对其开展工作？

任务分析

认知理论的治疗模型：

理性情绪治疗的目的是要尽量减少当事人自我毁灭的潜在倾向，进而协助他形成一个较实际、较开阔和合理的人生哲学。要求对人对己要尽量做到进行合理的思维，这样就可以减少许多心理冲突，减少自我毁灭的潜在倾向。艾利斯的公式是：

A——B——C——D

A 指发生的与自己有关的事件，B 指个人对事件的看法、信念，C 指信念引起的情绪反应及后果，D 指辅导和治疗干预。具体步骤如下：

1. 找出不合理信念。
2. 验证不合理信念。
3. 挑战不合理信念。
4. 改变不合理信念。

知识链接

一、认知理论

认知模式认为人的思想和情绪问题来源于自身对人、对己、对事理的错误思想和观念，即所谓的"庸人自扰"。但人也有自助的能力，矫治者的任务在于通过解说和指导的再教育方式，协助其自我重组认知结构。

认知（理性情绪）模式的主要观点。艾利斯认为人在出生时就兼有两种思想：理性思想与非理性思想。

理性思想使人珍惜自己的生命，认为生命是可贵的，要学习、要快乐、要与人沟通、要有爱的享受、在爱中成长、迈向自我实现的目标。

非理性思想是一种不合逻辑的思维，特点是自卑固执、好胜冲动、对己要求完美无缺、不断重复错误、耐挫力差。

不合理的信念有三大类：①对自己的不合理的要求；②对他人的不合理的要求；③对周围环境及事物的不合理的要求。

这些不合理要求有三个特征：绝对化，过分概括化，糟糕至极。

以下列举十种不合理信念：

1. 人应该得到生活中所有对自己是重要的人的喜爱和赞许；

2. 有价值的人应该在各方面都比别人强；

3. 任何事情都应按自己的意愿发展，否则会很糟糕；

4. 一个人应该担心随时可能发生的灾祸；

5. 情绪由外界控制，自己无能为力；

6. 自身已相对稳定的东西是无法改变的；

7. 任何问题都应有一个正确完满的答案，无法找到正确的答案是不能容忍的事；

8. 对不好的人应给予严厉的惩罚和制裁；

9. 逃避困难、挑战与责任要比正视它们容易得多；

10. 要有一个比自己强的人做后盾才行。

二、促成或影响"心理不健康状态"的因素

1. 人口学因素。心理不健康状态可以出现在任何年龄段，但在青春发育期、更年期更易发生；性别因素是一个很复杂的问题，在不良情绪发生问题上，男、女各有特点。比如，女性易受暗示，因轻信、上当受骗，多有不良情绪发生；男性在社交过程中更爱面子，"死要面子活受罪"的情况，可以使其心理失去平衡。据近年来相关杂志发表的调查报告来看，文化程度、职业、生活状况、婚姻状况、家庭结构、生活方式等，对心理健康状况都有不同程度的影响。

2. 个性心理特征。个人性格特点与心理不健康状态有密切关系。性格是由先天素质与后天学习相结合而形成的，人的遗传因素决定了脑细胞的构筑特征和工作强度，后天的学习，训练了一个人大脑细胞工作的灵活性。所以，一个人在生存过程中，承受环境压力的能力越强，应对环境变化的灵活性越高，他的心理转为不健康状态的概率就越低；个人的消极经验、反逻辑思维特征和固有的不恰当的行为反应模式，是造成不健康心理状态的内在原因；另外，人的价值取向、兴趣和爱好的性质也影响人的心理健康。

3. 身体健康水平。根据身、心一体的原则，健康的心理应寓于健康的身体。经常多病或慢性躯体疾病患者，心理健康极易受到破坏，不同躯体疾病，其心理不健康状态又具有特殊性，如先天性心脏病患者，由于长期脑供血不足可造成脑相对缺氧，患者常常表现出情感脆弱、心情抑郁等。

4. 社会变迁。人的生存离不开社会，社会环境的变迁，对人起直接作用。对社会变化的适应不良，可使人进入心理不健康状态。极端的例子是所谓"文

化休克"。适应能力很差的人，在反差极大的社会文化中生活，可以导致某些心理问题，同时伴有躯体症状。只要返回原来的文化环境，所有症状可不治自愈。

三、投射理论

投射一词在心理学上是指个人将自己的思想、态度、愿望、情绪、性格等个性特征，不自觉地反应于外界事物或者他人的一种心理作用，也就是个人的人格结构对感知、组织以及解释环境的方式发生影响的过程。该术语由弗兰克（L. K. Frank）于1939年首先明确提出，但是在此之前已经产生了利用投射技术原理编制的投射测验，如1921年的罗夏墨迹测验。

投射法的具体做法是：向被试者呈现一定的刺激材料（一般是没有明确意义的材料），让被试者加以解释或者要求他们将这些刺激材料组织起来。其基本假设为：其一，人们对外界刺激的反应都有其原因而且是可以预测的，不是偶然发生的；其二，这些反应固然决定当时的刺激或者情境，但是个人本身当时的心理结构、过去的经验、对将来的期望，也就是他整个的人格结构，对当时的知觉与反应的性质和方向，都会产生很大的影响；其三，人格结构的大部分处于潜意识中，个人无法凭借其意识说明自己，而个人面对一种不明确的刺激情境时，却常常可以使隐藏在潜意识中的欲望、需求、动机冲突等"泄漏"出来，即把一个反映他的人格特点的结构加到刺激上去。如果知道了一个人如何对那些意义不明确的刺激情境进行解释和组织，就能够推论出有关个体人格结构的一些问题。

示例

信息中个案的咨询方案

一、咨询目标

根据以上诊断、分析，通过与来访者姚某协商，确定咨询目标。

具体目标和近期目标：①改善情绪低落，焦虑不安，自责等不适情绪，改善睡眠。②改变错误认知，纠正错误评价。

最终目标与长期目标：在达到上述目标的基础上，最终改变其错误认知，重建正确的认知模式，树立自信，促进求助者心理健康和发展，达到人格完善。

二、双方的责任、权利和义务

1. 来访者的责任、权利和义务；

2. 咨询师的责任、权利和义务。

三、咨询的次数与时间安排

咨询时间：每周一次，每次 45 分钟。

四、咨询的具体方法、原理

合理情绪疗法认为，人们的情绪障碍是由人们的不合理信念所造成的。简要地说是以理性治疗非理性，帮助来访者以合理的思维方式代替不合理的思维方式，以合理的信念代替不合理的信念；通过理性分析和逻辑思辨改变造成来访者情绪困扰的不合理观念，并建立起合理的理性信念，帮助来访者克服自身的精神问题，改变错误认知，减少或消除他们已有的精神障碍，以合理的人生观来创造生活，并以此来维护心理健康，促进人格的全面发展。这些非理性观念有三个主要特征。

1. 绝对化要求：是指个体以自己的意愿为出发点，认为某一事物必定会发生或不会发生的信念。如来访者说，"若不是我吸毒而用光母亲的钱，母亲就不会患胃癌去世"。

2. 过分化概括：是一种以偏概全的不合理思维方式，就好像是以一本书的封面来认定它的好坏一样。如来访者说，"我是一个无用的人，是个有罪的人"。

3. 糟糕至极：是一种对事物的后果非常可怕，非常糟糕，甚至是一种灾难性的预期的非理性观念。如来访者说，"我活不下去了"。

合理情绪疗法的基本人性观认为人既是理性的，也是非理性的。持非理性观念的人们一旦陷入严重的情绪困扰状态中，往往难以自拔。这就需要用合理情绪疗法的理论和技术加以治疗。

五、咨询过程

第一阶段：诊断评估与咨询关系建立阶段，共一次。

第一次咨询时间：2007 年 8 月 11 日。

1. 目的：

(1) 建立良好的咨询关系；

(2) 了解来访者基本情况，收集相关资料；

(3) 确定主要问题，共同协商咨询目标；

(4) 介绍心理咨询方法和相关情况。

2. 方法：摄入性会谈，心理测验。

3. 过程：填写咨询登记表，了解基本情况；介绍咨询中的有关事项，介绍双方责任、权利、义务；做90项症状清单（SCL-90）、焦虑自评量表（SAS）、抑郁自评量表（SDS）测验；向大队民警了解来访者的基本情况以及该来访者的异常表现情况；本着尊重、热情、真诚的态度使来访者感到被理解、被接纳；采用会谈法与来访者交谈，收集资料。在这个过程中，咨询师成功地取得了来访者的信任，该来访者逻辑思维清晰，领悟力较强，咨询师直接对其讲解了合理情绪疗法ABC理论原理，指出造成来访者心理问题的症结是其思维方式、信念的不合理，使他陷入情绪困扰状态。咨询师具体讲解了ABC理论中A代表发生的事件，B指人们对发生的事件所持的观念或信念，C指观念或信念所引起的情绪及行为后果。来访者能够接受这种理论对自己的问题的解释。

4. 家庭作业：运用ABC理论，结合自己的问题予以初步分析：①具体找出自己不合理的思维方式B是什么。②找出这种想法有什么证据。

第二阶段：心理帮助阶段，共三次。

第二次咨询时间：2007年8月18日。

1. 目的：巩固咨询效果；分析问题产生的原因，改变不良认知，来访者应对自己的问题负责。

2. 方法：会谈、合理情绪疗法。

3. 过程：咨询作业反馈过程中，来访者自己找出不合理的思维方式：是一个无用的人，是个有罪的人，现在很后悔我怎么去吸毒啊！如果我不吸毒，母亲有钱治病，母亲就不会这么早去世！不能找出足够的证据来否定这一信念。咨询师肯定了来访者找出的这一不合理信念。

分析：母亲生病是疾病发生的必然结果，这是谁也不希望发生的事件；吸毒对个人、家庭、社会的危害是肯定的，因吸毒导致母亲无钱治病而产生的后悔情绪是适当的、合理的；若我不吸毒，母亲就不会患病，不会去世，我就是一个无用的人，是一个有罪的人，这是不合理的观念，是一种糟糕至极的想法和绝对化的要求。这使来访者陷入情绪困扰之中，产生自罪自责、焦虑不安等不适情绪及头痛失眠惊慌等躯体症状，来访者领悟到他的情绪问题是由自己现在所持有的不合理信念造成的，而不是诱发事件的本身。他对自己的情绪和行为反应有责任。只有改变了不合理信念，建立合理思维方式，才能减轻或消除症状。咨询师为了检验来访者是否真正达到领悟，并要求姚某分析他自己的问题，让他举例来说明问题的根源，作为家庭作业让来访者回队完成。

第三次咨询时间：2007年8月25日。

1. 目的：进一步寻找来访者心理问题发生的认识根源。

2. 方法：合理情绪疗法。

3. 过程：咨询作业反馈过程中，来访者自述通过寻找问题发生根源，进行了反复自我审查，觉得心情轻松了许多，尤其是自罪自责心理明显减轻，但还是为母亲生病去世而遗憾惋惜。觉得自己不是一个好儿子，是一个无用的人，有罪的人，咨询师针对这一不合理的信念，告诉来访者这属于过分化概括，是一种以偏概全、以一概十的不合理思维方式的表现。这是对自身的不合理评价，以自己做的某一件事的结果来评价自己整个人，评价自己作为人的价值，其结果就会导致自卑、自责、自弃的心理及焦虑抑郁情绪的发生。

4. 家庭作业：

（1）要求姚某回忆自己吸毒前母亲患胃病的往事，分析是否自己不吸毒母亲就不会患病，自己吸毒与母亲生病去世的直接联系。

（2）要求姚某以自己吸毒的经历为基础，分析毒品对个人、家庭、社会有哪些危害。

第四次咨询时间：2007 年 9 月 1 日。

1. 目的：

（1）巩固咨询效果；

（2）使来访者认识到这些不合理的信念是不现实、不合逻辑的，是没有根据的，学会以合理的信念取代不合理的信念。

2. 方法：

（1）会谈。

（2）与不合理的信念辩论。

选录咨询过程中的对话（来访者简称"姚"，咨询师简称"咨"）：

姚：母亲从小对我很好，自己舍不得吃、穿，都要给我最好的关爱，而我却去吸毒，花光了母亲的钱，母亲无钱治病去世了，对母亲来说我没有资格做她的儿子，我对不起母亲，我有罪，母亲生病我没有照顾她一天，现在想尽点孝心的机会都没有了，我真没用。

咨：作为一个女人要将儿子抚养大，确实不容易，可以看出你母亲是一位称职的母亲。

姚：嗯！（点头）

咨：作为一个称职的母亲，是否应该将儿女抚养大？

姚：嗯……是的。（点头）

咨：你能说说判断母子关系的标准是什么吗？

姚：嗯……是血缘关系。

咨：你血管里流的是母亲的血，不管你如何评价自己，你都是母亲的儿子，是这样吗？

姚：（点头）

咨：你母亲得了胃癌，这与你吸毒用光了家里的钱有多大关系呢？

姚：我也看过相关的书籍，癌症不是一天两天形成的，早期诊断也很困难，也可能在我被送劳教之初就形成癌症了，这好像确实与有钱无钱没有多大关系。

咨：既然受目前医疗水平限制，癌症的早期诊断很困难，母亲生病与你个人行为没有直接的联系，那你又凭什么说你是一个无用的人，有罪的人呢？（指出求助者的主观臆断）

姚：嗯……好像是的，可是我不吸毒母亲就不会这么早去世。

咨：你不吸毒母亲就不会这么早去世，你有证据吗？你相信有钱就能让癌症患者生存下去吗？

姚：嗯……我也没有什么证据。我也宁愿相信母亲在我吸毒之前就患有癌症，但我毕竟因吸毒而用光了家里的钱，让母亲无钱治病啊！

咨：吸毒对个人、家庭、社会的危害是肯定的，你能认识到毒品的危害，很不错，你能说说你目前处在什么环境，来这里的目的是什么吗？

姚：我很后悔自己怎么去吸毒，我来劳教戒毒也是我母亲的意愿，她希望我能戒毒，好好地生活。她来这里接见一次就讲一次，我明白了，我应该振作起来，好好改造，不应该这样。

咨：好极了，你能明白自己现在的处境和以后应该怎样做，真不容易，那你还认为自己是一个无用的人吗？活不下去吗？

姚：这……我好像自信多了，就为母亲最后一次来接见时叮嘱我好好改造，以后成一个家，好好生活的"遗言"，我也要努力改造，出去后彻底远离毒品，让母亲在九泉之下高高兴兴。

咨：你真棒！你已经学会了与不合理的信念辩论，学会了用理性思维取代自我责备的思维。

3. 家庭作业：让来访者回答如下具体问题：①找一找自己曾经有过的不合理信念；②这个信念是否正确；③找出使自己得出这个信念是错误的结论的证据；④能否通过自己的辩解，改变一些对自己错误的评价和看法。

第三阶段：结束与巩固阶段，共一次。

第五次咨询时间：2007 年 9 月 15 日。

1. 目的：

（1）巩固咨询效果，学会用理性思维方式思维，使来访者在认知、思维、情绪、行为等方面重建新的反应模式。

（2）学习与不合理信念辩论，帮助来访者拥有较现实的、较理性的、较宽容的人生哲学。

2. 方法：会谈，合理情绪疗法，心理测验。

3. 过程：这次来访者前来咨询时，表情轻松、自然，来访者自述通过上次与不合理的思维方式辩论以及家庭作业的实践反思后，收获很大，心里感觉轻松了许多，感觉生活还是很有希望的，已经正常参加学习、劳动一周了。为了进一步帮助来访者摆脱旧有思维方式和非理性观念，继续探索与本症状无关的其他非理性信念，使来访者学习并逐渐养成与非理性信念进行辩论，用理性方式进行思维的习惯，对来访者进行了心理测验。

心理测验结果：

（SCL-90）：人际关系敏感1.7，焦虑1.8，抑郁1.8。

焦虑自评量表（SAS）：粗分42分，标准分52分。

抑郁自评量表（SDS）：粗分40分，标准分50分。

六、咨询效果评估

1. 来访者：情绪低落，焦虑、紧张抑郁等不适情绪明显好转，自罪自责消失，无头痛、无失眠、进食情况正常。

2. 中队民警的反应：与学员的沟通交流明显增多，学习、劳动、日常生活规范能达到中队要求。

3. 社会功能状态：人际关系恢复正常，能参加正常的学习、劳动和生活规范，改造态度端正。

4. 咨询前后两次心理测验结果比较：症状明显减轻。

5. 咨询师的评价：通过回访和跟踪，发现咨询已基本达到预期目的。改变了来访者不合理信念，解除了情绪困扰，来访者已恢复正常的改造生活；来访者通过咨询，能够进行自我探索，学会用合理情绪疗法中的理论知识分析生活中产生的不合理信念并与之进行辩论，促进了来访者的自我成长和人格完善。

学习单元五　服刑人员心理危机干预

学习目标

● 通过本单元的学习，使学生了解在监狱中常见的心理危机的类型，学会自杀干预和哀伤干预的基本方法，在监狱工作实践中，能够参与到相关危机干预的工作中。

学习任务十四　服刑人员心理危机的识别与干预

导入案例

刘某，女，29 岁，判刑前和丈夫结婚一个多月，因抢劫罪，被判有期徒刑7 年，现在某女子监狱服刑，入狱不到 1 年。有一天她跟同号房的服刑人员说："我现在心情非常不好，经常出现心慌、胸痛、头痛、头晕、失眠等现象。刚判刑时也有过这种现象，不过好长时间都没有出现了，这几天我的心情非常恶劣，几乎要失去控制了，比如说今天早晨吧，一起床就很烦闷，觉得自我的存在毫无必要，也觉得人们活得太无聊。压抑、恐慌、厌世、憎恨这个世界……"

同号房的服刑人员将此情况反映给了民警。

任务要求

如果你是当班民警，遇到上述这种情况，是否能确定刘某处于心理危机状态，需要进行危机干预？通过学习这部分内容，就是要学会识别服刑人员是否存在心理危机，学会最基本的处置方法。

任务分析

一、服刑人员心理危机及常见状态

心理危机是个体由于遭受严重灾难、重大生活事件或精神压力，使生活状况发生明显的变化，尤其是出现了用现有的生活条件和经验难以克服的困难，以致使当事人陷于痛苦、不安状态，常伴有绝望、麻木不仁、焦虑，以及植物神经症状和行为障碍等一类精神疾病。精神疾病则是一类以认知、情感、意志、行为异常为特点的常见复杂性疾病，包括精神分裂症，躁狂抑郁症，情感障碍，焦虑症，痴呆，强迫症，孤独症，酒精、毒品或其他物质依赖，进食障碍等。当个体的这一类精神疾病发展成为具有"破坏性行为"或"破坏性行为倾向"时，此个体就处于心理危机状态。由心理危机诱发的"破坏性行为或破坏性行为倾向"具有内、外两种指向性。对内指向是个体对自身的破坏，如自杀、自残、自虐等；对外指向是个体对他人的破坏。

　　服刑人员作为一个特殊的群体，对社会的稳定具有重要的意义。入狱后，在刑罚作用下承受了一定的生理和心理上的痛苦，同时由于个性心理特征和心理承受力的不同，在遭受监狱内外的生活事件刺激或挫折后，部分服刑人员出现了各种心理问题和心理障碍。严重者甚至诱发精神疾病，干扰了正常的监管改造工作，甚至出现危及监管安全的事故。服刑人员心理危机一旦发生并出现结果，就会对个体自身、他人（包括同犯、管教干警）产生强烈的破坏性影响。关注服刑人员的心理危机状态，研究与实践服刑人员心理危机干预机制是监狱当前的重要课题。

　　服刑人员常见的危机状态有自杀、脱逃、暴力、焦虑和哀痛。

二、服刑人员心理危机干预的对象

　　适用心理危机干预的服刑人员包括：

　　1. 面临家庭重大变故、个人感情受挫、遭遇性危机、重大突发事件等挫折；改造压力过大、家庭经济负担重、深感自卑而心理严重失衡、行为异常的。

　　2. 患有抑郁症、强迫症、焦虑症等严重心理疾病的；长期紧张、焦虑，既往有自杀未遂史或家族自杀史，或本人具有行凶、自杀或逃跑危险的；身患严重疾病、治疗周期长、个人很痛苦的。

　　3. 因严重环境适应不良，人际关系失调，性格过于内向孤僻、长期对外封闭隔离，缺乏社会支持，导致心理或行为异常，正处于对抗、争斗之中的。

　　4. 由于身边的服刑人员出现个体危机状况而受到影响，产生恐慌、担心、焦虑、困扰的。

　　5. 改造中受到打击处理面临心理冲突，有情绪困扰、行为异常，急需救助的。

三、服刑人员心理危机干预的特点

1. 阶段性。心理危机干预呈现着明显的阶段性特点。根据危险所处的不同时期，心理危机干预可分为事件突发前的心理危机干预和事件突发后的心理危机干预。事件突发前的心理危机干预对心理危机进行预防和识别，将突发问题消灭在萌芽状态。事件突发后的心理危机干预是应急处置和解除危机，即在采取狱政管理和教育手段的同时，辅之以心理危机干预，调停、制止危机行为，解除危机心理，消除危机状态。

2. 主动性。监狱机关或监狱人民警察在准确认识服刑人员、及时掌握信息、综合分析判断的基础上，当机立断启动心理危机干预机制，早发现、早干预、早解决危机，以保持心理危机对象的稳定性，或促使其由危机状态向正常转换。这里对危机干预对象施加的影响是一种主动影响，对服刑人员心理危机的急救也是一种主动急救。与心理咨询不尽相同的是，它更强调短期心理救助，使用主动性、立即性、灵活性、方便性的咨询策略来协助服刑人员适应与度过危机，对危急状态进行紧急、合理的处置与应对。

3. 针对性。心理危机干预呈现个体化趋势，没有统一、固定的模式，因个体的差异、危机的类型、内容和表现的不同，而采用不同的针对性干预手段和方式，不宜替代。比如自杀就和脱逃的干预方式不同。且在每一次干预中，也应当有所侧重。干预的个体化步骤包括制定干预方案、确立干预的目标和步骤、运用的技术手段和事后巩固危机干预的成果，等等。

4. 互动性。在外部主动干预的同时，积极引导服刑人员开展及时、有效的自我紧急心理危机干预，形成双向互动，是确保实现心理危机干预目标的最佳途径。服刑人员只有在实践中增强自我干预的能力，掌握一定的心理危机知识，了解心理危机产生、发展的规律及表现特征，才能识别自身心理和行为的变化；只有不回避现实，充分体会和发泄心理的痛苦、困惑和迷茫，及时有效地寻求帮助以减轻心理压力，获得心理支持，使用正确的应付方法来解决问题，才能防止情感和精神崩溃，产生不良结局。

5. 反复性。心理危机有反复性，这决定了心理危机干预也具有反复性。所以，应及时强化心理危机干预，注意检查和巩固干预的成果，避免发生灾难性后果。监狱民警、服刑人员亲属、社会志愿者等应采用宣泄、支持、澄清、决策等方法引导当事人避免或再次以爆发性形式释放心中的不良情绪，伤人伤己，使当事人走出心理困境，顺利度过危机期。当事人本人则应认识到危机是一种生活变迁或转折，找出自身的不足，明确今后努力的方向。所谓"吃一堑，长一智"，心理危机处理得当的话，当事人心理状况就上了一个新台阶，得到一次新成长。

四、服刑人员心理危机干预的注意事项

1. 危机是由服刑人员确定的，而不是由咨询人员确定的。服刑人员是否发生了危机，只能由服刑人员自己确定。有时候，在服刑人员发生某种危机时，咨询人员可能并不把它看成是一种危机。服刑人员在服刑期间，任何理由都会发生危机。咨询人员不应当小瞧或者轻视服刑人员所认识到的危机，是否发生危机应当以服刑人员的认识为标准。在服刑人员认为发生了危机时，如果咨询人员不认为那是危机，那么，服刑人员就会感到咨询人员不理解他，就会产生更严重的隔离感；另一方面，咨询人员应当避免形成一种危机心态，把服刑人员的很多问题都看成是危机。如果形成这样的心态，就会不恰当地把许多问题看作是危机。

2. 认识到危机之前的应激事件。在进行危机干预时，咨询人员应当认识到，在服刑人员产生危机之前，有一些应激事件对危机的产生起了推动作用。服刑人员自己可能往往不了解这些促成事件，咨询人员应当给服刑人员提供机会，让他们探讨对导致危机的这些事件的感情和想法。

3. 认识到危机会伴随强烈的情绪反应。在进行危机干预时，咨询人员应当认识到，发生危机的服刑人员会体验到强烈的情绪反应。这类情绪反应十分强烈，以至于服刑人员可能会出现暂时性的呆滞或者不能发挥正常机能的现象。服刑人员往往不能按照逻辑顺序或者事件顺序诉说事情。咨询人员应当认识到这种现象，允许服刑人员不拘小节地自由释放情绪。危机干预咨询中，咨询人员不能按照常规方式获得信息。在进行咨询时，如果咨询人员给服刑人员一杯水，也是有帮助作用的，因为喝水的动作可以产生安抚效应。这时候，咨询人员应当避免用过分同情的口吻对服刑人员讲话，这样的言语可能会加剧危机。要认识到，在危机期间，服刑人员的情绪是起伏不定的。强烈的情绪不会一直持续下去。不能让服刑人员处于高度的情绪激动状态中也是很重要的，因为这种情绪状态对他们自己和别人都是很危险的。

4. 认识到服刑人员没有应对能力。危机是在服刑人员自己不能应对的情况下产生的。当服刑人员不能依靠自己的能力应对危机事件时，就会产生危机，引发强烈的情绪反应。处于危机中的服刑人员通常失去了正常的行动能力，甚

至连一些简单的事情也做不好。而且，他们还感到绝望。因此，咨询人员不能让危机中的服刑人员独处，应当注意评估他们的自杀和杀人的危险性。

五、危机干预中的倾听技术

危机干预浓缩了一系列心理治疗技术和策略，要求危机干预工作者比日常心理咨询或治疗者更加主动、积极和自信。准确和良好的倾听技术是危机干预者必须具备的能力，实际上有时仅仅倾听就可以有效地帮助所有的人。为了做到很好地倾听，危机干预工作者必须首先必须排除自己的焦虑，全神贯注于求助者，逐步探究哪些抑郁情绪在影响着当事人，这样才可能有耐心引出当事人的全部有关信息。有效倾听的重要因素有：

要在开始时就用自己的言语向对方真实地说明自己将要做什么；

要让求助者知道，危机干预工作者能够准确地领会其所描述的事实和情绪体验；

要帮助求助者进一步明确了解自己的情感、内心动机和选择；

要帮助求助者了解危机境遇的影响因素。

知识链接

一、心理危机的概念

1. 危机是当人们面对重要生活目标的阻碍时产生的一种状态。这里的阻碍，是指在一定时间内，使用常规的解决方法不能解决的问题。危机是一段时间的解体和混乱，在此期间可能有过多次失败的解决问题的尝试。

2. 危机是生活目标的阻碍所导致的，人们相信用常规的选择和行为无法克服这种阻碍。

3. 危机之所以是危机，是因为个体知道自己无法对某种境遇作出反应。

4. 危机是一些个人的困难和境遇，这些困难和境遇使得人们无能为力，不能有意识地主宰自己的生活。

5. 危机是一种解体状态，在这种状态中，人们遭受重要生活目标的挫折，或其生活周期和应付刺激的方法受到严重的破坏。它指的是个人因这种破坏所产生的害怕、震惊、悲伤的感觉，而不是破坏本身。

6. 危机的发展有四个不同的时期：

（1）出现了一个关键的境遇，并分析一个人的正常应付机制是否能够满足这一境遇的需要；

（2）随着紧张和混乱程度的增加，逐渐超越了个人的应付能力；

（3）需要解决问题的额外资源（如咨询）；

（4）可能需要转诊才能解决人格解体的主要问题。

7. 危机是一种认识，当事人认为某一事件或境遇是个人的资源和应付机制所无法解决的困难。应及时缓解，否则危机会导致当事人情感、认知和行为方面的功能失调。

二、心理危机的类别

危机分为发展性危机、情景性危机和存在性危机三种。

1. 发展性危机。发展性危机是指在正常成长和发展过程中，急剧的变化或转变导致的异常反应。例如，迁居、升学、孩子出世等，都可以导致发展性危机。

2. 境遇性危机。境遇性危机是指出现罕见或超常事件，且个人无法预测和控制时出现的危机。例如，交通意外、被强奸、突然的疾病和死亡都可以导致境遇性危机。

3. 存在性危机。存在性危机是指伴随着重要的人生问题，如关于人生目的、责任、独立性、自由和承诺等出现的内部冲突和焦虑。

三、心理危机的特征和反应

1. 危机的特征。

（1）危险与机遇并存；

（2）复杂的症状；

（3）成长的机缘；

（4）缺乏万能的或快速的解决方法；

（5）选择的必要性；

（6）普遍性与特殊性。

2. 危机的反应。简而言之可分为认知、躯体、情感、行为表现和人际关系等五方面。危机通常给人带来焦虑、震惊、沮丧、担忧，有些会有悲伤、哀痛等反应。

3. 时间限制。一般而言，普通人无法忍受长期失衡状态和压力，他必会以不同方法及应变以使自己再度获得平衡状态。无数研究指出，一个人由危机出现到恢复平衡大概是 6～8 个星期时间。基于此，危机干预工作者应该把握此时限，以协助来访者渡过难关。

四、心理危机的评估

危机是包罗万象的、连续的和动态进展的，通过对求助者的应付能力、所遭受的个人威胁以及是否失去能动性的评估，能了解其过去和现在的危机状况，判断危机干预工作者所要采取的行动类型。

1. 评估的重要性。确定危机的严重程度；确定求助者目前的情绪状态——求助者情绪能动性或无能动性的水平；确定可变通的应对方式、应付机制、支持系统或对求助者而言切实可行的其他资源。确定求助者致死的水平（对自我或他人的伤害危险性）。

2. 评估的主要方面。危机干预的前提条件是对危机进行评估，即对当事人是否处于心理危机、危机的严重程度、当事人的反应模式、有无可以利用的社会支持的资源等进行评价。危机评估应该贯穿干预过程的始终。

（1）评价危机的严重程度（求助者的主观认识和工作人员的客观判断）。个体对危机的心理反应通常经历四个不同的阶段：

冲击期。发生在危机事件发生后不久或当时，感到震惊、恐慌、不知所措。

防御期。表现为想恢复心理上的平衡，控制焦虑和情绪紊乱，恢复受到损害的认知功能；但不知如何做，会出现否认、合理化等心理防御现象。

解决期。积极采取各种方法接受现实，寻求各种资源努力设法解决问题。焦虑减轻，自信增加，社会功能恢复。

成长期。经历了危机变得更成熟，获得应对危机的技巧。但也有人消极应对而出现种种心理不健康行为。

（2）评估求助者目前的情绪状态（危机的持续时间和目前求助者的情绪承受程度或应付能力）。由于危机具有突发性、严重性、危急性等特点，当事人会在生理、情绪、认知、行为等方面出现一系列的不良反应，通过这些表现可以帮助我们识别当事人是否处于危机之中。

心理危机的主要表现有：

躯体表现。心跳加快、血压升高、肠胃不适、腹泻、食欲下降、消化不良、出汗或寒颤、肌肉抽搐、头痛、耳朵发闷、疲乏过敏、失眠、做噩梦、容易惊吓、头昏眼花或晕眩、感觉呼吸困难或窒息、哽塞感、胸痛或不适、肌肉紧张等。

情绪反应。常出现害怕、焦虑、恐惧、怀疑、不信任、沮丧、忧郁、淡漠、空虚、悲伤、易怒、绝望、无助、麻木、否认、孤独、紧张、不安、愤怒、烦躁、羞愧、自责、过分敏感或警觉、无法放松、持续担忧、害怕即将死去等。

认知失调。常出现记忆困难、混淆、注意力不集中、犹豫不决、缺乏自信、无法做决定、健忘、效能降低、计算和思考理解都出现困难，记忆和知觉改变，难以区分事物的异同，解决问题的能力受到影响，不能把思想从危机事件上转移等。

行为改变。社会退缩，沉默、情绪失控，放弃以前的兴趣，回避他人或以特殊方式使自己不孤单；典型行为有习惯改变、过度活动、没有食欲或暴饮暴食、逃避与疏离等行为、容易自责或怪罪他人、不易信任他人，与人易生冲突；不能专心学习、工作或劳动；与社会的联系遭到破坏，可发生对自己或周围人、事和物的破坏性行为；逃避现实，拒绝帮助，行为和思想不一致；出现过去没有的反常行为，严重的会出现自杀倾向。

一般危机反应会维持4~8周。危机有自限性，急性期通常在6周左右，结果可能适应良好，也可能适应不良。

（3）评估替代解决方法、应付机制、支持系统和其他资源（工作人员需要思考的问题有：求助者现在采取何种行动或选择能恢复到危机前的状态？求助者真正采纳的行动是什么？有哪些机构、社会团体、职业或个人能给予其支持？谁愿意关心和帮助求助者？在求助者康复过程中有哪些经济、社交、职业和个人方面的障碍或问题？）。

五、心理危机干预

危机干预是指采取某些措施来干预或改善危机情景，以防止伤害处于危机情景中的个人及其周围的人们。

1. 危机干预的目标。

（1）帮助来访者解决危机；

（2）恢复功能和平衡；

（3）重新掌握应变能力。

2. 危机干预的原则。

（1）引导危机面临者及时、有效地接受帮助；

（2）帮助危机面临者有所作为地对待危机事件；

（3）向危机面临者提供必要的信息；

（4）不要责备他人，以防止危机面临者责备他人，不去承担责任，采取消极回避的方式。

3. 危机干预模式。目前国外常用的危机干预模式有三种类型：平衡模式、认知模式和心理社会转变模式。这三种模式为许多不同的危机干预策略和方法提供了理论基础。平衡模式认为，危机中的人通常处在一种心理或情绪的失衡状态，原有的应付机制不能满足需要，平衡模式的目的在于帮助人们重新获得危机前的平衡状态。认知模式认为危机来源于对生活困难和创伤的错误思维和信念，改变思维方式，特别是改变非理性的认知和自我否定，人们就能够获得对生活中危机的控制。心理社会转变模式认为，人是遗传和环境学习交互作用的产物，危机是由心理、社会或环境因素引起的，因此引导人们从心理、社会和环境三个范畴来寻找危机干预的策略。

4. 危机干预七步骤。

（1）定义问题：从求助者的立场出发探索和定义问题。使用积极倾听技术、包括使用开放式提问。既注意求助者的语言信息，也注意其非语言信息。

（2）行动：根据求助者的需要和可资利用的环境支持，采取非指导性的、合作的或指导性的干预方式。包括：检查替代解决方法、制订计划、获得承诺。

（3）保证求助者安全：评估对求助者躯体和心理安全的致死性、危险程度、失去能动性的情况或严重性。评估求助者的内部事件及围绕求助者的情景，如果必要的话，保证求助者知道代替冲动和自我毁灭行动的解决方法。

（4）提供支持：让求助者认识到危机干预工作是可靠的。通过语言、声调和躯体语言向求助者表达，危机干预工作者是以关心的、积极的、接受的不偏不倚的和个人的态度来处理危机事件。

（5）检查替代解决方法：帮助求助者探索他可以利用的解决方法。促使求助者积极地搜索可以获得的环境支持、可资利用的应付方式，发掘积极的思维方式。

（6）制订计划：帮助求助者作出现实的短期计划，包括发现另外的资源和提供应付方式，确定求助者理解的、自有的行动步骤。

（7）得到承诺：帮助求助者对自己的承诺采取确定的、积极的行动步骤，这些行动步骤必须是求助者自己的、从实现的角度看是可以完成的或是可以接受的。在结束危机干预前，危机干预工作者应该从求助者那里得到诚实、直接和适当的承诺。

5. 有成就的危机干预工作者的特征。生活经验、专业技巧、镇静、充足的精力、创造性与灵活性、快速的心理反应、其他特征。

示例

示例一

服刑人员郝某（45岁，贩毒，原判15年，余刑12年），在一次接见中得知自己的丈夫因胃癌去世，儿子失踪。回到监区后精神恍惚，当天晚上强行冲越警戒线扬言要出去找自己的儿子，情绪激动，当晚对其进行了个别谈话教育并列为危机干预对象。在干预过程中咨询员：一是通过给以同情、支持、温暖、关注等方式先与该犯建立良好的信任关系；二是给其提供时间和空间，听其倾诉，促使其打开"心理水龙头"，达到情绪的完全释放；三是结合该犯的现实改造表现和心理特点，综合各方面的资料和信息进行心理评估，制定干预方案；四是安排其参加"成长团体"活动，通过编排模拟情景剧，让其分别扮演剧中不同的角色，体验各种感受，帮助其承受和分解内心的不良情绪；五是通过与其讲心理故事、看励志电影和书籍、讲述身边同改一些亲身经历等方式，逐步引导其注意力的转变和自控力的累积，促使其将"心理水龙头"逐步收紧，达到情绪的平衡；六是与该犯互做心理游戏，在寓教于乐中进行干预总结和反馈，通过鼓励、肯定、暗示巩固干预效果，促使其实现自我成长。通过干预后，郝某已能正确看待和处理自己的丧失，得知其儿子已经找到并寄住在妹妹家后情绪得到了很大的改善，能超额完成劳动改造任务，获得了下半年表扬，改造动力和热情增加。

示例二

某监区服刑人员心理危机干预暂行办法

第一章　总　　则

第一条　为贯彻落实司法部关于加强服刑人员心理健康教育及服刑人员心理健康教育工作实施纲要的精神，进一步加强监区服刑人员心理健康教育工作，增强工作主动性，及时发现有危机或潜在危机的服刑人员，并及时进行干预，预防监区发生因心理问题引发的监管事件，制定本办法。

第二条　心理危机干预是指采取紧急应对的方法帮助危机者从心理上解除迫在眉睫的危机，使其症状得到立刻缓解和持久消失，心理功能恢复到危机前的水平，并获得新的应对技能，以预防将来心理危机的发生。

第三条 心理危机干预的指导思想：以提高服刑人员的心理素质，促进服刑人员健康改造为目标，坚持教育为主，重在预防的原则，全面落实心理健康教育工作，培养服刑人员良好的个性心理品质和危机应对方法，提高心理调节能力、改造适应能力和挫折承受能力；积极开展生命教育，培养服刑人员认识生命、尊重生命、欣赏生命、珍爱生命的意识以及危机应对方法等。通过构建心理危机干预工作网络，及早预防、及时疏导、有效干预，减少或避免服刑人员因心理问题而引发的伤害事件的发生，为监区的稳定工作服务。

第四条 心理危机干预工作目标：

1. 通过心理危机教育和宣传，加强服刑人员对心理危机的了解与认知，提高服刑人员承受挫折的能力，为应对心理危机做好准备。

2. 通过构建服刑人员心理危机干预工作网络体系，做到心理困扰早期预防、早期发现、早期诊断、早期应对。

3. 当服刑人员遭遇重大事件或个人内在冲突时，通过提供适时的介入和援助，协助处于危机中的服刑人员把握现状，重新认识危机事件，尽快恢复心理平衡，顺利度过危机，并学会正确应付心理危机的策略与方法。

4. 对不属于咨询范畴、有严重心理障碍或心理疾病的服刑人员转介到监狱精神卫生机构，以便及时采取心理治疗或住院治疗等干预措施。

5. 发现有自杀企图并计划实施自杀行为的服刑人员，立即对其实行有效的连环包夹，确保服刑人员人身安全，并迅速组织心理咨询师到监区，采取干预措施，避免因处理不及时或不得当而给监区工作带来被动局面。

第二章 心理危机干预重点对象

第五条 心理危机干预重点对象是指符合下列标准的服刑人员：

1. 在犯情排摸过程中筛查出来的有心理障碍或心理疾病或自杀倾向的服刑人员。

2. 因改造困难、生活困难、身体困难等而出现心理或行为异常的服刑人员。

3. 因个人情感受挫、人际关系失调、性格内向孤僻等而出现心理或行为异常的服刑人员。

4. 改造中遭遇突然打击而出现心理或行为异常的服刑人员，如家庭发生重大变故（亲人死亡、夫妻要求离异、孩子无人照顾等）、遭遇性危机（他人伤害、暴力、侵犯、意外事故等）、受到意外刺激（改造扣分、生产不顺利等其他事件）的服刑人员。

第三章　心理危机干预模式

第六条　危机干预模式分成危机前、危机中与危机后三个阶段的干预，各阶段有不同的干预方式，如下图示。

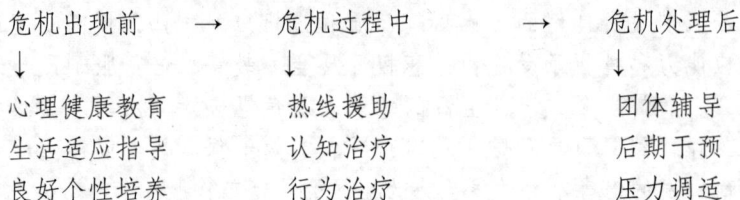

危机出现前　　→　　危机过程中　　　→　　危机处理后
　↓　　　　　　　　　↓　　　　　　　　　　↓
心理健康教育　　　　热线援助　　　　　　团体辅导
生活适应指导　　　　认知治疗　　　　　　后期干预
良好个性培养　　　　行为治疗　　　　　　压力调适

第七条　危机发生前：

1. 在日常教育中加强和落实服刑人员危机意识和心理健康教育，培养服刑人员良好的认知方式和健全的人格，提高危机应对心理准备和应变能力。

2. 定期对服刑人员开展心理健康测评，建立重点服刑人员心理档案，以便做到心理问题早期发现，早期干预，防患于未然。

3. 组织有关专家对有心理问题服刑人员进行心理鉴别、咨询和跟踪调查，形成心理问题筛查、干预、跟踪、评估一整套工作机制，提高心理危机干预工作的科学性和针对性。

第八条　危机中有切实可行的干预方法，如心理咨询、心理健康材料发放等，危机干预的时间一般在危机发生后的数个小时、数天，或是数星期，干预的最佳时期一般在事件发生24小时之后，72小时之前。干预策略要具有立即性、灵活性、方便性、短期性、创造性。

心理危机事件的处理要在评估其危险程度后，对高危人群运用多种干预方法提供及时干预，积极开展心理救助。面对服刑人员有自杀和伤害他人的倾向，明确告诉来访服刑人员，为了他（她）及他人的安全，需要通知有关人员，要求服刑人员作出不做危险行为的承诺，同时对其以及相关人员采取必要的保护措施。

第九条　危机后有适当的抚慰与健康教育，使服刑人员能从危机中学习到有效的自我调节方法。

第十条　心理危机干预后期跟踪：

1. 服刑人员心理矫治后，各分监区应对其生活进行妥善安排，帮助该服刑人员建立良好的支持系统，引导服刑人员避免与其发生冲突。应安排分监区心理委员对其密切关注，了解其心理变化情况。管教、心理咨询人员每月至少与其谈心一次，并通过周围其他服刑人员随时了解其心理状况，在每月填写一次的《监区心理健康状况表》里向监区心理健康教育咨询中心报告该服刑人员的心理状况。

2. 监区心理咨询中心要根据各分监区提供的情况，组织心理咨询师定期以预约咨询或随访咨询的形式，对这些服刑人员的心理健康情况进行鉴定，并将鉴定结果及时反馈给服刑人员所在分监区。

3. 对发现有强烈的自杀意念或自杀未遂的服刑人员，各分监区应对他们给予特别的关心，应安排分监区改积会、监督员、该服刑人员室友对其密切监护，制定可能发生危机的应急预案，随时预防该服刑人员心理状况的变化情况。服刑人员心理咨询中心应对他们保持密切的关注，组织心理咨询师对其进行定期跟踪咨询及风险评估。

第四章　心理危机干预人员

第十一条　监区心理危机干预工作者分成专业人员与相关人员。专业人员主要为监狱心理咨询中心的专兼职人员，相关人员包括管教股、分监区等部门的人员。

第十二条　危机干预是一项专业性强、要求高的工作，专业人员需具备下列条件之一：①具有心理学专业硕士学位或中级以上职称；②具有国家颁发的心理咨询师资格证书；③具有心理学专业学士学位、有3年以上的学生工作经验并接受过心理咨询师培训班学习。

第十三条　监区要定期对从事服刑人员教育工作的管教、管教员、片警进行心理健康方面的业务培训，提高他们对心理问题的鉴别能力、心理危机干预能力及心理健康知识素养。

第五章　心理危机干预工作网络及职责

第十四条　危机干预需要在监狱统一指导下，各个相关部门密切协作，以保证心理危机干预成功。心理危机干预工作网络分为：分监区—监区—二级。

第十五条　监区要成立心理危机应对小组，由主管服刑人员教育改造工作的副监区长任组长，成员由监区党支部、管教股、政工股、监区团委、心理咨询中心、监狱精神病医院等部门相关人员组成，并公布危机应对小组工作电话以及心理危机干预机构电话。

心理危机应对小组负责组织领导全监区的心理危机应对工作。管教股、政工股负责危机干预的具体协调和心理健康教育；心理咨询中心负责危机需求调查、人员培训、心理健康教育和咨询及心理救助，在不违反保密原则的前提下，经常与各分监区沟通、反馈信息；监区党支部负责心理健康课程（讲座）安排、改造质量评估以及危机期间值班的调整；各分监区负责服刑人员心理危机信息的收集并及时上报，做好服刑人员的心理危机预防和监控；监狱医院负责对意外事件当事人进行紧急救治。

第十六条　监区由党总支书记和改造副监区长组成。总支书记是各监区心理危机干预工作第一责任人，要全面负责本监区服刑人员的心理危机干预工作。具体职责：

1. 各监区要本着"以人为本、尊重生命"的原则，将做好服刑人员心理危机干预作为维护监区稳定，反映监区工作者责任心的重要工作来抓；监区教育干事负责日常信息沟通工作；要充分发挥教育干事、分监区管教和心理咨询师的作用，对本监区可能存在心理危机的服刑人员进行经常性的排查，收集服刑人员危机信息，在发现或得知服刑人员有严重异常心理或行为表现时，及时向监区报告，共同研讨和采取有效的干预措施。

2. 各分监区应针对本单位服刑人员的实际情况，本着教育为主、及时干预、跟踪服务的原则，制定好本单位服刑人员心理危机干预工作的具体措施，畅通服刑人员心理危机的早期预警通道，经常性地对本单位有心理问题的服刑人员进行逐一分析。应对出现改造困难、生活困难、身体困难，突然遭受重大打击等情况的服刑人员给予特别关注，随时掌握心理危机高危服刑人员的心理变化。

3. 各分监区在开展危机干预与危机事故处理过程中，应做好资料的收集与证据保留工作，包括与相关方面联系时重要的电话录音、谈话录音、记录、书信、照片等。

第十七条　分监区设心理委员，由为人热情、性格开朗积极，同时对心理问题有一定兴趣的服刑人员担任。心理委员平时要关心重点服刑人员，加强思想和感情上的联系和沟通，做到能够及时发现异常情况、及时向分监区管教，或监区教育干事反馈，配合监区进行危机干预。

第六章　心理危机干预工作制度

第十八条　做好服刑人员心理危机干预工作是一个系统工程，是一项长期任务，为切实做好这项工作，应建立以下几项制度：

1. 培训制度。监区心理咨询中心应对从事心理咨询的专业人员、相关人员和服刑人员监督员实行定期培训。

2. 备案制度。服刑人员自杀事故发生后（含已遂和未遂），服刑人员所在分监区在事故处理后应将该服刑人员的详细材料（包括遗书、日记、信件复印件）提供给心理咨询中心备案，填写《服刑人员危机事故情况表》。服刑人员因心理问题需咨询、矫治的，服刑人员所在分监区亦将其详细材料报心理咨询中心备案。

3. 鉴定制度。服刑人员因心理问题需保外就医的，其病情应经心理咨询中心鉴定，或到心理咨询中心指定的专业医院进行鉴定。

4. 保密制度。参与危机干预工作的人员应对工作中所涉及对象的各种信息严格保密。

第七章 心理危机干预工作责任追究

第十九条 监区各分监区尤其是参与危机干预工作的民警，应服从指挥，统一行动，认真履行自己的职责。对因失职、渎职等造成服刑人员生命损害的，要对单位或个人实行责任追究：

1. 危机事件处理过程中需要某些单位协助而单位负责人不服从指挥的。

2. 参与危机干预事故处理单位，在接到服刑人员心理危机事故报案后，拖延时间不能及时就诊的，不服从统一指挥而延误时机的。

3. 各分监区对服刑人员心理危机不闻不问，或知情不报，或不及时上报，或执行监区心理危机干预方案不力的。

第八章 附 则

第二十条 本办法自印发之日起执行，由监区心理咨询中心负责解释。

学习任务十五 服刑人员自杀的干预

导入案例

1. 自杀率是一个国家人群心理卫生状况的重要参照指数。据世界卫生组织统计，全球每40秒就有一个人自杀，12/10万就是高自杀率的国家，而中国目前的自杀率是23/10万。在中国，据推算每年约有28.7万人自杀死亡，至少有200万人自杀未遂。自杀死亡占全部死亡人数的3.6%，是第5位最重要的死亡原因。在15～34岁人群中，自杀是第一位死因，占相应人群死亡总数的19%。自杀成为青少年（包括大学生）的第一死亡因素，这是一个值得我们高度重视的问题。

《柳叶刀》是英国一家著名的医学杂志，去年11月30日刊登在此刊上的一篇由费立鹏、杨功焕等完成的《中国自杀的危险因素：一项全国性病例对照的心理解剖研究》一文，首次对中国自杀的特征进行了概括。文章把中国自杀者的特征概括为：84%生活在乡村；35%从来没有上过学；62%服用农药或鼠药死亡；55%有血缘关系或熟人有过自杀行为；63%有精神障碍；25%有过自杀未遂史；仅7%看过精神科专家。文章认为中国自杀死亡者的特征与西方国家有相当大的不同。

在中国，自杀的危险因素相互之间有协同效应，抑郁程度高，有自杀未遂史，死亡当时急性应激强度大，生命质量低，慢性心理压力大，死前两天有严重的人际关系冲突，以及生活在一个家人或熟人曾有自杀行为的环境中，是中国主要的危险因素。文章指出，自杀的危险性随着暴露危险因素的数目增多而显著增加，暴露上述1个危险因素或不暴露危险因素的265例中没有一个死于自杀，而暴露上述2~3个危险因素者中有30%死于自杀，暴露上述6个或更多危险因素者中有96%死于自杀。

费立鹏博士这个在中国生活了18年之久的加拿大人，从生活习惯到思维方式，基本上被汉化了。尽管普通话依然带着浓浓的"外国腔"，但费立鹏的表述却相当"中国"。他说，预防自杀，就要开展自杀死亡的心理解剖研究，他不仅共调查了923例自杀和754例其他死亡案例，还收集了一万多个自杀未遂病例。

2. 本报平顶山讯[1] 2010年5月28日，一名服刑人员在平顶山市监狱意外死亡。昨日，记者从平顶山市检察院监所检察处获悉，经初步调查死者为自杀。

昨日下午，在平顶山市检察院，监所检察处的有关人员介绍了有关情况。死者岳某，现年27岁，2007年7月份因犯抢劫罪开始到平顶山市监狱服刑，入狱前是鲁山县第三人民医院急诊科医生，入狱后因表现出色在监狱卫生所帮忙。5月28日中午，岳某离开监舍到监狱内卫生所，后被发现死在卫生所的杂物间内。

监控录像显示，岳某一人进入了卫生所的杂物间，杂物间内没有安装监控。初步调查岳某是被锐器扎破心脏导致失血过多而死亡，现场留下了一块带血的玻璃。目前法医的最终鉴定结果还未出来，检察机关初步认定为自杀。而岳某还留下了一份5月28日写的日记，称自己出狱后无法面对妻子，没有勇气面对新生活。

来自叶县法院的判决书显示，2007年3月11日下午，岳某伙同另外一名男子抢夺一名过往女子的挎包，被叶县公安局巡警队当场抓获。同年7月，岳某被叶县法院以抢劫罪判处有期徒刑3年6个月，后来岳某因表现出色减刑3个月，今年6月10日刑期将满。也就是说，事发时间距离刑满仅13天。

记者从多方了解的信息显示，年轻的岳某因嗜好赌博而欠下赌债，后抢了他人钱物。

---

[1] 摘自大河网，2010年6月1日。

平顶山市检察院监所检察处人员介绍，5 月 29 日，也就是事发次日，平顶山市监狱的一名值勤民警因涉嫌玩忽职守被刑拘，目前有关部门对此事正在进一步调查中。

◉ 任务要求

对于服刑人员自杀的问题，确实是刑罚执行机关应当特别关注的问题，假如你是相关部门的工作人员，遇到服刑人员自杀的情况，应当如何处理呢？

● 任务分析

一、自杀的干预

自杀干预是指为了阻止或防止人自杀的企图而采取的介入措施，以减少自杀的风险（Suicide intervention 也称自杀危机介入）。

自杀干预的措施很多，无论何种形式，何种手段，都应以救人以及助人自救为最终目的。如果偏离了这样的终极目的，那就得检讨这样的干预措施是不是及时得当，是不是可持续的。

9 月 10 日是"世界预防自杀日"，国际预防自杀协会为 2012 年世界预防自杀日定的主题为"无论是谁，无论在哪里，全球携手预防自杀"。

自杀干预一旦处理不当，很可能使曾经的努力前功尽弃，更有甚者，会无意成为"自杀狂潮"的幕后推手。所以一定要走出自杀干预的误区。

误区之一是"漠视，让干预的最佳时机错失"。"一部分老年人长年受病痛折磨，属于自杀干预的重点人群。而且在实施自杀行为之前，可能会多次流露出轻生的念头。屡屡向家人透露轻生念头，并不是真的想死，而是向家人发出的一种求生信号。可如果家人对此熟视无睹，甚至到交代后事那一刻仍毫无警觉，将错失干预的良机，最终酿成悲剧。"

误区之二是"虎头蛇尾，令干预功亏一篑"。"自杀根据原因划分有很多种，因一时的人际冲突而导致的冲动性自杀，可能通过短期干预便可获得长期效果。而有些自杀受精神病性症状直接支配而产生，只要精神症状没有得到有效控制，自杀的风险就无法解除。暂时的精神好转、面露笑容，只不过是种假象。这种假象欺骗不了医生，却能蒙蔽家人。家人无意中放松警惕，从而使得原本及时、有效的干预行动变得虎头蛇尾，最终功亏一篑。"

误区之三是"过分相信非专业力量，导致'竹篮打水一场空'"。"对于具有强烈自杀念头的重度抑郁症患者，即使专业的人员，对其自杀干预都感到头痛。因为，就目前的技术手段而言，尚未有任何一种方法能立即消除患者的自杀念头。目前通常的做法是，通过大剂量的镇静催眠药，让患者睡上好几天，令其无法实施自杀行为，为抗抑郁剂起效争取时间。而常见的是家人高估了自己的干预能力，有时候对非专业力量的盲目自信，换回的只能是一场悲剧。"

误区之四是"在生命面前谈原则"。"以自杀威胁的方式来跟别人讨价还价，当这样的谈判不幸发生时，作为谈判的一方，切忌以'原则不可让步'作为谈判底线，对谈判另一方提出的条件一口拒绝，哪怕条件是多么不合情理。正确的做法是，想方设法稳定对方的情绪，即使无法全部满足对方的要求，至少也要让对方看到希望。如果实在没办法，可暂时答应要求，因为这样的协议在法律上是无效的，待危险解除后，再寻求解决办法。很多时候，自杀威胁者往往是想以极端方式来引起社会的关注，并不是真的想死。因此，此类危机的干预者需弄清对方的真正意图，方可在谈判时游刃有余。"

二、自杀干预的策略

当临床心理专业人员第一次与有自杀念头的人接触时，应注意以下的干预程序。这种干预程序是由弗雷德里克（C. J. Frederick）在 1973 年首先提出，并得到了广泛的认可（C. J. Frederick，1973，1976，1981）。

1. 倾听。任何一个处于心理危机中的人，他最迫切的需要就是有人能倾听他所传达出的信息。对有自杀可能的人的指责只会阻碍有效的交流。专业人员应努力去了解有自杀可能的人潜在的情感。

2. 对处于危机中的人的思想和情感进行评估。对任何自杀的想法都要认真对待。如果处于危机中的人已对自杀作了详细的计划，那么自杀的可能性要比仅仅想到自杀时大得多。在做出自杀行动之前，他们既可能表现得很安静，也可能表现得情绪激动。如果已处于明显的抑郁之中，又伴有焦躁不安，这时出现自杀的危险性最大。

3. 接受所有的抱怨和情感。对处于危机中的人的任何抱怨都不应轻视或忽视，因为这可能对他们是非常严重的问题。在某些情况下，处于危机中的人可能以一种不经意的方式谈到他们的不满或抱怨，但内心却有着剧烈的情感波动。

4. 不要担心直接问及自杀。处于情绪危机中的人可能会隐约涉及自杀问题。但却不一定明确提出来。根据过去的经验，在适当的时候直接询问这一问题并不会产生不良的结果。但一般应在会谈进展顺利时再询问这一问题，因为当与处于危机中的人建立良好的协调关系后再问这一问题效果会更好。处于危机中的人一般也比较喜欢被直接问及自杀的问题，并能公开地对此进行讨论。

5. 要特别注意那些很快"反悔"的人。处于危机中的人经常会因为讲出了自杀的念头而感到放松，并且容易错误地以为危机已过。然而问题往往会再次出现，这时的自杀预防工作就更为重要。

6. 做他们的辩护者。处于危机中的人，他们的生活中需要有坚定、具体的指导者。这时，治疗者要向他们传达这样的信息：他们所面对的问题已处于控制之中，并且治疗者会尽全力阻止病人自杀。这样可以让病人有力量感。

7. 充分利用合适的资源。每一个体都既有内部资源（个人的、心理的），又有外部资源（环境中的，家庭、朋友的）。心理资源包括理性化、合理化，以及对精神痛苦的领悟能力等。如果这些资源缺乏，问题就很严重，必须有外界的支持和帮助。

8. 采取具体的行动。要让病人了解你已做好了必要的安排，例如在必要时安排病人住院或接受心理治疗等。对一个处于危机中的人来说，如果他觉得在咨询会谈中一无所获，他会感到一种挫折感。

9. 及时与专家商讨和咨询。根据问题的严重程度，要及时与有关专家取得联系。任何事都由自己一个人去处理是很不明智的。但同时应在处于危机中的人面前表现得沉着，让对方感到他的问题已处于完全的控制之中。

10. 决不排斥或试图否认任何自杀念头的"合理性"。当有人谈到自杀时，决不能把这一问题看作是"操纵性的"或并不是真的想自杀。如果这样做，处于危机中的人会真切地感受到这种排斥或谴责，这是很不明智的。

11. 不要试图"大喝一声"就让试图自杀的人幡然悔悟。公开向试图自杀的人讨论并劝告他停止自杀，并相信这种评论会使对方认清自己的问题，这种想法是很危险的，可能会导致悲剧的发生。治疗者应该指出如果病人的选择是去死，那么这样的决定就是不可逆的。只要生命尚存，就有机会解决存在的问题；而死亡同时也终止了任何出现转机的机会。同时也应强调情绪低落的阶段是会过去的，情绪低落虽然是对自我的限制，但它也是有其周期的。当抑郁症状再次出现时，人们也应同时看到它不久又会消失。当正处于自杀或其他的情绪危机中时，不能自己一个人单独去面对。当一个人孤立无援或缺乏人际接触时，自杀的危险性会大大提高。

知识链接

一、自杀概念

1. 自杀概念。王登峰认为，自杀是指任何旨在结束自己生命的有计划的行动。肖水源认为，在意识清醒情况下，个体故意损害甚至毁灭自己生命的主动或被动的行为。

什么样的人会自杀呢？所有的人。（企图自杀的人中，女人多于男人。）自杀会给家人带来什么影响？（罪恶感、惭愧感、自责；来自社会的轻蔑，经济问题，忧虑而且会发生类似事情。）自杀的高危人群：①老人（体衰、丧偶）；②青年、大学生（完美主义，理想与现实不匹配，异性关系不顺）；③女性（婚姻不如意，丈夫有外遇）。

2. 自杀分类。

（1）按动机分类：利他型自杀、失意型自杀、自负型自杀。

（2）按性质分类：仿自杀、决意自杀。

（3）按自杀结果分类：企图自杀、未遂自杀、成功自杀。

（4）按发展过程分类：冲动型自杀、理智型自杀。

（5）法国著名社会学家迪尔凯姆把自杀划分为四种类型：

第一，利己主义自杀。即在极端个人主义支配下，个体脱离社会，远离集体，空虚孤独，丧失社会目标而自杀。

第二，利他主义自杀。这往往是个人利益服从于某种集体利益所促成，如老人或病人为了不给亲属增加负担而自杀。

第三，反常自杀。它主要发生在社会大变动时期或经济危机时期，个人丧失对社会发展的适应能力，新旧价值观念的冲突无法解决，或因社会变动而造成个人沉沦。

第四，宿命论自杀。这是集体强加于个人的过多规定与束缚造成的，个人感到前途黯淡，压抑过大，因此选择自杀来结束自己的生命。

按照这些类型对当前青少年轻生现象归类，便会发现，他们大部分属于第一种和第四种，二者中又以宿命论自杀为最多。

3. 对自杀的几种错误认识。

（1）自杀是突发的，无规律可循；

（2）谈论自杀的人不会自杀；

（3）情绪好转后，自杀企图就没有了；

（4）一般人不会有自杀念头；

（5）对有自杀倾向的人不要谈论自杀；

（6）青少年自杀多为学习问题。

4. 正确认识自杀。自杀是有规律可循的。注意捕捉预兆则可有效防范自杀，一般有三个阶段：自杀意念形成阶段，内心生死矛盾冲突阶段，自杀行为选择阶段。

谈论自杀的人也会自杀。谈论自杀也是自杀前的一种预兆、一种求救信号。80%的人自杀前向他人发过这类信号。

即使情绪好转，自杀危险一般在意念产生后 3 个月内仍然存在。

对有自杀危险的人应及时进行危机干预，使其得到充分的宣泄和疏导。

有自杀企图的人经常会有孤独感、自卑感以及无法承受的心理压力、被排斥感并伴随自信心和自我价值感的缺失、失去自尊，以及羞耻感和失去所爱等。其中最主要的影响因素包括：

（1）倒霉（haplessness），命运似乎专门与他们作对。一系列消极事件连续发生，而且似乎不可避免。这些事件可能都是偶发的，但却使个体产生倒霉感，包括受伤、丢失钱物、工作失败等。

（2）无助（helplessness），处于孤独和个人困难之中时，无助感一般会相继而生。人们无法帮助自己的观念会削弱自尊感、个人价值感，以及自信心等有效心理机能，并因而出现抑郁。

（3）绝望（hoplessness），绝望是终止生命的信号，如果一个人经受了一系列的坏运气，并伴有无助和绝望，那么其自杀的危险就很高。特别是当人们表现出以上三种情感时，自杀就很可能出现。

二、自杀原因分析

1. 客观原因。

（1）人际关系紧张、社会竞争激烈；

（2）不可预测的天灾人祸、家庭纠纷；

（3）成长环境不良、压力过重。

2. 社会环境原因。

（1）经济变动、环境改变；

（2）季节；

（3）宗教。

3. 精神病理学原因。

（1）抑郁症；

（2）精神分裂症。

4. 个人心理的原因。

（1）性格扭曲；

（2）人际关系扭曲。

三、自杀危险性评定

自杀是心理危机中发生的十分严重的后果。自杀者于自杀前期常会在语言和行为方面有所表现，这实际上是向人们发出求救信号，如能及时识别，实施干预，自杀就能够预防。处于危机中的人在作出自杀行动之前，既可能表现得很平静，也可能表现得情绪激动。如果既处于明显的抑郁之中，又伴随着焦躁不安，这时出现自杀的危险性最大。

对自杀危险性的评定可从以下几方面进行：

（1）具有明显的外部精神因素的刺激，如学习成绩下降、失恋、人际关系危机、患有严重的躯体疾病或身体有残疾等（患有或患过精神疾病，更需特别重视）；

（2）情绪低落，悲观抑郁，对自己自罪自责，有强烈的罪恶感和缺陷感；

（3）性格孤僻内向，与周围的人缺乏正常的感情交流；

（4）个人卫生恶化，学习兴趣丧失，变得抑郁和退缩；

（5）有严重不良的家庭成长环境，如家庭破裂，缺乏家庭温暖等；

（6）缺乏明确的生活目标和信心，对事物易产生悲观失望的情绪；

（7）曾有过自杀企图或亲友或近邻曾发生过自杀（形成负面暗示）；

（8）突然收拾东西，无缘无故向关系亲密的人道谢、赠送礼物；

（9）谈论自杀，诉说关于准备自杀的实际想法，直接或间接地有过自杀的暗示和威胁；

（10）其他自杀的企图和行为。

示例

新入监服刑人员陈某自杀干预案例

自杀是指自愿的，自动动手让自己死亡的行为。自杀是一种医学现象，同时又是一种社会现象，区别于被他人结束生命的他杀和顺随生态平衡制约而日渐消逝生命的自然死亡。服刑人员自杀是危害监管秩序的重大事件，也是现行衡量监管质量的重要指标，尤其是在监狱体制改革的背景下，监狱在防逃上取得了实效，但狱内矛盾并未消除，自杀率幅度上升，在这种情况下，如何有效制止自杀是摆在监管系统的一个难题。某监通过入监心理筛查提前发现自杀高危服刑人员和及时进行自杀危机干预应对服刑人员自杀问题，取得了很好的效果。下面以一案例说明。

一、基本情况

服刑人员陈某，1983 年 8 月 19 日出生，犯盗窃罪，刑期 2 年，刑期起止时间为 2004 年 8 月 4 日～2006 年 8 月 3 日，2005 年 3 月 11 日送某监狱服刑。2005 年 4 月 27 日参加新犯心理测试。

陈某犯罪基本事实：2003 年 10 月～2004 年 6 月，陈某 5 次伙同他人，盗窃企业钢球、纱包线、废铁，卖给废品站，价值 7451 元。

陈某在个人自传中自述：我小时候成长在一个幸福的小家庭。父母亲是靠修自行车和卖玻璃为生，日子还算过得红火。两岁时，母亲生下一个弟弟，于是父母亲把我送给外婆抚养。6 岁时就上学前班，那是在外婆那里。读完学前班就回到铜山口矿子弟学校读小学，1996 年小学毕业。上初中时，家庭状况开始不行了。父母亲迷上了赌博，生意也耽误了。父亲因做开矿生意一年内亏损七八万，从此就背了一身的债，每年过年的时候讨债的不离门。父母亲在这种情况下开始做黑生意（收购赃物），也算可以。可好景不长，1998 年 8 月父母亲双双被抓判刑。从那以后，就丢下一个刚上初中的弟弟和一个刚满 5 岁的妹妹。那时，我不能继续读书了，只好去做点小生意供弟弟读书、糊口，可生意不是很好，每天的收入两三块钱，就只好靠"偷"过日子，供弟弟读书。从那以后就一去不回头，而且还将自己的弟弟带坏（其弟弟是同案犯）。

二、心理筛查

2005 年 5 月，在新犯心理筛查中，发现陈某抑郁分值很高，情绪高度紧张，多项心理指标异常，有自杀可能性。心理测试具体结果如下：

EPQ 量表测试结果：

P：60；E：45；N：70；L：25。

16PF 量表测试结果：

A	B	C	E	F	G	H	I	L	M	N
6	6	3	5	3	4	4	6	2	5	7

O	Q1	Q2	Q3	Q4
9	2	6	3	6

双重个性因素：

1. 适应与焦虑型——7.3；

2. 内向与外向型——3.6；

3. 感情用事与安详机警型——4.3；

4. 怯懦与果断型——4.1。

16 种个性因素测验应用的计算：

1. 心理健康因素：13；

2. 专业而有成就者的个性因素：40；

3. 创造能力个性因素：82 标准分：5；

4. 在新的环境中有成长能力的个性因素：21。

　　服刑人员自杀与个性心理特征有密切关系，软弱型与未成熟型的性格、自我意识比较强，欲望很高，离群倾向也较大，耐受性较差以及 N 型人格类型的人较容易产生抑郁、焦虑等严重情绪变化，因此，常常对一些小事耿耿于怀，铭记在心，常常郁郁不乐，悲观厌世，继而产生自杀行为。一般具有 EPQ 测试 N 分高，16PF 测试 O 分高，Q4 分高等特征。陈某符合这些特征。

　　三、自杀确认及危机干预

　　初步认定后，还需要进一步谈话确认。我在找他谈话时，开宗明义问他近期如何，陈某情绪低落，慢慢答到不好，老想到死。听到这种回答，再加上上述资料，可以确认服刑人员陈某具有自杀危险。

　　自杀危机干预六步法：

　　第一步，确定问题。从自杀者的角度确定和理解其所认识的问题，从正常人的角度是无法明白一个人好端端的为什么就会自杀这一问题的。只有站在自杀者的角度，以自杀者的眼光来看待其周围的人和事，学会换位思考，才能发现一名服刑人员自杀的真正原因所在。在这一步，要学会倾听。

第二步，采取安全措施，确保服刑人员人身安全。自杀行为是一种极端行为，人的生命只有一次，具有不可挽回性。因此，自杀危机干预中，不论服刑人员自杀是真是假，自杀决心是否坚定，都应采取监控措施予以包夹控管，杜绝服刑人员自杀。

第三步，给予支持。此步工作中心就是要让自杀服刑人员明确无误地感受到关心，让其相信，"这里有一个人确实很关心你，我们监狱的民警都很关心你"等，从而打破其孤寂感和失落感，让其对现实生活产生一定程度的留恋感。

第四步，提出并验证可变通的应对方式。应该从多种不同途径思考变通的方式来帮助自杀者，而非死路一条，如：①环境支持：提供帮助的最佳资源，让自杀者知道有哪些人现在或过去能关心自己。②应对机制：自杀者可以用来战胜目前危机的行动、行为或环境资源。③积极的、建设性的思维方式：可用来改变自杀者对问题的看法并减轻应激与焦虑水平。

第五步，制订计划，解决问题。着重制订切实可行的计划和提供系统的帮助，帮助自杀者解决问题。许多自杀者之所以选择自我结束生命是因为悲观绝望，不能面对危机和解决问题，因此，帮助解决问题是危机干预中提倡的最有效手段之一。

第六步，得到承诺。通过上述的工作，最后自杀干预者必须从自杀者方面得到诚实、直接和适当的承诺。适当的承诺反映出自杀危机干预对自杀者心理所产生的积极影响的程度。如果得不到承诺，则表明干预效果不理想。自杀干预中，干预者必须得到明确的适当的承诺，否则，就不能停止心理干预，直到得到诚实、直接和适当的承诺为止。

一般在4~6周内，自杀者情绪会趋向缓和，此时应及时中断干预，减少依赖。在结束阶段，应强化新习得的应对挫折和困难的技巧。

根据上述步骤，我在其回答说想死后，便紧跟着追问为什么？准备怎么死？一下子便打开了陈某的话匣子。（自杀者在自杀过程中会有不断求助的现象，直到彻底绝望为止。只要没到自杀的绝望阶段，谈话一般是可以进行的。）

通过谈话，让其倾诉，我发现其自杀原因如下：①服刑人员欺负，民警找其谈话少，认为监狱黑，这样在监狱没出路。②眼睛发炎，没药，没钱，没人管。眼睛在小时候独立带弟妹劳动时受伤，有自卑感。③与同居女友刚出生小孩因缺乏营养夭折，内疚、自责，认为自己的犯罪被抓导致小孩夭折，自罪感强。④少年时期因父母亲双双坐牢，独立带弟妹生活，吃过很多苦。导致自己始终有一种悲观论调，觉得活得好累。⑤家贫，犯罪前下岗。对前途不抱多大希望，有绝望感。

干预措施：①当面请监区帮助协调解决其与服刑人员、民警关系问题，提高适应环境能力，让其对现状提升自信心。②承诺让医务室为其进行眼睛治疗，并让监区落实。③安排监区进行包夹控管，防其自杀。④共情，拉近情感距离，让其产生温暖感，被关心感。陈某在倾诉其带弟妹艰难度日的情形时，尤其是为了吃饱，他曾带弟妹到处乞讨，遭受了许多白眼。我很感动，当时便表达了我对他的尊重。我说，我很难想象一个15岁的小男孩带弟妹如何生活，但我能理解你当时的孤立无援和绝望，但你很有责任感，独立撑起了这个残缺不全的家，换成我，不一定做得比你好，你值得我尊重。此话一出，陈某眼中就有了泪光。他说，你是一名民警，不应该尊重一名服刑人员，会影响你的形象。我说民警就不该感动？我们的人格是平等的。陈某的心结至此完全打开。⑤为其生活打气。针对其绝望及悲观，我又说，你父母亲现在已刑满，弟妹已大，家庭状况在好转，你也只判2年，很快就会出狱，最困难的时候已经过去，好日子要开头了，没有理由不满怀信心。至于小孩还可以再生，回去后再好好对她，爱情经过一番挫折可能会更加珍惜，你说是不是？陈某听后点了点头，表示认同。⑥提高认知水平。自杀者往往认为只有死才能解决问题。针对这一点，我让其想想是不是只有死才能解决问题，死能解决什么问题？除了让自己的父母亲更内疚，未婚妻更无助……还能带来什么？现在你不用死，不也一样可以解决问题吗？陈某点头同意。⑦提出要求：我要求其明确承诺放弃自杀，遇事多想想，会有很多办法解决问题的。如果他愿意，可以随时随地找我，我会帮助他的。他同意了。一场自杀危机就在其刚露头时被及时中止了，谈话时间约一小时。随着一件件措施的落实，陈某的情绪逐渐好转。我多次跟踪反馈，密切关注其表现，一个月后，陈某脸上有了笑容。

学习任务十六　服刑人员哀伤的干预

○ 导入案例

当说出在地震中遇难的亲人名字时，四川省新源监狱一监区服刑人员王某憋了许久的泪水终于流了下来。

汶川大地震发生后，王某在第一时间得知亲人遇难，心灵受到了极大创伤，几天来一直是表情麻木，注意力不集中，他只会用忙碌遮蔽起自己内心巨大的伤口。

"这是典型的情感休克病人。情感休克是最为严重的一种心理疾病，即已失去自我修复能力，如果干预不及时，必将走向毁灭。"新源监狱从事心理咨询的民警夏晓琴意识到后，对王某采取了诱出眼泪、宣泄哀伤情绪的心理危机干预。

面对去年那场突如其来的大地震，服刑人员作为一个特殊的群体，在经历了紧张的转移后，又反复体验着余震带来的不安、恐惧、牵挂亲人的焦虑；在得到家人遇难、财产受损的消息后，又饱受悲痛、自责、无助的折磨。

为稳定服刑人员思想情绪，确保监所监管安全，震后教育疏导与心理危机干预走进了四川省监狱系统。如何有效缓解服刑人员对地震的恐慌心理，尽可能减少和矫治心理创伤与应激障碍？怎样建立起适合服刑人员特点的重大灾难性事件后教育疏导和心理危机干预模式？记者采访了灾区监狱系统从事心理咨询工作的民警及有关人士。

亲情电话传递坚强与爱。"汶川大地震过去已经一年，灾难带来的伤痛似乎正在渐渐淡去。从被抛掷到震后危机中的那一刻起，我们注定要与服刑人员共同面对生活的磨难，注定要陪伴服刑人员度过内心最为伤痛的时期。"夏晓琴说出了四川监狱系统民警们的心声：从地震那一刻起，他们就坚持 24 小时和服刑人员在一起，传递着坚强、爱与温暖。

"家里好吗？"电话接通了，服刑人员张某吊在嗓子眼儿的心终于放了下来。地震后，新源监狱在安全转移监内人员后，通讯基本恢复时，立即把亲情电话开通到各监区，为服刑人员第一时间关注家庭安危开辟了绿色通道。

"及时让服刑人员了解外面亲人的情况，让服刑人员和亲人在电话中互相安慰和鼓励为服刑人员提供及时的亲情支持。这不失为地震中对服刑人员进行心理危机干预最直接、最有效的办法。"夏晓琴告诉记者。

地震后，四川省某监狱进行的心理调查表明，该所 70% 的服刑人员对地震发生时的情景记忆深刻，在地震后仍会感到惊恐。60% 的服刑人员有躺在床上就觉得床在晃，走在楼道里也觉得楼在晃的幻觉。有亲属在地震中遇难的 13 名服刑人员上述心理问题更加突出。

北川籍服刑人员王某，除父亲外的所有亲人都遇难了，他连续 3 天未进食，整天沉浸在失去亲人的悲痛中。

该监狱心理咨询民警杨小龙鼓励他自由表达情绪、陪伴着他，倾听他的心声，采取心理剧的原理，让其进入灾难场景与亲人道别，还安排他回家乡参加了一次特殊的祭奠亲人和北川所有遇难的乡亲们的活动。如今，他已回到家乡投入灾后重建。

一、心理矫治要走专业化

作为人身自由受到限制的特殊人群，服刑人员因地震灾害而受到的心理冲击和精神创伤可能较社会上的人群更为严重，特别是在因被监禁而带来的获取灾难讯息不畅通、面对灾害不能有所作为等更易产生罪责感、挫折感和紧张焦虑等心理困惑甚至心理疾病，这无疑会对监狱场所的安全构成威胁。

四川省成都女子监狱民警、国家二级心理咨询师李玫认为，服刑人员震后团体教育疏导与心理危机干预具有重要意义，这不仅是灾后重建的需要，还是保持监狱场所安全稳定的需要，更是维护服刑人员心理健康、培养健全人格、最终实现首要标准的需要。

司法部预防犯罪研究所心理矫治研究与指导中心主任周勇，地震后参加了司法部专家组赴四川监狱系统一线开展心理危机干预工作。他认为，震后心理危机干预是一件长期的专业性工作，从目前实际情况来看，也是一项需求面宽、任务量较大的工作。一般来说，要做好这样一项工作，没有一个专门机构和专业人员是很困难的。

"灾区的每所监狱应尽快成立一个心理矫治机构，配备若干获得国家心理咨询师资格的民警作为专职人员。这不仅是这次开展震后心理危机干预工作的需要，同时也是服刑人员常规心理矫治工作的要求"，周勇说。

二、干预模式需科学作后盾

"重建心灵家园是一项系统、专业、长期的工作，应科学地开展。"自地震以来就一直参与服刑人员震后心理危机工作的心理学专家安宁认为，当前服刑人员心理危机干预实践暴露出一些认识和方法上不科学的问题。他强调，科学性是心理危机干预的生命力，不科学的心理危机干预不但不起作用，反而会产生负面效果。

服刑人员灾后心理创伤和危机干预不仅是一项崭新的工作，在学术研究界也几乎空白，难度较大。据悉，司法部已经将服刑人员灾后心理危机干预研究立项为国家法治与法学理论研究重点课题。

周勇表示，当前将进一步探索适合监狱特点的心理危机干预的方法、手段与途径，逐渐建立起一套科学、有效的服刑人群心理危机干预模式。这实际上也是贯彻落实首要标准、切实提高服刑人员教育改造与教育挽救质量的一项具体举措。

◉ 任务要求

突发灾难性应激事件几乎能使每个人产生弥漫的痛苦，并产生一系列的应激反应。建立社会支持系统、提高个体对应激反应的认知水平、提供准确信息、帮助居丧者顺利度过悲哀过程、提供积极的应对方法和配合药物治疗，可减轻灾后的不良心理应激反应，促进灾后的心理康复和社会适应。因此，积极开展灾后的心理危机干预对维护和促进人类身心健康有重要的意义。假如你是一名监狱民警，对于突发性应激事件引发的服刑人员哀伤，该如何进行干预呢？

任务分析

一、哀伤辅导的任务

任务一：接受失落的事实。

1. 一般常见的否认形式：对死亡事实的否定（如木乃伊化、将小孩视为死者替身）、对失落意义的否定（说对方不重要、选择性遗忘等）。

2. 接受事实需要时间，葬礼具有帮助接受事实的作用。

任务二：经验悲伤的痛苦。

1. 没有痛苦是不可能的。

2. 不去感觉是否定该任务的表现，如喝酒麻痹自己、停止思想、将去世的人理想化或地理疗法。

3. 社会与哀悼者间存在一种微妙的互动，使得完成第二任务更加困难。

任务三：重新适应一个逝者不存在的新环境。

1. 派克斯的观点：任何一种丧亲情境，我们都很难清楚地界定到底失落的是什么。

2. 生者不仅需要调整角色，还需要调整自我概念，乃至调整个人的世界观。

3. 对抗：不去适应失落、不去发展生存的技巧、从世界退缩而不面对环境的要求。

任务四：将情绪的活力重新投注在其他关系上。

1. 不再去爱是此项任务完成的最好体现。

2. 辅导员的任务：不是促使生者放弃与逝者的关系，而是协助他们在情感生命中为逝者找到一个适宜的地方，使他们能在世上继续有效的生活。

哀悼结束时间：

1. 没有现成的答案。

2. 四项任务完成之时。很少有在一年之内完全解决的。二年并不算长。

3. 有些人似乎永远不能完全脱离悲伤。

4. 如果想到死者而没有胸口紧缩的感觉，并能够重新将情感投注在生活和生命中，哀悼便完成了。

5. 悲伤辅导所提供的基本教育之一是提醒当事人：哀悼是一种长期的过程，而终极点并不一定会达到悲伤前的状态。

二、哀伤辅导的目标

1. 辅导居丧者增加对失落的实际了解。许多人在自己的亲人死亡后，往往不愿面对现实，甚至逃避现实，所以应该帮助居丧者了解所面对的丧失亲人的实际情况，增加对失去亲人的认可。只有使居丧者面对亲人死亡的现实，才能够有效地开展悲伤辅导。

2. 辅导居丧者处理所表现出的情绪。居丧者在居丧期所表现的各种悲伤的情绪，包括正常的悲伤或病态的悲伤需要加以辅导，使其逐渐减弱以至消退。因为许多居丧者在悲伤的时候往往自己不知所措，辅导者的安慰、鼓励、支持犹如雪中送炭，可以使之在关键的时候对自己所表现的失态情绪得到正确处理，顺利度过居丧期。

3. 辅导居丧者克服各种再适应障碍。居丧者在失去亲人之后，不仅在心理上会有悲伤和哀痛，而且随之面临许多失落后的再适应障碍。如上述悲伤表现所列举的种种情况，大多需要在心理上予以辅导后，居丧者才能够正确对待，处理好自己面临的各种生活问题，克服障碍，建立新的生活秩序。

4. 辅导居丧者健康地对死者撤离感情。居丧者对死者的感情眷恋，是悲伤持续不断的重要原因，是建立新生活的主要障碍。居丧辅导的最终目标，就是设法使居丧者对死者健康地撤离情感上的联系，然后舒适地把情感投入到另一种关系中。

三、哀伤辅导的方法

1. 使用象征。使用某些象征的物品代替逝者，并且给予逝者适当的位置。

2. 写信。把自己对逝者的一些感情和思念写出来。

3. 绘画。通过绘画来对哀伤进行调整，抒发和宣泄，并且能够让情绪得以合理的表达。

4. 角色扮演。通过角色扮演来实现未能实现的交流和表达，完成未完成的事情，达到整合。

5. 认知重建。从思想上重新认识到逝者的离开对自己的影响以及意义，重新来看待生活。

6. 回忆录。撰写回忆录，把对方的点点滴滴都记录下来，这样可以让生命更有意义。

7. 引导想象。

四、哀伤心理辅导的实施

1. 陪伴和聆听。亲人死亡的居丧者最初的反应是麻木和不知所措，此时最好的方法是陪伴、抚慰和认真地聆听。有人认为做居丧者的好听众，比成为一个好的说教者更为重要。医护人员在聆听的时候可以紧握着他们的手，并通过其他诱导方式让居丧者毫无保留地宣泄内心的痛苦。我们家属也可以用这种方式对彼此进行心理疏导。

2. 协助哭出来。哭泣是居丧者最常见的情感表达方式，此时的哭泣不是一种懦弱或束手无策的表现，而是一种很好的疏解内心忧伤情绪的方法，所以应该协助居丧者自由痛快地哭出来。

3. 协助表达愤怒情绪及罪恶感。有时居丧者会认为"上帝"太不公平，表现出对命运及医护人员的愤怒，医护人员应鼓励他们以多种方式来发泄悲愤。因丧失亲人而产生心虚及罪恶感是难免的。居丧者常常自责对死者照顾不周，未尽到责任。医护人员应该通过具体的问题，协助他们将自责和内疚表达出来，帮助他们排除因悲伤而产生的非理性的、不符合现实的认识和想法。

4. 协助完成葬礼。根据死者的遗愿和居丧者的要求，应该帮助居丧者办好追悼会或遗体告别仪式，帮助居丧者接受"死者已逝"的事实，给他们表达对亲人的尊敬和悲哀的机会。悼念仪式也表现出社会群体对死者的一种怀念。

5. 协助解决丧亲后的实际困难。亲人去世后，居丧者家中会有许多实际问题必须处理，应深入了解他们的实际困难，并积极地提供切实的支持和帮助。如生活经济困难问题、家庭分解后子女抚育受教育问题、遗产分配中的法律问题等，均需通过社会支持等协助解决实际问题。我们家属也应该努力从悲伤中解脱出来，克服各种困难，重建新的生活。

6. 协助独立生活。协助居丧者在失去亲人后勇敢活下去，引导他们发挥独立生活的潜能，并作出决策去处理所面对的各种实际问题。但在居丧期不宜作出重大的决定及生活方式的改变。

7. 协助建立新的人际关系。协助居丧者对死者作出感情撤离，而与他人形成新的人际关系，例如再婚或重组家庭等问题，这样可以填补其内心的空虚，并使居丧者在新的人际关系中得到慰藉和欢乐，但是要注意切入的时间必须适当。

8. 协助培养新的兴趣、鼓励参加各种社会活动。协助居丧者重新建立新的生活方式，去寻求新的经历与感受。要鼓励居丧者参加各种社会活动，因为活动本身就是复原，活动本身就是治疗。通过与朋友、同事一起看电影、听音乐、聚餐、聊天等，使居丧者得以抒发内心的忧闷，获得心理上的快感，从悲伤中解脱出来。在悲伤疏导过程中还应注意到居丧者在文化程度、宗教信仰、性格特征、兴趣爱好、悲伤程度、悲伤时间及社会风俗等方面的个体差异。

哀伤心理辅导的实施，主要是由临终关怀工作者或医护人员中的心理医生来进行的。但是我们家属如果面临居丧期的悲伤问题，也可以在上述原则的指导下，认识到自己悲伤的原因、表现以及缓解方法，不妨从自我的角度对悲伤加以适当的解脱。更可以对处于悲伤之中的其他亲属加以辅导，共同度过居丧期的悲伤状态，重新面对正常的生活。

知识链接

一、哀伤辅导概述

（一）哀伤辅导的概念

哀伤辅导是针对近期丧失亲人的人，协助他们完成哀悼的任务；哀伤治疗是针对那些哀伤反应欠缺、延缓、过度或过久的人，协助他们辨认和解决障碍、完成哀悼的分离冲突。

1. 丧失（loss）。丧失是人生命中难以避免的部分，丧失挚爱的亲人更给当事人带来了无尽的伤痛。在 Holmes 与 Rahe 很有影响的生活应激事件评定中，丧偶所带来的应激最大，其他家庭成员的去世列在第五，由此可见丧失亲人对当事人生活的巨大影响。[1]

2. 哀伤（bereavement）。香港学者陈维樑将其定义为：任何人在失去所爱或所依恋的对象（主要指亲人）时所面临的境况，这境况既是一个状态，也是一个过程，其中包括了悲伤（grief）与哀悼（mourning）的反应。[2]

〔1〕 刘建鸿、李晓文："哀伤研究：新的视角与理论整合"，载《心理科学进展》2007 年第 3 期。
〔2〕 刘建鸿、李晓文："哀伤研究：新的视角与理论整合"，载《心理科学进展》2007 年第 3 期。

（二）哀伤辅导的理论

哀伤（bereavement）研究长期以来都依循"悲伤过程假设（grief work hypothesis）"，但20世纪80年代后其强调的"与逝者分离"的基本假设受到挑战，界定的模糊也使得实证研究工作难以进行。当代研究者从依恋理论、创伤研究、认知应对研究、情感的社会功能等视角多方面对哀伤领域进行深入探索并出现了一些整合性的理论模型。

1. 悲伤过程假设。弗洛伊德最早对哀伤的过程提出自己的观点，他认为，当旧有的联结由于逝者离世而消失时，如果心力从关系中被抽离释放出来的话，过度性精神投入（hypercathexis）的过程便会开始。生者的情感会随着投入重温与逝者有关的每一个记忆，并持续地发现逝者不再存在这一现实而产生波动与抽离。随着时日的过去，这些经过不断投入和抽离的经历会逐渐转移到新的对象身上，直到生者的哀伤最终可以画上休止符。他还进一步推测，如果这一过程遇到异常的外在或内在干扰，当事人仍然停留在某种与逝者矛盾或被内疚支配的关系下，生者的精力难以转移，因而形成延迟、夸大或病理性的悲伤[1]。

心理学者大多接受了弗洛伊德的看法。研究哀伤的荷兰心理学者 Stroebe 将他们的看法总结为"悲伤过程假设（grief work hypothesis）"，即"当事人的一系列认知过程，包括直面丧失、回顾去世前后的事件、在心理上逐步与逝者分离（detachment）的过程。它是一个积极持续和需要付出努力的过程。最重要的是当事人需要意识到亲人丧亡的事实，压抑情感表达是病态现象"[2]。

2. 依恋理论。很多学者将依恋理论用于研究哀伤，研究发现：安全型的个人能毫无困难地接近与依恋相关的记忆，叙述也前后一致。他们对亲人的去世感到悲伤但不会因此被完全压垮。不安全—冷漠型的个人对他人缺乏信任感，有某种强迫性的自立（compulsive independence），这一类型的个人往往在亲人丧亡后压抑或逃避和依恋关系有关的情绪。不安全—专注型的个人表现得比较情绪化，他们沉溺于丧失亲人的悲痛中，不能建设性地应对与依恋相关的情绪。而不安全—恐惧型的个人对他人和自身都缺乏信任感，以往的创伤损害了他们以至他们不能正常地思考和谈论丧失依恋，前后的叙述也不一致[3]。

3. 创伤理论。哀伤与创伤研究有重合的部分。Zisook 等人仔细研究了大量丧偶者的研究数据，他们发现如果配偶是自然死亡的，有约10%的居丧者出现

---

〔1〕 弗洛伊德："哀悼与忧郁症"，马元龙译，载 http：//www. doc88. com.

〔2〕 刘建鸿、李晓文："哀伤研究：新的视角与理论整合"，载《心理科学进展》2007 年第 3 期。

〔3〕 刘建鸿、李晓文："哀伤研究：新的视角与理论整合"，载《心理科学进展》2007 年第 3 期。

创伤后应激障碍症状（Post Traumatic Stress Disorder），主要表现为反复的侵入性记忆（如噩梦、闪回、侵入性记忆）和保护性反应（如情感麻木、健忘症、认知回避等）；而死于意外事故或自杀身亡的，有超过 1/3 居丧者的表现符合 PTSD 诊断标准。[1]

（三）哀伤辅导的特点

综合哀伤辅导的理论，"与逝去的亲人在内心逐步分离"是"悲伤过程假设"的核心论点，也是基于此发展出了许多哀伤咨询理论。加上对个体的关注及哀伤的动态过程。现代哀伤辅导有下面几个特点：

1. 普遍注重哀伤研究的生态性；

2. 关注哀伤应对过程中灵活性的重要性；

3. 三是重视不同文化背景（价值观、风俗习惯、宗教信仰）对哀伤过程的影响。

（四）哀伤心理辅导的原则和意义

1. 强烈持续的悲伤需要辅导。悲伤可以成为精神平衡上的重大伤害，特别是在悲伤反应受到压抑时，会造成行为的明显改变、严重的情绪困扰及家庭和睦的破坏。性格温和者可因强烈的悲伤，会对特定对象表现出敌意，或对朋友或家人厌烦，或可做出危害社会的事情。对早年失去父母的居丧者，一般到成年或成家后悲伤才能渐渐消失。中年丧偶者的再婚则是最主要的问题，再婚可以使他们在新生活中冲淡昔日的悲伤。老年丧子、"白发人送黑发人"是世上最令人悲伤的事情，常会导致老人的死亡。青少年若无法妥善度过其悲伤期，常会在社会上肇事犯罪。有报告一些夫妻在自己的孩子死亡后，会因无法应付因死亡产生的情绪困扰离婚。所以，当悲伤不寻常地强烈持续很长时间的时候，则需要专家咨询的帮助。

2. 悲伤的消除依赖于多种因素。悲伤的持续期自丧亲一周后开始，持续时间长短不一，与居丧者的年龄、文化背景、社会地位、心理状态及经济收入等有关。一般人要消除居丧体验带来的悲伤，恢复正常的生活，大约需要 6 个月到 1 年的时间。消除悲伤的程度和速度依赖于多种因素，不仅和个体直接有关，而且和亲人死亡时的情景、对待死亡的态度，以及与死者关系的密切程度等因素相关。研究表明，对于悲伤的过分压抑和不承认，或者埋头于工作，会带来严重后果；悲伤的释放越延迟，造成的不良生理症状越多，对健康的危害性越大，死亡的概率越高。

---

〔1〕 李雪英："PTSD 的认知理论及认知行为治疗"，载《中国临床心理学杂志》1999 年第 2 期。

3. 尽量满足家属的需要。居丧者的眼泪与祷告不能避免死亡，许多调查表明丧亲是人生中最痛苦的经历，此时应尽量满足家属的要求，无法做到的要善言相劝，耐心解释，以取得他们的谅解和合作。

临终关怀机构的工作人员极为注重对居丧者进行身心照护，他们花费精力和时间帮助居丧者以积极的态度去面对现实、面对生活，并向他们提供必要的信息及更多的服务，对某些家属的过激言行应予容忍和谅解。

4. 鼓励亲属相互安慰。要通过观察发现居丧者中的"坚强者"，鼓励他们相互安慰，给予那些极度居丧者以安慰和支持。对死者亲属要进行追踪式服务和照护，医护人员应该清楚哪一位成员最需要帮助，需要哪些方面的照护，并定期访视。作为居丧者，家属也要积极配合医护人员的工作，并且在亲属之间相互安慰、相互照顾，尽快消除悲伤，顺利度过居丧期。

5. 必要时予以治疗。一些居丧者由于过度的哀痛和悲伤，可能造成精神上的创伤和心理方面的障碍，甚至会诱发其他疾病，所以应予必要的治疗。学者的研究显示，正如前文所述，丧失至亲者在一年的居丧期中的死亡率比年龄性别相同的其他人群要高出 10 倍。悲伤所造成的情绪压力不仅能降低人的免疫力，还能影响到一个人的生存意志，所以对此居丧者进行心理疏导是很有必要的。

一般来讲，病人死后一周内是居丧者悲伤的顶峰时间，强烈的悲伤会使居丧者的主观意识和判断力下降，甚至会出现暂时性意识丧失，这时期应有专人守候在身边照护，以防意外。对生活不能自理者，则照顾其起居饮食，对拒绝进食者给予补液或其他对症治疗。

二、祭奠仪式与哀伤辅导

祭奠仪式有着重要的心理动力学意义，表现为：其一，通过固定的仪式，提供了一个特定的时间和空间，完成与丧失的客体的分离；其二，众人聚集得以分享和获得支持，也是为了社区的一种对丧失与死亡的修通；其三，所致悼词和个人对死者的哭诉，个体的冲突和痛苦用社会和文化可以接受的方式得以表达。[1]

但是按照先秦时代的"魂魄聚散说"：人之初生，以七日为腊，一腊而一魄

---

[1]　贾晓明："从民间祭奠到精神分析——关于丧失后哀伤的过程"，载《中国心理卫生杂志》2005 年第 8 期。

成，故人生四十九日而七魄全，七魄全后死者就要转世了，所以为了逝去的人能顺利转世，活着的家人就要停止对死者的哭祭，这样他才可以安心的转世。所以在七七四十九天之时，我们要和死者在内心作一个告别。国外也有这样的传统，就是要在内心和死者作告别。在内心和死者作一个告别是哀伤辅导中很重要的一个环节。是基于哀伤过程的假设，如前文所述，"与逝去的亲人在内心逐步分离"是"悲伤过程假设"的核心论点。

面对哀伤时，可以有下列调适方法：

（1）了解这种情绪冲击需要一段时间调适，允许自己在适当的时候感受、发泄情绪。维持日常生活的规律，饮食、睡眠正常。不要孤立自己，多与亲戚、朋友、邻居、同事保持联系，谈论自己的感受。

（2）避免不恰当的发泄情绪：酗酒、乱发脾气、自虐、虐待别人。

（3）把心中的忧郁、愤怒、紧张等情绪逐渐消除、发泄，这些负面的情绪对人生有极大的伤害。接受过世的事实是一个很重要的关键。

（4）从怀念过世者当中转移到如何化悲痛为力量，继续他未完成的心愿，为家庭社会贡献心力。逐渐让过世者慢慢离开我们，在世的人需要继续人生的路程。情绪的失落可以寻找另外的人、事、物来取代。

（5）如果哀伤的程度严重、持续时间超过 4~6 周、影响到日常生活功能，或有许多情绪存在时，需要转介精神医疗专业人员接受心理治疗，以免妨碍他的人生发展。通常是跟过世者关系密切、人格脆弱、年龄较轻、情绪障碍的人需要悲伤辅导。

示例

"5·12" 汶川大地震后教育疏导与心理危机干预

新华网四川频道 2010 年 6 月 8 日电（欧阳开宇、刘大江）："5·12" 汶川大地震发生一年来，灾区监狱系统没有因地震灾害死亡一名服刑人员，没有发生一件重大事故和脱逃事件，为保持社会和谐稳定、夺取抗震救灾斗争重大胜利作出了重要贡献。在这其中，监狱系统对服刑人员服刑开展震后教育疏导与心理危机干预工作发挥了积极的作用。

这是记者日前在四川德阳四川司法警官职业学院举行的"服刑人员震后教育疏导与心理危机干预专题研讨会"上了解到的。

会议认为，服刑人员震后教育疏导与心理危机是一个崭新而意义深远的课题。自去年 5 月以来，全国，特别是灾区监狱系统在应对和处置服刑人员震后心理危机问题、开展教育疏导与心理危机干预方面做了很多工作，进行了有效的探索和尝试，既有成功的经验，也发现了一些问题，很有必要进行深入探讨、全面梳理和系统总结，进而为建立适合服刑人员特点的重大灾难性事件后教育疏导和心理危机干预模式提供借鉴。

据了解，"5·12"汶川大地震中，四川省大部分监狱不同程度受损，位于极重灾区的阿坝监狱、广元监狱更是面临极大的监管压力。四川省监狱系统精心组织，安全有效地实施了 7322 名服刑人员的应急避险，成功完成了阿坝监狱 1900 名服刑人员，累计 13 500 公里的"千里大转移"行动。

长期以来，四川省司法厅、监狱局和各监狱都十分重视科学理论研究，积极探索创新教育改造工作方式，用科学的理论、先进的技术提高教育改造工作质量，特别是对服刑人员心理矫治的原则、方法和程序进行了积极的理论研究和实践探索。

研讨会上，司法部预防犯罪研究所周勇发表题为《对服刑人员震后教育疏导与心理危机干预的初步思考》的演讲，四川省警官职业学院安宁发表题为《关于服刑人员震后（灾后）心理危机干预实践及研究的几点思考》的演讲，介绍了服刑人员震后教育疏导与心理危机干预的基本做法与有益经验，受到与会人员的广泛关注。

据介绍，"5·12"汶川大地震发生后的第一时间，四川司法警官职业学院由院领导带队，先后组织了救护、道路疏通、油库油站保卫、治安巡逻、青年教师等 5 支突击队，共出动 60 批、3600 多人次，奔赴灾区要地，对受地震影响的川中监狱服刑人员进行心理干预，及时地收集了服刑人员震后教育疏导与心理危机干预真实的素材。

附　录

抑郁自评量表（简称SDS）

请根据您近一周的感觉来进行评分，数字的顺序依次为从无、有时、经常、持续。

序 号	项 目		分 值		
1	我感到情绪沮丧，郁闷	1	2	3	4
*2	我感到早晨心情最好	1	2	3	4
3	我要哭或想哭	1	2	3	4
4	我夜间睡眠不好	1	2	3	4
*5	我吃饭像平时一样多	1	2	3	4
*6	我的性功能正常	1	2	3	4
7	我感到体重减轻	1	2	3	4
8	我为便秘烦恼	1	2	3	4
9	我的心跳比平时快	1	2	3	4
10	我无故感到疲劳	1	2	3	4
*11	我的头脑像往常一样清楚	1	2	3	4
*12	我做事情像平时一样不感到困难	1	2	3	4
13	我坐卧不安，难以保持平静	1	2	3	4
*14	我对未来感到有希望	1	2	3	4
15	我比平时更容易激怒	1	2	3	4
*16	我觉得决定什么事很容易	1	2	3	4
*17	我感到自己是有用的和不可缺少的人	1	2	3	4
*18	我的生活很有意义	1	2	3	4
19	假若我死了别人会过得更好	1	2	3	4
*20	我仍旧喜爱自己平时喜爱的东西	1	2	3	4

抑郁自评量表说明：抑郁自评量表是 1965 年仲氏发表的、一种病人自己进行的抑郁自我评定量表。此量表简短，一般在十分钟之内就可以完成，不用任何仪器设备，方法简单。由 20 个问题组成，每一个问题代表着抑郁症的一个症状特点，合起来，可以反映出抑郁症的抑郁，心情、躯体不舒服的症状，精神运动，行为症状以及心理方面的症状。而且可以判断出抑郁的轻重的不同程度及有没有抑郁症状。

由于可以判定抑郁程度的轻重，因此，此量表不仅用来进行辅助诊断，还可以用来观察用药后的疗效，是否好转，以及好转的程度，是不是已经恢复正常。

此量表在使用前应注意以下几点：

第一，这是个自我评定量表，因此，需要病人或怀疑心情不好的人自己评定，别人不要提醒，更不要加以帮助评定或提出意见，来改变病人的看法。如果看不懂内容时，别人可以给念，由病人自己评价是什么水平，有还是没有。

第二，此量表评定的时间，不是几小时或 1～2 天内的体会，时间范围一般应该至少是 1 周的时间，如果是第一次评定，最好是两周的时间为合适。

第三，此量表 20 个题目中（请先看一下量表），有一半（10 个）题目的问题是按症状的有无来提问的，如："我夜间睡眠不好。"评分时，从无、有时、经常到持续共四个等级，评分从 1 分到 4 分，逐渐加重，"无"代表没有失眠（1 分）；"有时"代表一周之内有 1～2 天有失眠（2 分）；"经常"代表一周之内有 3～4 天失眠（3 分）；"持续"代表天天失眠（4 分）。另一半题目的问题，是与症状相反提问的，如"我吃饭像平时一样多"。实际上，抑郁病人有食欲下降的症状，但问题却是反向的，在评分时，从无、有时、经常、持续的四个等级评分，也正好相反，是逐步减轻的，"无"代表不是和平时一样多，而且是天天都吃得比平时少，为 4 分；"有时"代表一周内 1～2 天吃得和平时一样多（3 分）；"经常"代表一周内 3～4 天吃得和平时一样多（2 分）；"持续"代表天天吃得和平时一样多，无食欲下降的症状（1 分），所以，在进行评定时，千万要注意，是属于正向的还是反向的问题。

结果分析：指标为总分。将 20 个项目的各个得分相加，即得粗分。标准分等于粗分乘以 1.25 后的整数部分。总粗分的正常上限参考值为 41 分，标准分正常上限参考值为 53 分。

此量表最后结果的计算方法如下：先把 20 个题目综合相加，得出总分，再转换成百分指数，指数计算公式：指数 = 总分（得分）/总分满分（80）×100。

指数与抑郁症状的严重程度的关系如下：指数在 50% 以下：正常范围（无抑郁症状）；指数在 50%～59%：轻度抑郁；指数在 60%～69%：中度抑郁；指数在 70% 及以上为重度至严重抑郁。按照中国常模结果，SDS 标准分的分界值为 53 分，其中 53～62 分为轻度抑郁，63～72 为中度抑郁，72 分以上为重度抑郁。

此量表虽然可以测出抑郁的轻重程度，却不能判断抑郁的分类，测出有抑郁症状之后，应该及时到精神科门诊进行详细的检查、诊断及治疗。

焦虑自评量表

请仔细阅读每一条，把意思弄明白，然后根据您最近一星期的实际感觉，选择最适合您的答案（1. 没有或很少时间；2. 小部分时间；3. 相当多时间；4. 绝大部分或全部时间）。

序　号	项　目	分　值			
1	我觉得比平常容易紧张和着急	1	2	3	4
2	我无缘无故地感到害怕	1	2	3	4
3	我容易心里烦乱或觉得惊恐	1	2	3	4
4	我觉得我可能将要发疯	1	2	3	4
5	我觉得一切都好，也不会发生什么不幸	1	2	3	4
6	我手脚发抖打颤	1	2	3	4
7	我因为头痛、颈痛和背痛而苦恼	1	2	3	4
8	我感觉容易衰弱和疲乏	1	2	3	4
9	我觉得心平气和，并且容易安静坐着	1	2	3	4
10	我觉得心跳得很快	1	2	3	4
11	我因为一阵阵头晕而苦恼	1	2	3	4
12	我有晕倒发作，或觉得要晕倒似的	1	2	3	4
13	我吸气呼气都感到很容易	1	2	3	4
14	我的手脚麻木和刺痛	1	2	3	4
15	我因为胃痛和消化不良而苦恼	1	2	3	4
16	我常常要小便	1	2	3	4
17	我的手脚常常是干燥温暖的	1	2	3	4
18	我脸红发热	1	2	3	4
19	我容易入睡并且一夜睡得很好	1	2	3	4
20	我做噩梦	1	2	3	4

焦虑自评量表（Self - RatingAnxietyScale，简称 SAS）介绍：焦虑自评量表（SAS），从量表构造的形式到具体评定方法，都与抑郁自评量表（SDS）十分相似，用于评定焦虑病人的主观感受。SAS 测量的是最近一周内的症状水平，评分不受年龄、性别、经济状况等因素的影响，但如果应试者文化程度较低或智力水平较差不能进行自评。

施测时间建议：约 5 ~ 10 分钟。

SAS 共 20 个项目，它们的症状如下：①焦虑；②害怕；③惊恐；④发疯感；⑤不幸预感；⑥手足颤抖；⑦躯体疼痛；⑧乏力；⑨静坐不能；⑩心悸；⑪头昏；⑫晕厥感；⑬呼吸困难；⑭手足刺痛；⑮胃痛，消化不良；⑯尿意频数；⑰多汗；⑱面部潮红；⑲睡眠障碍；⑳噩梦。

SAS 的主要评定依据为项目所定义的症状出现的频度，分 4 级：没有或很少时间，少部分时间，相当多时间，绝大部分或全部时间。

结果分析：指标为总分。将 20 个项目的各个得分相加，即得粗分。标准分等于粗分乘以 1.25 后的整数部分。总粗分的正常上限参考值为 40 分，标准分正常上限参考值为 50 分。按照中国常模结果，SAS 标准分的分界值为 50 分，其中 50 ~ 59 分为轻度焦虑，60 ~ 69 分为中度焦虑，69 分以上为重度焦虑。

卡特尔 16PF 测试

指导语：卡特尔 16 种人格因素测验包括一些有关个人兴趣与态度的问题。每个人都有自己的看法，对问题的回答自然不同。无所谓正确或错误，请测试者尽量表达自己的意见。

本测验共有 187 道题，每道题有三种选择，请选择一个你认为符合你的选项，并在该选项上打"√"。

作答时请注意下列四点：

1. 请不要费时斟酌，全部问题应在半小时内完成。

2. 除非在万不得已的情形下，尽量避免如"介乎 A 与 C 之间"或"不甚确定"这样的中性答案。

3. 请不要遗漏，务必对每一个问题作答。有些问题似乎不符合你，有些问题似乎又涉及隐私，但本测验的目的，在于研究受测者的性格特点，希望你真实作答。

4. 作答时，请坦白表达自己的态度和兴趣，不必顾虑到其他人的意见和立场。

卡特尔 16PF 测试题：

1. 我对于这个问卷的说明已很清楚

　A. 是　　　　　　　　　B. 不一定　　　　　　　　C. 不是的

2. 我对本测验每个问题都会按照自己的真实情况作答

A. 是　　　　　　　　B. 不一定　　　　　C. 不是的

3. 有度假机会时，我宁愿

A. 去一个繁华的都市　　B. 在 A 和 C 之间的地带

C. 闲居清静而偏僻的郊区

4. 我有足够的精力对付各种困难

A. 是　　　　　　　　B. 未能肯定　　　　C. 不是的

5. 即使是关在铁笼里的猛兽，我见了也会惴惴不安

A. 是　　　　　　　　B. 不一定　　　　　C. 不是的

6. 我总避免批评他人的言行

A. 是　　　　　　　　B. 有时　　　　　　C. 不是的

7. 我的思想似乎

A. 走在了时代前面　　　B. 不一定　　　　　C. 正符合时代

8. 我不擅长说笑话讲趣事

A. 是的　　　　　　　B. 不一定　　　　　C. 不是

9. 如果我见到亲友邻居争执时，我就

A. 让他们自己去解决问题

B. 置之不理

C. 予以劝解

10. 在社交场合中我

A. 谈吐自然　　　　　B. 在 A 和 C 之间

C. 退避三舍，保持沉默

11. 我较感兴趣的工作是

A. 建筑工程师　　　　B. 不一定　　　　　C. 社会科学的教员

12. 阅读时，我宁愿选择

A. 著名的宗教教义　　B. 不一定

C. 国家政治组织的理论

13. 我相信许多人都有些心理不正常，但他们都不愿意这样承认

A. 是　　　　　　　　B. 在 A 和 C 之间　　C. 不是的

14. 我所希望的结婚对象应该擅长交际而无需有文艺才能

A. 是　　　　　　　　B. 在 A 和 C 之间　　C. 不是的

15. 对于头脑简单和不讲理的人，我仍然能待之以礼

A. 是的　　　　　　　B. 在 A 和 C 之间　　C. 不是的

16. 受人侍奉时，我常常感到不安

A. 是的　　　　　　　B. 在 A 和 C 之间　　C. 不是的

17. 从事体力或脑力劳动后，我比平常人需要更多的休息才能恢复工作效率

A. 是的　　　　　　　　B. 在 A 和 C 之间　　　C. 不是的

18. 半夜醒来，我会为种种忧虑而不能再入眠

A. 常常如此　　　　　　B. 有时如此　　　　　　C. 极少如此

19. 事情进行不顺利时，我常会急得掉眼泪

A. 从不如此　　　　　　B. 有时如此　　　　　　C. 时常如此

20. 我认为只要双方同意就可以离婚，不应当受传统礼教的束缚

A. 是　　　　　　　　　B. 在 A 和 C 之间　　　C. 不是的

21. 我对于人或物的兴趣都很容易改变

A. 是的　　　　　　　　B. 在 A 和 C 之间　　　C. 不是的

22. 筹划事务时，我宁愿

A. 和别人合作　　　　　B. 不确定　　　　　　　C. 自己单独进行

23. 我常会无端的自言自语

A. 常常如此　　　　　　B. 偶然如此　　　　　　C. 从不如此

24. 无论工作，饮食或旅游，我总

A. 很匆忙，不能尽兴　　B. 在 A 和 C 之间

C. 很从容不迫

25. 有时我会怀疑别人是否对我的言语真正有兴趣

A. 是　　　　　　　　　B. 在 A 和 C 之间　　　C. 不是的

26. 在工厂中，我宁愿负责

A. 机械组　　　　　　　B. 在 A 和 C 之间　　　C. 人事组

27. 在阅读时，我宁愿选择

A. 太空旅行　　　　　　B. 不太确定　　　　　　C. 家庭教育

28. 下列三个字哪个与其他两个字属于不同类别

A. 狗　　　　　　　　　B. 石　　　　　　　　　C. 牛

29. 如果我能重新做人，我要

A. 把生活安排得和以前不同　　B. 不确定　　　　C. 生活的和以前相似

30. 在我的一生中，我总能达到我预期的目标

A. 是的　　　　　　　　B. 不能肯定　　　　　　C. 不是的

31. 当我说谎时，我总觉得内心不安，不敢正视对方

A. 是的　　　　　　　　B. 在 A 和 C 之间　　　C. 不是的

32. 假使我手中一支装有子弹的手枪，我必须取出子弹后才能心安

A. 是的　　　　　　　　B. 在 A 和 C 之间　　　C. 不是的

33. 朋友们大都认为我是一个说话风趣的人

A. 是   B. 不一定   C. 不是的

34. 如果人们知道我的内心世界，他们都会感到惊讶

A. 是的   B. 不一定   C. 不是的

35. 假如在一个社会团体中我突然成为众人注意的中心，我会有些局促不安

A. 是   B. 在 A 和 C 之间   C. 不是的

36. 我喜欢参加规模庞大的集会，例如，舞会或公共集会

A. 是   B. 在 A 和 C 之间   C. 不是的

37. 在下列工作中，我喜欢的是

A. 音乐   B. 未能肯定   C. 手工和工艺

38. 我常常怀疑那些过于友善的人动机是否如此

A. 是   B. 有时   C. 不是的

39. 我宁愿自己的生活像

A. 一个艺人或博物学家   B. 不确定

C. 会计师或保险公司的经纪人

40. 目前世界所需要的是

A. 多产生一些富有改善世界计划的"理想家"

B. 不确定

C. 脚踏实地的可靠公民

41. 我时常感到自己需要做剧烈的体力活动

A. 是   B. 在 A 与 C 之间   C. 不是的

42. 我喜欢与有礼貌的人在一起而不喜欢与粗野鲁莽的人交往

A. 是   B. 在 A 与 C 之间   C. 不是的

43. 当人们在集体中批评我的时候，我感到十分沮丧

A. 是的   B. 在 A 与 C 之间   C. 不是的

44. 如果我的上级找我去见他，我

A. 趁机向他提出建议   B. 在 A 与 C 之间

C. 害怕自己干了什么错事

45. 假如薪俸优厚，我愿意专任照料精神病人的职务

A. 是   B. 在 A 与 C 之间   C. 不是的

46. 看报时，我喜欢阅读

A. 当前世界基本社会问题的辩论

B. 在 A 与 C 之间

C. 地方新闻的报道

47. 我曾担任过

A. 一般职务　　　　　　　B. 多种职务　　　　　C. 非常多的职务

48. 逛街时，我宁愿观看一个画家写生，而不愿听别人的辩论

A. 是　　　　　　　　　　B. 在 A 与 C 之间　　　C. 不是的

49. 我的神经衰弱，稍有刺激的声音就会使我颤栗

A. 时常如此　　　　　　　B. 有时如此　　　　　　C. 从未如此

50. 我在清晨起床时，常常感到疲乏不堪

A. 是　　　　　　　　　　B. 在 A 与 C 之间　　　C. 不是的

51. 我宁愿是一个

A. 林业工作人员　　　　　B. 不一定　　　　　　　C. 中学教师

52. 每逢年节或亲友生日，我

A. 喜欢赠送礼物　　　　　B. 不一定

C. 感到交换礼物是麻烦多事

53. 下列数字中，哪个数字与其他两个数字相比属于不同类别

A. 5　　　　　　　　　　 B. 2　　　　　　　　　 C. 7

54. 猫与鱼就如同牛与

A. 牛乳　　　　　　　　　B. 牧草　　　　　　　　C. 盐

55. 在做人处事的各个方面，我的父母很值得敬佩

A. 是的　　　　　　　　　B. 不一定　　　　　　　C. 不是的

56. 我感到我有些特性肯定是比多数人优越的

A. 是　　　　　　　　　　B. 不一定　　　　　　　C. 不是的

57. 只要有利于大家，尽管别人认为卑贱的工作，我也乐而为之，不以为耻

A. 是的　　　　　　　　　B. 不太确定　　　　　　C. 不是

58. 我喜欢外出看电影或参加一些娱乐活动

A. 每星期一次以上（比一般人多）

B. 每星期一次（与通常人相似）

C. 偶然一次（比通常人少）

59. 我喜欢从事需要精确技术的工作

A. 是的　　　　　　　　　B. 在 A 和 C 之间　　　C. 不是的

60. 在长辈（年龄、经验或职别比自己高的人）面前我倾向于保持沉默

A. 是　　　　　　　　　　B. 在 A 和 C 之间　　　C. 不是的

61. 我感到在众人面前说或朗诵是困难的

A. 是　　　　　　　　　　B. 在 A 和 C 之间　　　C. 不是的

62. 我宁愿

A. 指挥几个人工作　　　　B. 不确定　　　　　　　C. 和团体共同工作

63. 即使我做了一件贻笑大方的事情，我也仍然能将它淡然忘却

　　A. 是　　　　　　　　B. 在 A 和 C 之间　　　　C. 不是的

64. 没有人会幸灾乐祸的希望我遭遇困难

　　A. 是　　　　　　　　B. 不确定　　　　　　　　C. 不是的

65. 堂堂男子汉应该

　　A. 考虑人生的意义　　B. 不确定　　　　　　　　C. 谋家庭的温饱

66. 我喜欢解决他人已经弄得一塌糊涂的问题

　　A. 是　　　　　　　　B. 在 A 和 C 之间　　　　C. 不是的

67. 我十分高兴的时候总有"好景不长"的感觉

　　A. 是的　　　　　　　B. 在 A 和 C 之间　　　　C. 不是的

68. 在一般困难处境下，我总能保持乐观

　　A. 是　　　　　　　　B. 不一定　　　　　　　　C. 不是的

69. 迁居是一件极不愉快的事情

　　A. 是　　　　　　　　B. 在 A 和 C 之间　　　　C. 不是的

70. 在青少年时期，如果我与父母意见不合，我经常会

　　A. 保持我的意见　　　B. 在 A 和 C 之间　　　　C. 接受他们的意见

71. 我希望我的爱人能够使家庭

　　A. 有其本身的欢乐与活动　　　　　　　　B. 在 A 和 C 之间

　　C. 成为邻里社交活动的一部分

72. 我解决问题多数依靠

　　A. 个人独立思考　　　B. 在 A 和 C 之间　　　　C. 与人互相讨论

73. 需要当机立断时，我总

　　A. 镇静地运用理智　　B. 在 A 和 C 之间

　　C. 常常紧张兴奋，不能冷静思考

74. 最近，在一两件事情上，我觉得自己是无辜受累

　　A. 是　　　　　　　　B. 在 A 和 C 之间　　　　C. 不是的

75. 我善于控制我的表情

　　A. 是　　　　　　　　B. 在 A 和 C 之间　　　　C. 不是的

76. 如果薪俸相等，我宁愿做

　　A. 一个化学研究师　　B. 不确定　　　　　　　　C. 旅行社经理

77. 惊奇和奇怪的关系正如恐怖与

　　A. 勇敢　　　　　　　B. 焦虑　　　　　　　　　C. 恐惧

78. 下列分数中，哪一个和其他两个相比是不属同一类的

　　A. 3/7　　　　　　　　B. 3/9　　　　　　　　　C. 3/11

79. 有些人似乎不理或回避我，虽然我不知道为什么
A. 是的　　　　　　　　B. 不一定　　　　　　　C. 不是的

80. 我虽善意待人，却得不到好报
A. 是的　　　　　　　　B. 不一定　　　　　　　C. 不是的

81. 我不喜欢那些夜郎自大、目空一切的人
A. 是　　　　　　　　　B. 在 A 和 C 之间　　　C. 不是的

82. 和一般人相比，我的朋友的确少
A. 是　　　　　　　　　B. 在 A 和 C 之间　　　C. 不是的

83. 处于万不得已时，我才参加社会集会，否则我总设法回避
A. 是的　　　　　　　　B. 不一定　　　　　　　C. 不是的

84. 在服务机关中，对上级的逢迎得当，比工作上的表现更为重要
A. 是　　　　　　　　　B. 在 A 和 C 之间　　　C. 不是的

85. 参加竞赛时，我看重的是竞赛活动本身，而不计较其成败
A. 总是如此　　　　　　B. 一般如此　　　　　　C. 偶然如此

86. 我宁愿我所从事的职业有
A. 固定可靠的薪水　　　B. 在 A 和 C 之间
C. 薪水高低能随我工作的表现而随时调整

87. 我喜欢阅读
A. 军事战斗或政治斗争的实况报道
B. 未能肯定
C. 动人的，富于想象力的小说

88. 有许多人不敢欺骗或犯罪，主要原因是怕受到惩罚
A. 是　　　　　　　　　B. 在 A 和 C 之间　　　C. 不是的

89. 我的父母从未严格地要我事事顺从
A. 是的　　　　　　　　B. 不一定　　　　　　　C. 不是的

90. 百折不挠、再接再厉的精神似乎完全被现代人忽视了
A. 是　　　　　　　　　B. 不一定　　　　　　　C. 不是的

91. 如果有人对我发怒，我总
A. 设法使他安静下来　　B. 不太确定　　　　　　C. 也会恼怒

92. 我希望大家都能提倡
A. 多吃水果以避免杀生　B. 不一定
C. 发展农业，捕灭对农产品有害的动物

93. 无论是在极高的屋顶上或者极深的隧道中，我都很少觉得胆怯不安
A. 是的　　　　　　　　B. 在 A 和 C 之间　　　C. 不是的

94. 我只要没有过错，不管人家怎样归咎于我，我总能心安理得

A. 是   B. 在 A 和 C 之间   C. 不是的

95. 凡是无法运用理智来解决的问题，有时候就不得不靠权力来处理

A. 是的   B. 在 A 和 C 之间   C. 不是的

96. 我十六七岁时与异性朋友的郊游

A. 极多   B. 在 A 和 C 之间   C. 不很多

97. 我在交际场所参加的组织中是一个活跃分子

A. 是   B. 在 A 和 C 之间   C. 不是的

98. 在人声嘈杂中，我仍能不受妨碍，专心工作

A. 是的   B. 在 A 和 C 之间   C. 不是的

99. 在某些环境下，我常常因为困惑引起幻想而将工作搁置下来

A. 是   B. 在 A 和 C 之间   C. 不是的

100. 我很少用难堪的话去中伤他人

A. 是   B. 不太确定   C. 不是的

101. 我愿意做一名

A. 商店经理   B. 不确定   C. 建筑师

102. 理不胜辞的意思是

A. 理不如辞   B. 理多而辞寡   C. 辞藻丰富而理由不足

103. 锄头与挖掘犹如刀子与

A. 雕刻   B. 切剖   C. 铲除

104. 我常常横过街道，以回避我不愿意招呼的人

A. 很少如此   B. 偶然如此   C. 有时如此

105. 当我听音乐的时候，如果人们大声说话，我

A. 能够专心听音乐而不受干扰

B. 在 A 和 C 之间

C. 感到它破坏我的欣赏并使我生气

106. 在课堂上，如果我的意见与老师不同，我常

A. 保持缄默   B. 不一定   C. 当场表明立场

107. 我和异性交谈时，尽力避免涉及有关性的话题

A. 是   B. 在 A 和 C 之间   C. 不是的

108. 我待人接物的确不太成功

A. 是   B. 不一定   C. 不是的

109. 每当考虑困难问题时，我

A. 一切都未雨绸缪   B. 在 A 和 C 之间

C. 相信到时候自然会解决

110. 我结交的朋友中，男女各占一半

A. 是的   B. 在 A 和 C 之间   C. 不是的

111. 我宁可

A. 结识很多的人   B. 不一定   C. 维持几个深交的朋友

112. 我宁为哲学家，而不做机械工程师

A. 是的   B. 不确定   C. 不是的

113. 假如我发现某人自私自利时，我会揭发他，即使碰到一些麻烦，我也要这样做

A. 是   B. 在 A 和 C 之间   C. 不是的

114. 我常用心机去影响同伴，使他们能协助实现我的目标

A. 是   B. 在 A 和 C 之间   C. 不是的

115. 我喜欢做戏剧、音乐会、歌剧等新闻采访工作

A. 是   B. 不一定   C. 不是的

116. 当人们颂扬我时，我总觉得不好意思

A. 是的   B. 不一定   C. 不是的

117. 我认为现代最需要解决的问题是

A. 政治纠纷   B. 不太确定   C. 道德标准的有无

118. 我有时会无故地产生一种面临横祸的恐惧

A. 是的   B. 偶尔如此   C. 不是的

119. 我在童年时，害怕黑暗的次数

A. 极多   B. 不太多   C. 没有

120. 黄昏闲暇，我喜欢

A. 看一部历史探险影片   B. 不一定

C. 读科学幻想小说

121. 假如别人认为我太不依惯例或太古怪，我感到

A. 非常气恼   B. 有些动气   C. 无所谓

122. 在一个陌生的城市找住址时，我经常

A. 找人问路   B. 在 A 和 C 之间   C. 参考市区地图

123. 朋友们申明要在家休息时，我仍设法怂恿他们外出

A. 是的   B. 不一定   C. 不是的

124. 在就寝时，我

A. 不容易入睡   B. 在 A 和 C 之间   C. 极容易入睡

125. 有人烦扰我时，我

A. 不露声色　　　　　　　B. 在 A 和 C 之间

C. 要说给别人听，以泄气愤

126. 假如收入相同的话我愿意做

A. 律师　　　　　　　　　B. 不一定　　　　　　C. 航海员或飞行员

127. 时间永恒是比喻

A. 时间过得很慢　　　　　B. 忘了时间　　　　　C. 光阴一去不复返

128. 下面三列符号中哪一列应排在这一列符号之后：XOOOOXXOOOXXX

A. XOX　　　　　　　　　B. OOX　　　　　　　C. OXX

129. 在陌生的地方，我仍能清楚地辨别东西南北

A. 是　　　　　　　　　　B. 在 A 和 C 之间　　C. 不是的

130. 我的确比一般人幸运，因为我能从事自己喜欢的工作

A. 是　　　　　　　　　　B. 不一定　　　　　　C. 不是的

131. 如果我急于借用别人的东西而物主不在，我认为不告诉他而拿他的东西没有什么大碍

A. 是　　　　　　　　　　B. 在 A 和 C 之间　　C. 不是的

132. 我喜欢向友人追述一些以往有趣的社交经验

A. 是　　　　　　　　　　B. 在 A 和 C 之间　　C. 不是的

133. 我更愿意做一名

A. 演员　　　　　　　　　B. 不确定　　　　　　C. 建筑师

134. 工作学习之余，我总要安排计划，不让时间浪费

A. 是　　　　　　　　　　B. 在 A 和 C 之间　　C. 不是的

135. 与人交往时，我常会无端地产生一种自卑感

A. 是　　　　　　　　　　B. 在 A 和 C 之间　　C. 不是的

136. 主动与陌生人交谈

A. 是一件难事　　　　　　B. 在 A 和 C 之间　　C. 毫无困难

137. 我所欣赏的音乐是

A. 轻快朴实而活泼的　　　B. 在 A 和 C 之间　　C. 感情丰富和伤感的

138. 我爱做白日梦即完全沉浸于幻想之中

A. 是　　　　　　　　　　B. 不一定　　　　　　C. 不是的

139. 未来二十年的世界局势将好

A. 是的　　　　　　　　　B. 不一定　　　　　　C. 不是的

140. 童年时，我喜欢阅读

A. 战争故事　　　　　　　B. 不确定　　　　　　C. 神仙幻想故事

141. 我素来对机械、汽车、飞机等有兴趣

A. 是   B. 在 A 和 C 之间   C. 不是的

142. 我愿意做一名缓刑释放服刑人员的管理监视人

A. 是   B. 在 A 和 C 之间   C. 不是的

143. 人们认为我只不过是一个能苦干、稍有成就的人

A. 是   B. 在 A 和 C 之间   C. 不是的

144. 在逆境中，我总能保持精神振奋

A. 是   B. 不一定   C. 不是的

145. 我以为人工节育是世界经济与和平问题的重要条件

A. 是的   B. 不太确定   C. 不是的

146. 我喜欢独自进行我的计划，不受别人干预或提意见

A. 是   B. 在 A 和 C 之间   C. 不是的

147. 我相信，上级并不总是正确的，但他仍有权做当权者

A. 是   B. 不一定   C. 不是的

148. 我总设法使自己不粗心大意、忽略细节

A. 是   B. 在 A 和 C 之间   C. 不是的

149. 与人争辩或险遭事故后，我常发抖、精疲力竭，不能安心工作

A. 是   B. 在 A 和 C 之间   C. 不是的

150. 没有医生处方，我从不乱用药

A. 是   B. 在 A 和 C 之间   C. 不是的

151. 为了培养个人兴趣，我愿意参加

A. 摄影组   B. 不确定   C. 辩论会

152. 星火燎原对等于姑息

A. 同情   B. 养奸   C. 纵容

153. 钟表与时间犹如裁缝与

A. 西装   B. 剪刀   C. 布料

154. 生动的梦境常常干扰我的睡眠

A. 时常有   B. 偶然有   C. 从未有

155. 我过去曾撕毁一些禁止人们自由的布告

A. 是   B. 在 A 和 C 之间   C. 不是的

156. 在一个陌生的城市中，我会

A. 到处闲游   B. 不确定   C. 不是的

157. 我宁愿穿着朴素端正的衣服，而不愿穿奇装异服引人注目

A. 是   B. 不太确定   C. 不是的

158. 黄昏时，安静的娱乐远胜过热闹的宴会

A. 是　　　　　　　　　　B. 不太确定　　　　　　C. 不是的

159. 我常常明知故犯，不愿意接受好心的建议

A. 偶然如此　　　　　　　B. 很少如此　　　　　　C. 从未如此

160. 在处理任何事情时，我总是以"是非"、"善恶"的基本原则为依据

A. 是　　　　　　　　　　B. 在 A 和 C 之间　　　　C. 不是的

161. 我工作时不喜欢许多人在旁参观

A. 是　　　　　　　　　　B. 在 A 和 C 之间　　　　C. 不是的

162. 故意去为难一般有教养的人，如医生、教师等，是一件有趣的事情

A. 是　　　　　　　　　　B. 在 A 和 C 之间　　　　C. 不是的

163. 在各种课程中，我较喜欢

A. 语文　　　　　　　　　B. 不确定　　　　　　　C. 数学

164. 那些自以为是，道貌岸然的人最使我生气

A. 是　　　　　　　　　　B. 在 A 和 C 之间　　　　C. 不是的

165. 和平常循规蹈矩的人交谈

A. 颇有兴趣，亦有所得　　　　　　　　　　　B. 在 A 和 C 之间

C. 使我感到烦恼，因为他们谈到很多琐碎和肤浅的事情

166. 我喜欢

A. 有几个有时对我很苛求但富有感情的朋友

B. 在 A 和 C 之间　　　　C. 不受别人的牵涉

167. 民意投票时，我宁愿投票赞同

A. 切实根绝有生理缺陷者的生育　　　　　　B. 不确定

C. 对杀人犯判处死刑

168. 我有时会无端地感到沮丧痛苦

A. 是　　　　　　　　　　B. 在 A 和 C 之间　　　　C. 不是的

169. 当我与立场相反的人辩论时，我主张

A. 尽量找出基本观点的差异　　　　　　　　B. 不一定

C. 彼此让步以解决矛盾

170. 我一向重感情而不重理智，因此我的观点常常动摇不定

A. 是的　　　　　　　　　B. 不一定　　　　　　　C. 不是的

171. 我的学习效率多有赖于

A. 阅读好书　　　　　　　B. 在 A 和 C 之间　　　　C. 参加集体讨论

172. 我宁选一个薪水高的工作，不在乎有无保障，而不愿意从事薪水低的固定工作

A. 是的　　　　　　　　　B. 不太确定　　　　　　C. 不是的

173. 在参加辩论以前，我总先把握住自己的立场
A. 经常如此　　　　　　B. 一般如此　　　　　　C. 必要时才如此

174. 我常常被一些无所谓的琐事烦扰
A. 是　　　　　　B. 在 A 和 C 之间　　　　　　C. 不是的

175. 我宁愿住在嘈杂的城市，而不愿意住在安静的乡村
A. 是　　　　　　B. 不太确定　　　　　　C. 不是的

176. 我宁愿负责领导儿童游戏
A. 是的　　　　　　B. 不确定　　　　　　C. 不是的

177. 一人____事，众人受累
A. 愤　　　　　　B. 偾　　　　　　C. 喷

178. 望子成龙的家长往往____苗助长
A. 揠　　　　　　B. 堰　　　　　　C. 偃

179. 气候的变化并不影响我的情绪
A. 是　　　　　　B. 在 A 和 C 之间　　　　　　C. 不是的

180. 因为我对于一切问题都有些见解，大家都公认我富于思想
A. 是　　　　　　B. 在 A 和 C 之间　　　　　　C. 不是的

181. 我讲话的声音
A. 洪亮　　　　　　B. 在 A 和 C 之间　　　　　　C. 低沉

182. 人们公认我是一个活跃热情的人
A. 是　　　　　　B. 在 A 和 C 之间　　　　　　C. 不是的

183. 我喜欢有旅行和变动机会的工作，而不计较工作本身是否有保障
A. 是　　　　　　B. 在 A 和 C 之间　　　　　　C. 不是的

184. 我治事严格，凡事都务求正确尽善
A. 是　　　　　　B. 在 A 和 C 之间　　　　　　C. 不是的

185. 在取回或归还东西时，我总仔细检查东西是否还保持原状
A. 是的　　　　　　B. 在 A 和 C 之间　　　　　　C. 不是的

186. 我是一个精力旺盛、终日忙碌的人
A. 是　　　　　　B. 在 A 和 C 之间　　　　　　C. 不是的

187. 我相信我对于上列问题没有漏答或给予不恰当的回答
A. 是　　　　　　B. 未能确定　　　　　　C. 不是的

艾森克人格问卷（成人）

回答"是"时，就在"是"上打"√"；回答"否"时，就在"否"上打
"√"，每个答案无所谓正确与错误。这里没有对你不利的题目。请尽快回答，不要

在每道题目上太多思索，回答时不要考虑应该怎样的，只回答你平时是怎样的。每道题都要回答。本问卷上不得作任何标记。

项 目	内 容	是	否
1	你是否有许多不同的业余爱好？	是	否
2	你是否在做任何事情以前都要停下来仔细思考？	是	否
3	你的心境是否常有起伏？	是	否
4	你曾有过明知是别人的功劳而你去接受奖励的事情吗？	是	否
5	你是否健谈？	是	否
6	欠债会使你不安吗？	是	否
7	你曾无缘无故觉得"真是难受"吗？	是	否
8	你曾经贪图过分外之物吗？	是	否
9	你是否在晚上小心翼翼地关好门窗？	是	否
10	你是否比较活跃？	是	否
11	你在见到一小孩或一动物受折磨时是否会感到非常难过？	是	否
12	你是否常常为自己不该做而做了的事，不该说而说了的话感到紧张？	是	否
13	你喜欢跳降落伞吗？	是	否
14	通常你能在热闹联欢会中尽情地玩吗？	是	否
15	你容易激动吗？	是	否
16	你曾经将自己的过错推给别人吗？	是	否
17	你喜欢会见陌生人吗？	是	否
18	你是否相信保险制度是一种好办法？	是	否
19	你是一个容易伤感情的人吗？	是	否
20	你所有的习惯都是好的吗？	是	否
21	在社交场合你是否总不愿露头角？	是	否
22	你会服用有奇异或危险作用的药物吗？	是	否

续表

项 目	内 容	是	否
23	你常有"厌倦"之感吗?	是	否
24	你曾拿过别人的东西（哪怕是一针一线）吗?	是	否
25	你是否常爱外出?	是	否
26	你是否从伤害你所宠爱的人中感到乐趣?	是	否
27	你常为有罪恶之感而苦恼吗?	是	否
28	你在谈论中是否有时不懂装懂?	是	否
29	你是否宁愿去看些书而不愿去多见人?	是	否
30	你有要伤害你的仇人的想法吗?	是	否
31	你觉得自己是一个神经过敏的人吗?	是	否
32	对人有失礼节时你是否经常要表示歉意?	是	否
33	你有许多朋友吗?	是	否
34	你是否喜爱讲些有时确能伤害人的笑话?	是	否
35	你是一个多忧多虑的人吗?	是	否
36	你在童年是否按照吩咐要做什么便做什么,毫无怨言?	是	否
37	你认为你是一个乐天派吗?	是	否
38	你很讲究礼貌和整洁吗?	是	否
39	你是否总在担心会发生可怕的事情?	是	否
40	你曾损坏或遗失过别人的东西吗?	是	否
41	交新朋友时一般是你主动吗?	是	否
42	当别人向你诉苦时,你是否容易理解他们的苦衷?	是	否
43	你认为自己很紧张,如同"拉紧的弦"一样吗?	是	否
44	在没有废纸篓时,你是否将废纸扔在地板上?	是	否
45	当你与别人在一起时,你是否言语很少?	是	否

续表

项 目	内 容	是	否
46	你是否认为结婚制度过时了，应该废止？	是	否
47	你是否有时感到自己可怜？	是	否
48	你是否有时有点自夸？	是	否
49	你是否很容易将一个沉寂的集会搞得活跃起来？	是	否
50	你是否讨厌那种小心翼翼开车的人？	是	否
51	你为你的健康担忧吗？	是	否
52	你曾讲过什么人的坏话吗？	是	否
53	你是否喜欢对朋友讲笑话或有趣的故事？	是	否
54	你小时候曾对父母粗暴无礼吗？	是	否
55	你是否喜欢与人混在一起？	是	否
56	如果你知道自己工作有错误，这会使你感到难过吗？	是	否
57	你失眠吗？	是	否
58	你吃饭前必定洗手吗？	是	否
59	你常无缘无故感到无精打采或倦怠吗？	是	否
60	和别人玩游戏时，你有过欺骗行为吗？	是	否
61	你是否喜欢从事一些动作迅速的工作？	是	否
62	你的母亲是一位善良的妇人吗？	是	否
63	你是否常常觉得人生非常无味？	是	否
64	你曾利用过某人为自己取得好处吗？	是	否
65	你是否常常参加许多活动，超过你的时间所允许？	是	否
66	是否有几个人总在躲避你？	是	否
67	你是否因为你的容貌而感到非常烦恼？	是	否
68	你是否觉得人们为了未来有保障而办理储蓄和保险所花的时间太多？	是	否

项　目	内　　容	是	否
69	你曾有过"不如死了"的想法吗？	是	否
70	如果有把握永远不会被人发现，你会逃税吗？	是	否
71	你能使一个集会顺利进行吗？	是	否
72	你能克制自己不对人无礼吗？	是	否
73	遇到一次难堪的经历以后，你是否在较长的一段时间内还会感到难受？	是	否
74	你患有"神经过敏"吗？	是	否
75	你曾经故意说些什么来伤害别人的感情吗？	是	否
76	你与别人的友谊是否容易破裂，虽然不是你的过错？	是	否
77	你常感到孤单吗？	是	否
78	当人家寻你的差错，找你工作中的缺点时，你是否容易在精神上受挫伤？	是	否
79	你赴约会或上班曾迟到过吗？	是	否
80	你喜欢忙忙碌碌和热热闹闹地过日子吗？	是	否
81	你愿意别人怕你吗？	是	否
82	你是否觉得有时浑身是劲，而有时又是懒洋洋的吗？	是	否
83	你有时把今天应该做的事拖到明天去做吗？	是	否
84	别人认为你是生气勃勃的吗？	是	否
85	别人是否对你说了许多谎话？	是	否
86	你是否对某些事物容易冒火？	是	否
87	当你犯了错误时，你是否常常愿意承认它？	是	否
88	你会为一动物落入圈套被捉拿而感到很难过吗？	是	否

明尼苏达多相人格测验（MMPI）

A. 本测验由许多与你有关的问题组成，当你阅读每一道题目时，请考虑是否符合你的行为、感情、态度及意见。

如果情况符合，请在答案纸上该题目号码右边"是"字下的圆圈内画√；如果情况不符合，请在答案纸上该题目号码右边"否"字下圆圈内画√；如果确实不能判定是或否，则不必作任何记号。

在答案纸上作答（图例）：

　　　　　是　否

题目1　√

题目2　√

B. 应尽可能对每个问题给予回答，空下来的题目（即不回答的题目）越少越好。

C. 请尽快填写你看完题目后的第一个印象，不要在每一道题目上费太多时间思索。

个性各有不同，答案无所谓对与不对，好与不好，完全不必有任何顾虑。

D. 务必看清题号然后在答案纸上相应的题目号码右侧作答以免发生错误。

E. 请不要在这本小册上做任何记号。

1. 我喜欢看机械方面的杂志。

2. 我的胃口很好。

3. 我早上起来的时候，多半觉得睡眠充足，头脑清醒。

4. 我想我会喜欢图书管理员的工作。

5. 我很容易被吵醒。

6. 我喜欢看报纸上的犯罪新闻。

7. 我的手脚经常是很暖和的。

8. 我的日常生活中，充满了使我感兴趣的事情。

9. 我现在工作（学习）的能力，和从前差不多。

10. 我的喉咙里总好像有一块东西堵着似的。

11. 一个人应该去了解自己的梦，并从中得到指导和警告。

12. 我喜欢侦探小说或神秘小说。

13. 我总是在很紧张的情况下工作。

14. 我每个月至少有一、二次拉肚子。

15. 偶尔我会想到一些坏得说不出口的话。

16. 我深信生活对我是残酷的。

17. 我的父亲是一个好人。

18. 我很少有大便不通的毛病。

19. 当我干一件新的工作时，总喜欢别人告诉我，我应该接近谁。

20. 我的性生活是令人满意的。

21. 有时我非常想离开家。

22. 有时我会哭一阵笑一阵，连自己也不能控制。

23. 有恶心和呕吐的毛病，这使我苦恼。

24. 似乎没有一个人了解我。

25. 我想当一个歌唱家。

26. 当我处境困难的时候，我觉得最好是不开口。

27. 有时我觉得有鬼附身上。

28. 当别人惹了我时，我觉得只要有机会就应报复是理所当然的。

29. 我有胃酸过多的毛病，一星期要犯好几次，这使我苦恼。

30. 有时我真想骂人。

31. 每隔几个晚上我就做噩梦。

32. 我发现我很难把注意力集中到一件工作上。

33. 我曾经有过很特别、很奇怪的体验。

34. 我时常咳嗽。

35. 假如不是有人和我作对，我一定会有更大的成就。

36. 我很少担心自己的健康。

37. 我从来没有为了我的性方面的行为出过事。

38. 我小的时候，有一段时间我干过小偷小摸的事。

39. 有时我真想摔东西。

40. 有很多时候我宁愿坐着空想，而不愿做任何事情。

41. 我曾一连几天、几个星期、几个月什么也不想干，因为总是提不起精神。

42. 我家里人对我已选择的工作（或将要选择的职业）不满意。

43. 我睡得不安，容易被惊醒。

44. 我觉得我的头到处都疼。

45. 有时我也说假话。

46. 我的判断力比以往任何时候都好。

47. 每星期至少有一、二次，我突然觉得无缘无故地全身发热。

48. 当我与人相处的时候听到别人谈论稀奇古怪的事，我就心烦。

49. 最好是所有的法律全都不要。

50. 有时我觉得我的灵魂离开了我的身体。

51. 我的身体和我大多数朋友的一样健康。

52. 遇到同学或不常见的朋友，除非他们先向我打招呼，不然我就装作没看见。

53. 一位牧师（和尚、道士、神父、阿訇等教士）能用祈祷和将手放在病人的头上来治病。

54. 认识我的人差不多都喜欢我。

55. 我从来没有因为胸部痛或心痛而感到苦恼。

56. 我小时候，曾经因为胡闹而受过学校的处分。

57. 我和别人一见面就熟了（自来熟）。

58. 一切事情都由老天爷安排好了。

59. 我时常听从某些人的指挥，其实他们还不如我高明。

60. 我不是每天都看报纸上的每一篇社论。

61. 我从未有过正常的生活。

62. 我身体某些部分常有像火烧、刺痛、虫爬、麻木的感觉。

63. 我的大便正常，不难控制。

64. 有时我会不停地做一件事情，直到别人不耐烦为止。

65. 我爱我的父亲。

66. 我能在我周围看到其他人所看不到的东西，动物和人。

67. 我希望我能像别人那样快乐。

68. 我从未感到脖子（颈）后面疼痛。

69. 和我性别相同的人对我有强烈的吸引力。

70. 我过去经常喜欢玩丢手帕的游戏。

71. 我觉得许多人喜欢夸大自己的不幸，以便得到别人的同情和帮助。

72. 我为每隔几天或经常感到心口（胃）不舒服而烦恼。

73. 我是个重要人物。

74. 男性：我总希望我是女的，女性：我从不因为我是女的感到遗憾。

75. 我有时发怒。

76. 我时常感到悲观失望。

77. 我看爱情小说。

78. 我喜欢诗。

79. 我的感情不容易受伤害。

80. 我有时捉弄动物。

81. 我想我会喜欢干森林管理员那一类的工作。

82. 和人争辩的时候，我常争不过别人。

83. 任何人只要他有能力，而且愿意努力工作，是能成功的。

84. 近来，我觉得很容易放弃对某些事务的希望。

85. 有时我被别人的东西，如鞋、手套等强烈吸引，虽然这些东西对我毫无用处，但我总想摸摸它或把它偷来。

86. 我确实缺少自信心。

87. 我愿意做一名花匠。

88. 我总觉得人生是有价值的。

89. 要使大多数人相信事实的真相，是要经过一番辩论的。

90. 有时我将今天应该做的事，拖到明天去做。

91. 我不在乎别人拿我开玩笑。

92. 我想当个护士。

93. 我觉得大多数人为了向上爬而不惜说谎。

94. 许多事情，我做过以后就后悔了。

95. 我几乎每星期都去教堂（或常去寺庙）。

96. 我几乎没有和家里人吵过嘴。

97. 有时我有一种强烈的冲动，去做一些惊人或有害的事。

98. 我相信善有善报，恶有恶报。

99. 我喜欢热闹的聚会。

100. 我碰到一些千头万绪的问题，使我感到犹豫不决。

101. 我认为女的在性生活方面，应该和男的有同等的自由。

102. 我认为最难的事情是控制我自己。

103. 我很少有肌肉抽筋或颤抖的毛病。

104. 我似乎对什么事情都不在乎。

105. 身体不舒服的时候，我有时会发脾气。

106. 我总觉得我自己好像做错了什么事或犯了什么罪。

107. 我经常是快乐的。

108. 我时常觉得头胀鼻塞似的。

109. 有些人太霸道，即使我明知他们是对的，也要和他们对着干。

110. 有人想害我。

111. 我从来没有为寻求刺激而去做危险事。

112. 我时常认为必须坚持那些我认为正确的事。

113. 我相信法制。

114. 我常觉得头上好像有一根绷得紧紧的带子。

115. 我相信人死后会有"来世"。

116. 我更喜欢我下了赌的比赛和游戏。

117. 大部分人之所以是诚实的，主要是因为怕被人识破。

118. 我在上学的时候，有时因胡闹而被领导叫去。

119. 我说话总是那样不快也不慢，不含糊也不嘶哑。

120. 我在外边和朋友们一起吃饭的时候，比在家规矩得多。

121. 我相信有人暗算我。

122. 我似乎和我周围的人一样精明能干。

123. 我相信有人在跟踪我。

124. 大多数人不惜用不正当的手段谋取利益，而不愿失掉机会。

125. 我的胃有很多毛病。

126. 我喜欢戏剧。

127. 我知道我的烦恼是谁造成的。

128. 看到血的时候，我既不害怕，也不难受。

129. 我常弄不清自己为什么这样爱生气和发牢骚。

130. 我从来没有吐过血，或咳过血。

131. 我不为得病而担心。

132. 我喜欢栽花或采集花草。

133. 我从来没有放纵自己发生过任何不正常的性行为。

134. 有时我的思想跑得太快都来不及表达出来。

135. 假如我能不买票白看电影，而且不会被人发觉，我可能会去做的。

136. 如果别人待我好，我常常怀疑他们别有用心。

137. 我相信我的家庭生活，和我所认识的许多人一样，幸福快乐。

138. 批评和责骂都使我非常伤心。

139. 有时我仿佛觉得我必须伤害自己或别人。

140. 我喜欢做饭烧菜。

141. 我的行为多半受周围人的习惯所支配。

142. 有时我觉得我真是毫无用处。

143. 小时候我曾加入过一个团伙，有福共享，有祸同当。

144. 我喜欢当兵。

145. 有时我想借故和别人打架。

146. 我喜欢到处乱逛，如果不行，我就不高兴。

147. 由于我经常不能当机立断，因而失去许多良机。

148. 当我正在做一件重要事情的时候，如果有人向我请教或打扰我，我会不耐烦的。

149. 我以前写过日记。

150. 做游戏的时候，我只愿赢而不愿输。

151. 有人一直想毒死我。

152. 大多数晚上我睡觉时，不受什么思想干扰。

153. 近几年来大部分时间，我的身体都很好。

154. 我从来没有过抽疯的毛病。

155. 现在我的体重既没有增加也没有减轻。

156. 有一段时间，我自己做过的事情全不记得了。

157. 我觉得我有时常无缘无故地受到惩罚。

158. 我容易哭。

159. 我不能像从前那样理解我所读的东西了。

160. 在我的一生中，我从来没有感觉到像现在这么好。

161. 有时候我觉得我的头顶一碰就疼。

162. 我痛恨别人以不正当的手段捉弄我，使我不得不认输。

163. 我不容易疲倦。

164. 我喜欢研究和阅读与我目前工作有关的东西。

165. 我喜欢结识一些重要人物，这样会使我感到自己也很重要。

166. 我很害怕从高处往下看。

167. 即使我家里有人犯法，我也不会紧张。

168. 我的脑子有点毛病。

169. 我不怕管钱。

170. 我不在乎别人对我有什么看法。

171. 在聚会当中，尽管有人出风头，如果让我也这样做，我会感到很不舒服。

172. 我时常需要努力使自己不显出害羞的样子。

173. 我过去喜欢上学。

174. 我从来没有昏倒过。

175. 我很少头昏眼花。

176. 我不大怕蛇。

177. 我母亲是个好人。

178. 我的记忆力似乎不错。

179. 与性有关的问题使我烦恼。

180. 我觉得我遇到生人的时候就不知道说什么好了。

181. 无聊的时候，我就会惹事寻求开心。

182. 我怕自己会发疯。

183. 我反对把钱给乞丐。

184. 我时常听到说话的声音，而不知道它是从哪里来的。

185. 我的听觉显然和大多数人一样好。

186. 当我要做一件事的时候，我常发觉我的手在抖。

187. 我的双手并没有变得笨拙不灵。

188. 我能阅读很长的时间，而眼睛不觉得累。

189. 许多时候，我觉得浑身无力。

190. 我很少头痛。

191. 有时，当我难为情的时候，会出很多汗，这使我非常苦恼。

192. 我走路时保持平稳，并不困难。

193. 我没哮喘这一类病。

194. 我曾经有过几次突然不能控制自己的行动或言语，但当时我的头脑还很清醒。

195. 我所认识的人里不是每个人我都喜欢。

196. 我喜欢到我从来没有到过的地方去游览。

197. 有人一直想抢我的东西。

198. 我很少空想。

199. 我们应该把与性有关的主要知识告诉孩子。

200. 有人想窃取我的思想和计划。

201. 但愿我不像现在这样的害羞。

202. 我相信我是一个被谴责的人。

203. 假若我是一个新闻记者，我将喜欢报道戏剧界的新闻。

204. 我喜欢做一个新闻记者。

205. 有时我控制不住想要偷点东西。

206. 我很信神，程度超过多数人。

207. 我喜欢许多不同种类的游戏和娱乐。

208. 我喜欢和异性说笑。

209. 我相信我的罪恶是不可饶恕的。

210. 每一种东西吃起来味道都是不一样的。

211. 我白天睡觉，晚上却睡不着。

212. 我家里的人把我当作小孩子，而不把我当作大人看待。

213. 走路时，我很小心地跨过人行道上的接缝。

214. 我从来没有因为皮疹而感到烦恼。

215. 我曾经饮酒过度。

216. 和别人的家庭相比较，我的家庭缺乏爱和温暖。

217. 我时常感到自己在为某些事而担心。

218. 当看到动物受折磨的时候，我并不觉得特别难受。

219. 我想我会喜欢建筑承包的工作。

220. 我爱我母亲。

221. 我喜欢科学。

222. 即使我以后不能报答恩惠，我也愿向朋友求助。

223. 我很喜欢打猎。

224. 我父母经常反对那些和我交往的人。

225. 有时我也会说说人家的闲话。

226. 我家里有些人的习惯，令我感到非常讨厌。

227. 人家告诉我，我在睡觉中起来走路（梦游）。

228. 有时我觉得我非常容易作出决定。

229. 我喜欢同时参加几个团体。

230. 我从来没有感到过心慌气短。

231. 我喜欢谈论两性方面的事。

232. 我曾经立志要过一种以责任为重的生活，我一直照此谨慎行事。

233. 我有时阻止别人做某些事，并不是因为那种事有多大影响，而是在道义上我应该干预他。

234. 我很容易生气，但很快就平静下来。

235. 我已独立自主，不受家庭的约束。

236. 我有很多心事。

237. 我的亲属几乎全都同情我。

238. 有时我十分烦躁，坐立不安。

239. 我曾经失恋过。

240. 我从来不为我的外貌而发愁。

241. 我常梦到一些不可告人的事。

242. 我相信我并不比别人更为神经过敏。

243. 我几乎没有什么地方疼痛。

244. 我的做事方法容易被人误解。

245. 我的父母和家里人对我过于挑剔。

246. 我脖子（颈）上时常出现红斑。

247. 我有理由嫉妒家里的某些人。

248. 我有时无缘无故地，甚至在不顺利的时候也会觉得非常快乐。

249. 我相信阴间有魔鬼和地狱。

250. 有人想把世界上所能得到的东西都夺到手，我决不责怪他。

251. 我曾经发呆，（发愣）停止活动，不知道周围发生了什么事情。

252. 没有人会关心你的遭遇。

253. 有些人所做的事，虽然我认为是错的，但我仍然能够友好地对待他们。

254. 我喜欢和一些能互相开玩笑的人在一起。

255. 在选举的时候，有时我会选出我不熟悉的人。

256. 报纸上只有漫画最有趣。

257. 凡是我所做的事，我都指望能够成功。

258. 我相信有神。

259. 做什么事情，我都感到难以开头。

260. 在学校里，我是个笨学生。

261. 如果我是个画家，我喜欢画花。

262. 我虽然相貌不好看。也不因此而苦恼。

263. 即使在冷天我也很容易出汗。

264. 我十分自信。

265. 对任何人都不信任，是比较安全的。

266. 每星期至少有一两次我十分兴奋。

267. 人多的时候，我不知道说些什么话好。

268. 在我心情不好的时候，总会有一些事使我高兴起来。

269. 我能很容易使人怕我，有时故意这样做来寻开心。

270. 我离家外出的时候，从来不担心家里门窗是否关好锁好了。

271. 我不责怪一个自找没趣的人。

272. 我有时精力充沛。

273. 我的皮肤上有一两处麻木了。

274. 我的视力和往年一样好。

275. 有人控制着我的思想。

276. 我喜欢小孩子。

277. 有时我非常欣赏骗子的机智，我甚至希望他能侥幸混过去。

278. 我时常觉得有些陌生人用挑剔的眼光盯着我。

279. 我每天喝特别多水。

280. 大多数人交朋友是因为朋友对他们有用。

281. 我很少注意我的耳鸣。

282. 通常我爱家里的人偶尔也恨他们。

283. 假使我是一个新闻记者，我将很愿意报道体育新闻。

284. 我确信别人正在议论我。

285. 偶尔我听了下流的笑话也会发笑。

286. 我独自一个人的时候，感到更快乐。

287. 使我害怕的事比我的朋友们少得多。

288. 恶心呕吐的毛病使我苦恼。

289. 当一个服刑人员可以通过能言善辩的律师开脱罪责时，我对法律感到厌恶。

290. 我总是在很紧张的情况下工作。

291. 在我这一生中，至少有一两次我觉得有人用催眠术指使我做了一些事。

292. 我不愿意同人讲话，除非他先开口。

293. 有人一直想要影响我的思想。

294. 我从来没有犯过法。

295. 我喜欢看《红楼梦》这一类的小说。

296. 有些时候，我会无缘无故地觉得非常愉快。

297. 我喜欢我不再受那种与性有关的念头困扰。

298. 假若有几个人闯了祸，他们最好定一套假话，而且不改口。

299. 我认为我比大多数人更重感情。

300. 在我的一生当中，从来没有喜欢过洋娃娃。

301. 许多时候，生活对我来说是一件吃力的事。

302. 我从来没有因为我的性方面的行为出过事。

303. 对于某些事情我很敏感，以至使我不能提起。

304. 在学校里，要我在班上发言，是非常困难的。

305. 即使和人们在一起，我还是经常感到孤单。

306. 应得的同情，我全得到了。

307. 我拒绝玩那些我玩不好的游戏。

308. 有时我非常想离开家。

309. 我交朋友差不多和别人一样的容易。

310. 我的性生活是令人满意的。

311. 我小的时候，有一段时间我干过小偷小摸的事。

312. 我不喜欢有人在我身旁。

313. 有人不将自己的贵重物品保管好因而引起别人偷窃，这种人和小偷一样应受责备。

314. 偶尔我会想到一些坏得说不出口的事。

315. 我深信生活对我是残酷的。

316. 我想差不多每个人，都会为了避免麻烦说点假话。

317. 我比大多数人更敏感。

318. 我的日常生活中，充满着使我感兴趣的事情。

319. 大多数人，都是内心不愿意挺身出去帮助别人的。

320. 我的梦有好些是与性有关的事。

321. 我很容易感到不知所措。

322. 我为金钱和事业忧虑。

323. 我曾经有过很特别，很奇怪的体验。

324. 我从来没有爱上过任何人。

325. 我家里有些人所做的事，使我吃惊。

326. 有时我会哭一阵，笑一阵，连自己也不能控制。

327. 我的母亲或父亲时常要我服从他，甚至是我认为不合理的事情。

328. 我发现我很难把注意力集中到一件工作上。

329. 我几乎从不做梦。

330. 我从来没有瘫痪过，或是感到肌肉非常软弱无力。

331. 假如不是别人和我作对，我一定会有更大的成就。

332. 即使我没有感冒，我有时也会发不出声音或声音改变。

333. 似乎没有人能了解我。

334. 有时我会闻到奇怪的气味。

335. 我不能专心于一件事情上。

336. 我很容易对人感到不耐烦。

337. 我几乎整天都在为某件事或某个人而焦虑。

338. 我所操心的事，远远超过了我所应该操心的。

339. 大部分时间，我觉得我还是死了好。

340. 有时我会兴奋得难以入睡。

341. 有时我的听觉太灵敏了，反而使我感到烦恼。

342. 别人对我说的话，我立刻就忘记了。

343. 哪怕是琐碎小事，我也再三考虑才去做。

344. 有时为了避免和某些人相遇，我会绕道而行。

345. 我常常觉得好像一切都不是真的。

346. 我有一个习惯，喜欢点数一些不重要的东西，像路上的电线杆等。

347. 我没有真正想伤害我的仇人。

348. 我提防那些对我过分亲近的人。

349. 我有一些奇怪和特别的念头。

350. 在我独处的时候，我听到奇怪的声音。

351. 当我必须短期离家出门的时候，我会感到心神不安。

352. 我怕一些东西或人，虽然我明知他们是不会伤害我的。

353. 如果屋子里已经有人聚在一起谈话，这时要我一个人进去，我是一点儿也不怕的。

354. 我害怕使用刀子或任何尖利的东西。

355. 有时我喜欢折磨我所爱的人。

356. 我似乎比别人更难于集中注意力。

357. 有好几次我放弃正在做的事，因为我感觉自己的能力太差了。

358. 我脑子里常常出现一些可怕的字眼，却又无法摆脱它们。

359. 有时一些无关紧要的念头缠着我，使我好多天都感到不安。

360. 几乎每天都有使我害怕的事发生。

361. 我总是将事情看得严重些。

362. 我比大多数人更敏感。

363. 有时我喜欢受到我心爱的人的折磨。

364. 有人用侮辱和下流的话议论我。

365. 我待在屋里总感到不安。

366. 即使和人们在一起，我仍经常感到孤单。

367. 我并不是特别害羞拘谨。

368. 有时我的头脑似乎比平时迟钝。

369. 在社交场合，我多半是一个人坐着，或者只跟另一个人坐在一起，而不到人群里去。

370. 人们常使我失望。

371. 我很喜欢参加舞会。

372. 有时我常感到困难重重，无法克服。

373. 我常想："我要能再成为一个孩子就好了。"

374. 如果给我机会，我一定能做些对世界大有益处的事。

375. 我时常遇见一些所谓的专家，他们并不比我高明。

376. 当我听说我所熟悉的人成功了，我就觉得自己失败了。

377. 如果有机会，我一定能成为一个人民的好领袖。

378. 下流的故事使我感到不好意思。

379. 一般来说人们要求别人尊重他们的权利比较多，而他们却很少尊重别人的权利。

380. 我总想把好的故事记住，讲给别人听。

381. 我喜欢搞输赢不大的赌博。

382. 为了可以和人们在一起，我喜欢社交活动。

383. 我喜欢人多热闹的场合。

384. 当我和一群活泼的朋友在一起的时候，我的烦恼就消失了。

385. 当人们说我班级人的闲话时，我从来不参与。

386. 只要我开始做一件事，就很难放下，哪怕是暂时的。

387. 我的小便不困难，也不难控制。

388. 我常发现别人妒忌我的好主意，因为他们没能先想到。

389. 只要有可能，我就避开人群。

390. 我不怕见生人。

391. 记得我曾经为了不想做某件事而装过病。

392. 在火车和公共汽车上，我常跟陌生人交谈。

393. 当事情不顺利的时候，我就想立即放弃。

394. 我不愿意让人家知道我对事物的态度。

395. 有些时间，我感到劲头十足，以至一连好几天都不需要睡觉。

396. 在人群中，如果叫我带头发言，或对我所熟悉的事情发表意见，我并不会感到不好意思。

397. 我喜欢聚会和社交活动。

398. 面对困难或危险，我总退缩不前。

399. 我原来想做的事，假若别人认为不值得做，我很容易放弃。

400. 我不怕火。

401. 我不怕水。

402. 我常常在仔细考虑之后才作出决定。

403. 生活在这个丰富多彩的时代里是多么美好。

404. 当我想纠正别人的错误和帮助他们的时候，我的好意常被误解。

405. 我吞咽没有困难。

406. 我有时回避见人，因为我怕我会做出或讲出一些令我懊悔的事。

407. 我通常很镇静，不容易激动。

408. 我不轻易流露自己的感情，以至于人家得罪了我，他自己还不知道。

409. 有时我因为承担的事情太多，以至精疲力竭。

410. 我当然乐于以其人之道还治其人之身。

411. 宗教不使我烦恼。

412. 我生病或受伤的时候，不怕找医生。

413. 我有罪，应受重罚。

414. 我把失望的事看得太重，以至于总忘不了。

415. 我很不喜欢匆匆忙忙地赶工作。

416. 虽然我明知自己能把事做好，但是我也怕别人看着我。

417. 在排队的时候如果有人插到我的前面去，我会感到恼火而指责他。

418. 有时我觉得自己一无是处。

419. 小时候我经常逃学。

420. 我曾经有过很不寻常的宗教体验。

421. 我家里有人很神经过敏。

422. 我因为家里有的人所从事的职业而感到不好意思。

423. 我很喜欢（或者喜欢过）钓鱼。

424. 我几乎总是感到肚子饿。

425. 我经常做梦。

426. 我有时只好用不客气的态度去对付那些粗鲁或令人厌恶的人。

427. 我倾向于对各种不同爱好发生兴趣，而不愿意长期坚持其中的某一种。

428. 我喜欢阅读报纸的社论。

429. 我喜欢听主题严肃的演说。

430. 我易受异性的吸引。

431. 我相当担心那些可能发生的不幸。

432. 我有着坚定的政治见解。

433. 我曾经有过想象的同伴。

434. 我能够成为一个摩托车运动员。

435. 我通常喜欢和妇女一起工作。

436. 我觉得只有一种宗教是真的。

437. 只要你不是真正的犯法，在法律的漏洞中取巧是可以的。

438. 有些人讨厌极了，我会因为他们自食其果而暗中高兴。

439. 要我等待我就紧张。

440. 当我兴高采烈的时候，见到别人忧郁消沉就使我大为扫兴。

441. 我喜欢身材高挑的女人。

442. 有些时期我因困扰而失眠。

443. 假若别人认为我对某些事的做法不妥当的话，我很容易放弃。

444. 我不想去纠正那些发表愚昧无知见解的人。

445. 我年轻（童年）的时候，喜欢热闹。

446. 警察通常是诚实的。

447. 当别人反对我的意见时，我会不惜一切去说服他。

448. 在街上、车上或在商店里，如果有人注视我，我会觉得不安。

449. 我不喜欢看到妇女吸烟。

450. 我很少犯忧郁的毛病。

451. 如果有人对我所熟悉的事情发表愚蠢和无知的意见，我总是设法纠正他。

452. 我喜欢开别人的玩笑。

453. 我小时候对是否参加团伙无所谓。

454. 独自住在深山老林的小木屋里，我也会觉得快乐。

455. 许多人都说我是急性子。

456. 如果一个人触犯了一条他认为不合理的法律，他是不应该受到惩罚的。

457. 我认为一个人决不应该喝酒。

458. 小时候和我关系密切的人（父亲、继父等）对我十分严厉。

459. 我有几种坏习惯，已经根深蒂固，难以改正。

460. 我只适量地喝一点酒（或者一点也不喝）。

461. 我希望我能避免因为破口伤人而引起的烦恼。

462. 我觉得不能把自己的一切都告诉别人。

463. 我从前喜欢玩"跳房子"的游戏。

464. 我从来没有见过幻象。

465. 对于我的终身职业，我已经几次改变过主意。

466. 除了医生的嘱咐，我从来不服用任何药物或安眠药。

467. 我时常默记一些无关重要的号码（如汽车牌照等）。

468. 我时常因为自己爱发脾气和抱怨而感到懊悔。

469. 闪电是我害怕的东西中的一种。

470. 与性有关的事使我感到厌恶。

471. 在学校里老师对我的品行评定总是很不好。

472. 火对我有·种吸引力。

473. 我喜欢让别人猜测我下一步的行动。

474. 我的小便次数不比别人多。

475. 万不得已的时候，我只吐露一些无损于自己的那部分真情。

476. 我是神派来的特使。

477. 假如我和几个朋友有着同样的过错，我宁可一人承担而不愿连累别人。

478. 我从来没有因为家里人惹了事而自己感到特别紧张。

479. 人与人之间的相互欺骗是我所知道的唯一奇迹。

480. 我常常害怕黑暗。

481. 我害怕一个人单独待在黑暗中。

482. 我的计划看来总是困难重重，使我不得不一一放弃。

483. 神创造奇迹。

484. 有些缺点，我只能承认并设法加以控制，但无法消除。

485. 一个男人和一个女人相处的时候，他通常想到的是与性有关的事。

486. 我从来没有发现我尿中有血。

487. 当我试图使别人不犯错误而做一些事被别人误解的时候，我常常感到十分难过。

488. 每星期我祈祷几次。

489. 我同情那些不能摆脱苦恼和忧愁的人。

490. 我每星期念几次经。

491. 对认为世界上只有一种宗教是真的那些人，我感到不耐烦。

492. 我想起地震就觉得害怕。

493. 我喜欢那种需要集中注意力的工作，而不喜欢省心的工作。

494. 我怕自己被关在小房间里或紧闭的小地方。

495. 对那些我想帮助他们改正或提高的人，我总是坦率地交底。

496. 我从来没有将一件东西看成两件。

497. 我喜欢探险小说。

498. 坦率永远是一件好事。

499. 我必须承认我有时会不合理地担心一些无关紧要的事情。

500. 我很乐意百分之百地接受一个好意见。

501. 我一向总是靠自己解决问题，而不是找人教我怎样做。

502. 风暴使我惊慌。

503. 我不经常对别人的行动表示强烈的赞成或反对。

504. 我不想隐瞒我对一个人的坏印象或同情，以至他不知道我对他的看法。

505. 我认为"不肯拉车的马应该受到鞭打"。

506. 我是个神经高度紧张的人。

507. 我经常遇到一些领导人，他们把功劳归于自己，把错误推给下级。

508. 我相信我的嗅觉和别人一样好。

509. 因为我太拘谨，所以有时我难以坚持自己的正确意见。

510. 肮脏使我害怕或恶心。

511. 我有一种不愿告诉别人的梦幻生活。

512. 我不喜欢洗澡。

513. 我认为为别人谋求幸福比为自己争取自由更为伟大。

514. 我喜欢有男子气的女人。

515. 我们家总是不愁吃不愁穿。

516. 我家里有些人脾气急躁。

517. 我无论什么事情都做不好。

518. 我经常感到惭愧，因为我对某些事情想的和做的不一样。

519. 我的性器官有些毛病。

520. 我的原则是强烈坚持并维护自己的意见。

521. 我常常向别人请教。

522. 我不害怕蜘蛛。

523. 我从来不脸红。

524. 我不怕从门把上传染疾病。

525. 有些动物使我神经紧张。

526. 我的前途似乎没有希望。

527. 我家里人和近亲们相处得很好。

528. 我并不容易比别人脸红。

529. 我喜欢穿高档的衣服。

530. 我常常担心自己会脸红。

531. 即使我以为自己对某件事已经打定了主意，别人也很容易使我变卦。

532. 我和别人一样能够经受同样的痛苦。

533. 我并不因为常常打嗝而觉得很烦恼。

534. 有好几次都是我一个人坚持到底，最后才放弃所做的事。

535. 我几乎整天都感到口干。

536. 只要有人催我，我就生气。

537. 我想去深山野林中打老虎。

538. 我想我会喜欢裁缝的工作。

539. 我不怕老鼠。

540. 我的面部从来没有麻痹过。

541. 我的皮肤似乎对触觉特别敏感。

542. 我从来没有拉过像柏油一样的黑粪便。

543. 每星期我总有几次觉得好像有可怕的事情要发生。

544. 大部分时间我都感到疲倦。

545. 有时我一再做同样的梦。

546. 我喜欢阅读与历史有关的书籍。

547. 未来是变化无常的，一个人很难作出认真的安排。

548. 如果可以避免的话，我决不去看色情的表演。

549. 许多时候，即使一切顺利，我对任何事情都觉得无所谓。

550. 我喜欢修理门锁。

551. 有时我可以肯定别人知道我在想什么。

552. 我喜欢阅读科学方面的书籍。

553. 我害怕单独待在空旷的地方。

554. 假如我是个画家，我喜欢画小孩子。

555. 有时我觉得我就要垮了。

556. 我很注意我的衣着式样。

557. 我喜欢当一个私人秘书。

558. 许多人都因为有过不良的性行为而感到惭愧。

559. 我经常在半夜里受到惊吓。

560. 我经常因为记不清东西放在哪里而感到苦恼。

561. 我很喜欢骑马。

562. 小时候，我最依恋和钦佩的是一个女人（母亲、姐姐、姑、婶、姨等）。

563. 我喜欢探险小说胜过爱情小说。

564. 我不轻易生气。

565. 当我站在高处的时候，我就很想往下跳。

566. 我喜欢电影里的爱情镜头。

投射测验（projective test）

人格的投射测验主要是临床心理学家根据处理情绪困扰者的经验而发展出来的。所谓投射测验（projective test）就是向被试者呈现模棱两可的刺激材料（如墨迹或不明确的人物图片），要求被试者解释其知觉，让他在不知不觉中将其情感、态度、愿望、思想等投射出来。最有名的人格投射测验是罗夏墨迹测验和主题统觉测验。

一、罗夏墨迹测验

罗夏墨迹测验（Rorschach Inkblot Test）由瑞士精神病学家罗夏（H. Rorschach）于1921年编制。它由10张对称的不同墨迹图组成，其中5张为黑白图片，墨迹的深浅不一；2张黑色加红色的墨迹图片；另外3张为彩色的墨迹图片。下图是罗夏墨迹测验图片一例。让被试者一次看一张墨迹图卡，并描述他看到了什么。然后主试者又让被试者再看一次图片，并询问与其当初反应有关的特定问题。在测试过程中，主试者同时观察被试者的行为，记录其动作与表情，对某个墨迹图的特殊反应，以及一般的态度。

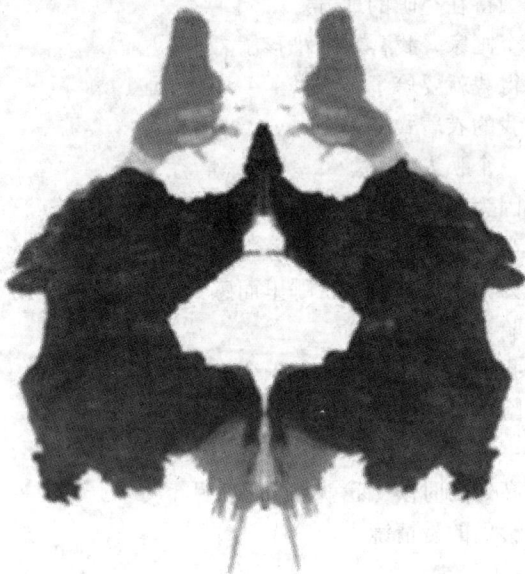

　　对被试者或患者的反应可以有好几种解释，这取决于他是否看到了动作，看到动物还是人的形象，是生物还是无生命物体，以及是部分还是整体的图形。有研究者曾试图将罗夏测验的施测程序、记分方式及结果解释等加以标准化，其中一种称为"综合系统"（comprehensive system）的尝试较为成功。据说这套系统能够提高该测验的信效度（Exner，1986）。虽然罗夏墨迹测验主要是供临床使用的测量工具，但现在也用它来进行人格研究。

二、主题统觉测验

　　主题统觉测验（Thematic Apperception Test，简称 TAT）是由美国心理学家默里和摩根（Murray & Morgan，1935）编制的。默里和摩根认为需要有时是外显的，有时是内隐的，主题统觉测验测量的是个人的内隐需要。这套测验共有 19 张内容暧昧的图片，另有 1 张空白卡片。图片的暧昧之处在于它所描绘的事件可以有好几种解释方式。施测时，要求被试者去构建一个和图片中的人物有关的故事，描述导致图片中所示情境的原因是什么，人物正感受到怎样的情绪，以及可能有怎样的结局。心理学家在解释这些故事时会考虑下列因素：所涉及的人际关系的性质，人物的动机，以及这些人物所显露出的现实感。

　　TAT 没有客观的评分系统，用于诊断时其信度和效度均偏低。在专为测量人格的特定层面（如成就、亲和力和权力等需要）而设计的评分系统，据说用于实证研究是有效度的。由于在投射测验中被试者不知道答案的意义，因而可以排除在自陈量表法中可能出现的作假现象。但投射测验的实施程序、记分以及对结果的解释都必须经过特殊的训练。

图画心理测验

　　心理学家可以从你随手涂鸦的一幅作品中解析出你的一些内心世界。这就是图画心理学的奥秘所在。

　　人们在画图时，会很自然地浮现出一些联想、记忆或某些片断，并把这些情绪、感受用线条和色彩表达在图画中，这时图画就具有某种象征意义。图画的象征性使其成为距离潜意识更近的一种工具。从这个意义上说，所有画家、艺术家的作品都是公开的隐私，只是由于经过了艺术加工，有专业和艺术的面纱罩在上面，所以需要用特别的慧眼才能分析它们，人们更多地是从美学层面上去欣赏它们。

　　图画其实是一种投射技术，主要是用简单、模糊和不确定的指导语，让人们把深层次的动机、情绪、焦虑、冲突、价值观和愿望等，于不知不觉中投射在图画作品上。

　　图画的基本要素是线条和色彩。线条的流畅或生涩、遒劲或软弱，色彩的浓烈与素淡、暖色调与冷色调等，这两个要素的千变万化会传递出比语言更丰富的信息。

一、常见的画图技术

（一）画人

指导语非常简单："请你画一个人"。画人可以考察以下方面：智力、成熟度、情绪状态、人格特点。由画人衍生出了其他一些形式，如：画自画像、画一位异性、画雨中之人、画一个家庭等。

（二）画树

通过画树，可以考察一个人的成长历程，反映其对成长的感受。画树更容易表现一个人对于自我负面的感受，可以让人表现出较原始、较基本的层面。

（三）画屋—树—人

屋—树—人的图画可以考察以下方面：智力、人格的整合程度、对待家庭与亲情的态度和看法、对待自我成长的看法。

（四）自由绘画

1. 自由联想绘画。通过自由绘画，可以考察出作画者最主要的情结、被压抑最深的情绪、最迫切需要解决的问题等。在自由绘画中表达的信息是开放的、丰富的，但它对评估者要求较高。

2. 绘画讲故事。具体操作程序如下。咨询师告诉当事人："我们来做一个互动游戏。我们轮流画画、讲故事。我先开始。"咨询师在纸上画一根简单的线条，问当事人："你觉得它像什么？""它代表什么含义？""你怎样解释它？"等，让当事人说出自己的解读。然后请当事人在这根线条的基础上画成一幅画，并让其回答："这是什么？""发生了什么？""这是一个什么故事？"等，让当事人把自己最主要的困惑通过对图画的叙述表达出来。这个阶段结束后，轮到咨询师画画、讲故事。通过这样的轮番画画、讲故事，当事人能够自由地表达自己，咨询师也可以了解当事人最主要的问题，并思考解决的办法。

二、解释图画时应注意的问题

对图画的解释应该谨慎。对每一幅画的分析，都必须考虑所有指标和要素，而且必须考虑作画者的年龄、社会文化背景、情绪状况、主要问题等。一般不将绘画测评作为唯一的工具。一是对图画的解释要由专业人员来进行，二是要倾听作画者本人的解读。只凭书上的标准去给别人解释是不严肃的，对别人的帮助也是很有限的。

参考文献

1. 吴宗宪主编:《中国服刑人员心理矫治》,法律出版社 2004 年版。
2. 吴宗宪编著:《国外罪犯心理矫治》,中国轻工业出版社 2004 年版。
3. 黄兴瑞主编:《罪犯心理学》,金城出版社 2003 年版。
4. 张日昇:《咨询心理学》,人民教育出版社 2009 年版。
5. 王登峰:《临床心理学》,人民教育出版社 1999 年版。
6. 郭念锋主编:《心理咨询师》,民族出版社 2011 年版。
7. 钱铭怡编著:《心理咨询与心理治疗》,北京大学出版社 1994 年版。
8. 陈琦、刘儒德主编:《当代教育心理学》,北京师范大学出版社 2007 年版。
9. 刘勇编著:《团体咨询治疗与团体训练》,广东高等教育出版社 2003 年版。
10. 戴海崎、张锋、陈雪枫主编:《心理与教育测量》,暨南大学出版社 2002 年版。
11. 李中莹:《重塑心灵》,世界图书出版公司 2006 年版。
12. 王维治主编:《神经病学》,人民卫生出版社 2006 年版。
13. 郝伟主编:《精神病学》,人民卫生出版社 2007 年版。
14. [美] 理查德·格里格、菲利普·津巴多:《心理学与生活》,王垒、王甦等译,人民邮电出版社 2014 年版。
15. [美] Gerald Corey:《心理咨询与治疗的理论及实践》,石林等译,中国轻工业出版社 2004 年版。